アラヤ識シリーズ

得する人

無能唱元

日本経営合理化協会

得する人

目次

一、外篇

二、内篇

三、真篇

第六章　「真なる喜び」の創造……325

第七章　至福の体験……357

※本書は、一九九〇年に出版した「得する人」の構成を一部変更した新装版である。

装丁　美柑和俊

一、外篇

富貴《ふうき》を求め、無事を望み、不老長寿を願うのは、人々のごく素朴《そぼく》な思いである。その思いの是非を問うまえに、人間には、すでにその思いが在ることを認めて、次にそれに慎重《しんちょう》に対処しなければならない。すなわち、それらの思いを、いかにして叶《かな》えるか、あるいは制するかという「自己コントロール」に通達《つうたつ》することが重要である。

第一章　願望実現の方法…アラヤ識原理

気にしていることは起こる

ある日、ひとつの不思議なことに気づきました。

その不思議なことというのは、「気にしていることは起こる」、つまり、それが望むことであれ、恐れることであれ、強くそのことを考えていると、考えたとおりのことが実現するというものです。

不思議と思ったきっかけは、こういうことなんです。

私の生まれは長野市なんですが、十六歳の高校生のときのことです。当時私は、油絵をやっておりまして、ある時、町の通りでふとすれ違った二、三歳年上の女性が、素晴らしい美人でした。この女性を何とかモデルにして描いてみたいものだとこう思いましたら、若い時というものは直情径行《ちょくじょうけいこう》というか、もう見境がつかないんですね。彼女のあとをつけていったんです。そしてとうとう、彼女の家までついて行って、家にまで入っちゃった。そしていきなり、「すいません、僕、あなたをモデルにして絵を描きたいんです」とこう言ったんですね。

彼女は、一瞬驚いたけれども、私が年下の男の子ですから、むげに怒りはしなかった。ところが、具合が悪いことに、そこへ彼女のお父さんがでてきて、「こいつは誰だ」「いま初めて見た人です」「何か用か」。そこで私が「彼女を絵のモデルに」と言ったら、こいつとんでもない不良学生だというわけで、たたき出されちゃった。ま、これはあたりまえのことですが。

さて、その年の夏、長野県と群馬県の境にある万座《まんざ》温泉というところに、私は同級生たちと遊びに行ったんですが、旅館の窓から何気なくむかいの窓を見あげると、そこに例の彼女の横顔がある。もう夢かとばかり驚きましたね。そこですぐ、彼女のところへすっとんで行ったんです。今度はこわいお父さんはいません。「まあデッサンぐらいならいいわ」と言うんで、彼女はモデルになってくれたんです。

さて、話はその後なんです。長野市というのは狭い町なんですが、それまでは私は彼女に出会ったことがなかった。ところが、一度会って、美しいなと思い、心をときめかせ、その後温泉で再会してからというものは、実に頻繁《ひんぱん》に出会うようになったんです。学校の帰りに善光寺の裏から歩いてくると、むこうに彼女が歩いている。「あ、また会えた」、うれしいですね。

そのうち、この路地から大通りに出ると、彼女が左のほうから歩いてくるような気がする。そういうイメージが頭のなかにうかぶ。はたして彼女が来るんです。ばったり会う。実にうれしかった。何ということはない。顔を見るだけなんだが、若いころは、それだけでうれしい。これは事によると、俺に超能力ができたのかと、そう思いました。

それだけだったら、あまり不思議とは思わなかったんですが。それから四年たち、二〇歳になったころ、今度私は恋愛をしました。それでいま思っても彼女に気の毒なことをしたと思ってるんですが、相手の女性とつき合っているうちに、彼女に飽《あ》きちゃった。嫌いになったってわけでもないが、若気のいたりで、「別れよう」なんて冷たく言ってしまった。むこうは非常に恨《うら》みがましい目でじっと私を見ていました。何とか別れを宣言したあと、彼女にだけは会いたくないと思っていると、先ほどと同じ現象が起きたんです。実に頻繁《ひんぱん》にその彼女に会うんです。この路地を出ると左側から彼女が来るというイメージがうかぶと、本当に来る、ぎょっとする。映画館で後から肩をたたかれて、とびあがったこともあった。さっきのは心ときめいてうれしい。今度はぎょっとして。まさに「気にしていることは実際におこった」わけです。

前者は私が望んだこと、ところが後者は恐れたことなんです。恐れたことなのに、起きた現象は同じである。どうしてこんなことが起きるんだろう。しかもテレパシーみたいに彼女が来るのがわかる。どうもこれは自分の心か何かに彼女を引きよせる力のようなものがあるんじゃないかとこう考えはじめたわけです。

偶然とはいえない力

もうひとつエピソードをとりあげますと、同じ十六歳のころ、私が友達の家の庭で遊んでいた時のことです。彼には非常に美しいお姉さんがいました。このお姉さんが家のおふろに入っていたんです。庭に面しておふろの窓があった。そして、そのとき彼女が、ふろの小窓を開けて、そこから顔を出して私に何か話しかけたんです。

思うに、年下の男の子をちょっとからかってやろうと彼女は思ったのではないかと思うんですが、窓を十センチほど開けて、上気して、ピンクの肌、湯気がでている。そのとき、彼女が何を私に言ったのか全然覚えていないんですが。ただカーッと頭に血がのぼっちゃいましてね。十六のころといえば性に目覚めたころです。このころの男の子は女体というものに対してものすごい興味をもっています。そのとき、彼女の胸もとまで窓が開いていたんですけれど、彼女のみぞおちまで見えていて、その左右は見えない。見たいのは左右であって真ん中でないんです。つまり、両乳房《ちぶさ》のほうを見たいわけです。これは私にとってはよほど衝撃的《しょうげきてき》な事件だったらしく、その時の心境を下手《へた》くそな詩にしてノートに書きつけてありました。十年ぐらい前にそのノートを見つけて、ああこんなことがあったなあとなつかしく思い出しました。

さて、話はそれから十年以上とぶんです。三〇歳のころでしょうか、長野の湯田中《ゆだなか》温泉というところへ行って、大湯へ降りていったんです。右側に家族ぶろがある。こんなところに小さなふろがある、どんなんだろう、と開けてみたんです。小さなふろで、洗い場がすぐ先に見えた。一人の女性が裸で座っていて、からだを洗いながらこっちを見てるんです。「あ、失礼」と言って私は戸を閉めた。このとき彼女が「あっ？」と叫ぶんです。私も、この顔をどこかで見たことがあると思いました。そこで、ちょっとためらったけど、「失礼します」ってもう一度、その戸を開けたんです。ほんとに失礼ですね。それがなんと彼女だったんです。十年前に窓のスキ間の両側を見たいといっていたお姉さんのオッパイどころか、からだ全部が丸見えに見えてしまっている。

むこうもなつかしがっているし、彼女はもうお子さんを二人も産んでいて、そうなると自分が裸でいても驚かないですよ。「あら東京にいらっしゃるの」「あなた、ちっとも変らない」なんて言っているうちに、むこうは裸ですから、「ちょっと変ね」なんて、自分のからだを見おろしている。さすがにちょっと、私も具合が悪くて「じゃあ後でまたお部屋のほうにお訪ねします」と言って、私も大湯のほうに入って、部屋に帰って何かやっているうちに、彼女は自宅へ帰っちゃった。

皆さん、十六のときから二十数年の間に、私は彼女にたった一回だけ会った。そのとき彼女は全裸であった。これを偶然おきたこととして、確率論でいうと、天文学的数字、何億分の一になっちゃうでしょう。しかし、どう考えても、偶然とはいえないこのような不思議な力を感じたことが今までに皆さんにありませんか？

ここで私はこう考えた。何かつよーく思うってことは、ただ考えるということだけじゃない、理性的な判断とか計算とかじゃない。そこには感情をともなっている。そのときは、セックスエネルギーをともなって「あのオッパイ見たいなあ」と頭に血が上がるほど思いつめた。それが自分の心のなかに記録されて残って、なにか植物の種みたいになって、長い間に熟成してきて、芽が出て、花が咲く。そしてそれが彼女の全裸を見るという体験となったんじゃないかなあ、こう思ったんです。

アラヤ識との出会い

後年、私は坐禅に興味をもって、よく飛騨《ひだ》の山の中へ行き、山寺の和尚《おしょう》のもとで坐禅していた。その山寺には仏教書がいっぱいあって、そこで唯識学《ゆいしきがく》という不思議な仏教哲学書にぶつかったんです。これを読んでみると意外におもしろい。

そのなかに「アラヤ識」という奇妙な言葉がでてくる。耳で聞くと、アラヤ識というのはどこかのお屋敷、梅屋敷とか皿屋敷のように聞こえるけれども、そうじゃない。

「アラヤ＝阿頼耶」というのは、インド語、古い時代のサンスクリット語なんです。「ラヤ」というのは蔵《くら》という意味、物をしまっておく蔵の意味。そして上に「ア」をつけると、貯蔵しておく、という意味になる。「識」は日本語、つまり「アラヤ識」というのは、物をしまっておく意識、記憶の貯蔵庫みたいなものです。ついでながら言いますと、皆さんご存知のヒマラヤという山がありますね。「ヒマ」というのは雪のこと、だから、「雪の蔵」というのがヒマラヤの本来の意味なんです。年中、雪が消えたことのない山だから「雪の蔵」と言ったんです。

アラヤ識は、今日における潜在意識という言葉に匹敵《ひってき》するものなのですが、このアラヤ識にはそれよりもはるかに大きな意味があります。このアラヤという言葉は、お釈迦《しゃか》様の在世中のことを記録した「阿含経《あごんぎょう》」にでてきますが、この時のアラヤという言葉の意味は、たんに人々の快楽、楽しむ心ぐらいの意味だったのです。それが、時代が五～六百年とくだってくると、インドの大乗《だいじょう》仏教のなかに唯識学派《ゆいしきがくは》というものがでてきて、このなかで、アラヤ識という、人間が知覚しえない意識を体の中にもっており、それが自分の肉体や宇宙のすべてをつくりだしたのだ、という理論体系をつくるにいたったわけです。このアラヤというところに、我々の五官を通じてきた情報が、無意識となって記録される。この記録が、種となって熟してゆく。あたかも植物のように、大きくなって、それから外界に出て、体験するというようなことが書いてあったんです。これを読んだ時、あっ、これだなと思ったんです。今日でいう、フロイトが発見した潜在意識と、このアラヤ識がダブってくるんですね。

実は、世の中の人をいろいろ見て、前にのべた三人の女性における私の体験を含めて、このアラヤ識とダブらせて見てるうちに、私にはひとつの確信がでてきました。我々が、ふだん生活をして、いろいろなことをやっているというのは、偶然だけではない。すでに台本のようなものが、アラヤ識にあって、その台本が円熟し、そして体験するのではないか。いや、確実にそうだと。

「華厳経《けごんぎょう》」のなかで、お釈迦《しゃか》さんが言ったとして、こう書いてあります。

「この世の中には三つの誤《あやま》った考え方がある。

その一、すべては運命であると主張する。

その二、すべては神の御業《みわざ》であると主張する。

その三、すべては偶然であると考える」と。

この三つの考え方のどれかに陥《おちい》ることによって、人は迷いと悩みの世界、無明《むみょう》の世界に入るのだ、と書いてある。

では、現実界とはどういうふうに存在するかというと、

「すべては縁《えん》によって生じ、縁によって滅《ほろ》びるのである」という言葉がつづく。この「縁」というはなはだ漠然《ばくぜん》とした抽象的な考え方をこれからできるだけ単純に説明していきたいと思います。

「因」と「果」とアラヤ識

人間のくり返された想念は、深層意識であるアラヤに入っていき、そこにその想念が刻因《こくいん》されると、やがて未来において実際にそれを体験する。そして、人間のくり返された想念は、たとえそれが当人の欲するものであれ、また恐れるものであれ、無差別にアラヤは受け入れてしまい、そして受け入れてしまったが最後、アラヤはそれを未来に必ず実現してしまうの

です。

このアラヤ識というものをコンピュータのように考えるとわかりやすいかもしれません。今、人間が頭で何か考える。そして、考えたものが全部アラヤにインプットされるんじゃない。ここが大事なところですよ。アラヤに入るには前提条件がいるんです。感情をともなわなきゃ駄目なんです。考えたこと、つまり思考というものに感情というものが加わって熱をもつと「念」というものになるんです。

「念」というものは何かというと、思ったことに感情がドッキングした瞬間、「念」になるんです。思ったことが「念」になると、それはアラヤ識のプログラムに入るんです。それで記録されることになる。このようにアラヤ識というコンピュータにインプットされたものを、仏教用語では「異熟《いじゅく》」といっています。

先祖伝来の「異熟」、自分の両親から受けついだ性格というもの、自分の体験、先生から教わったこと、何か失敗して、こういうことはやるもんじゃない……と自ら《みずか》悟ったこと、すべての「異熟」がドロドロとした液状になって、我々の深層意識の奥底にあるアラヤというコンピュータに充満《じゅうまん》しているわけです。

「ああ、彼女のオッパイ見たい」、こう思って燃えたったら、その念はポンとこの異熟《いじゅく》のなかに入るんですね。この入ったものが、将来の結果を起こすところの原因体なんです。「因」です。「因」がアラヤに入って、熟長広大する期間がある。そしてその熟成が全部終ると、ポンと外へ出てきて、その実を結ぶんです。だから結果という。「結果」というのは、「原因」があって、この「因」と「果」を結んで「因果」といいます。

ところが、「因」と「果」の間に「アラヤ識」というものがあることを、お坊さんはどういうわけか教えない。仏教大学では学んでいるんです。教科課程に、唯識学《ゆいしきがく》についても、アラヤ識についても、みんな出ている。ところが、どのお坊さんが説教しても、「皆さん、先祖を供養《くよう》いたしましょう」とか、「欲をあんまりもたないように」というようなことは言うんだけれど、「因と果の間にアラヤ識がある」ということは、どのお坊さんも言ってくれないんです。

さて、この「因」がアラヤに入ったとき、将来の結果を生ずるための「縁《えん》」が生じたというんです。因の縁が生じ起きたということで「因縁生起《いんねんしょうき》」という。そして、この「縁」と「起きる」という字で「縁起《えんぎ》」といったんです。すなわち仏教は、縁起論なんです。

じゃあ、縁起《えんぎ》は何で起きるかというと「今、感情をともなって何か思った」、これだけのことなんです。それがインプットされ、どんどんアラヤのなかにたまっていって異熟《いじゅく》となる。このように縁起が結果になる間に、アラヤがある。しかも、このアラヤには、どのような縁起も、何ら選択することなく、無差別に受け入れてしまうという性質があります。これは非常に重要なことなんです。

「大乗仏典《だいじょうぶってん》」のなかに『唯識三十論頌《ゆいしきさんじゅうろんじゅ》』という本があり、その第四項に次のようなことが書いてあります。

「アラヤ識は感情がなく、倫理的性格も有していない」

これは重大なことであります。

たとえ、本人の身の破滅《はめつ》になろうとも、その結果にはいっさい斟酌《しんしゃく》せず、その縁起どおりの命令にしたがい、それを実行してしまう。つまりアラヤ自体には、選択する知恵、配慮といったものがそなわってはいないのです。

因果は同類にしたがう

人間が、「日常に感情をともなって思うこと」というのは、何も望ましいことや、やりたいことばかりとは限らない。時には、人間はくよくよと、いろいろな心配ごとや悩みごと、「そうあって欲しくないこと」を感情をこめて考えています。いや、むしろ、この心配ごとのほうが、普通の生活では圧倒的に多いといえましょう。すなわち、アラヤに、「恐れて起こって欲しくないもの」が入っちゃうと、アラヤはそれをも未来に実現してしまうのです。

ところが、そんなことに無頓着《むとんじゃく》、知らないでいると、悪い念をどんどんアラヤにインプットすることにより、どんなに勤勉であっても、努力をしても、その人は運が悪くなっていっちゃう。たとえば仮に一千万円ためようと思って、九九〇万円ぐらいまでいくっていうと、突然何か事故がおきて病院へ行ったり、車にはねられて亡くなっちゃうということが起こる。

一つの例をあげます。たいへん貧しい、薄幸の少女がいた。孤児だったんです。その子が長じて、非常に美しかったんで見初《みそ》められて、一流会社の商社マンに結婚を申し込まれた。家庭の主婦となって、幸福な日々を過ごしている彼女、頭のなかでどういう事を考えていたか。「恐ろしいまでの幸福感」とこういうことなんです。自分は本来、こんなに運がいいはずがない、いつか不運がやってきて、今の幸福を失ってしまうのではないか、としょっちゅうおびえていた。

バイブルのヨブ記に、「彼らはそれを恐れていた。恐れたがゆえにそのことは彼らの身の上にふりかかってきた」とある。そのとおりのことが起きまして、だんなさんが交通事故で亡くなっちゃった。その後アルバイトに勤めにでたら、悪いやつが近づいてきて、結婚サギで残った財産をみんな取られちゃった。こうして悲嘆にくれた彼女は四〇歳ぐらいで癌《がん》で死んじゃった。

そこで人々は、彼女のことを運が悪い、と言います。

ところが、この運が悪いという言葉は、だれか他の責任で悪運、薄幸となっているように皆さんが考えていうことですが、アラヤ識論からいうと、こうなった責任はほとんど彼女にある。彼女が自分で招いたことなんです。

皆さん、世の中には健康を願い、成功を願い、富を欲しながら、もうガリガリするほどそういうものを欲しながら得られない、ということは運が悪いわけでもなく、神様がそうさせてるわけでもない。実は、自分自身がアラヤ識の入口で失敗している、ということを知らなくちゃいけないんです。

「因果は同類にしたがう」、この法則をよく知る必要があるんです。このことを知らずにいて、アラヤのなかに毎日、毎日、何かをインプットしつづけているのが我々の人生なんです。

日常、私ぐらい不幸な人間はいない、生まれつき自分は恵まれなかった、親が悪いとか先祖が悪いとか、私はまっ正直なもので、人にしょっちゅう利用されるばかりで、いつまでたっても芽が出ないんだというような、マイナスのことばかり考えている人がいる。そういう人が、お金持ちになりたい、健康になりたいと願っても、アラヤのほうではそういうふうには働いてはいかないんです。

この世の中は、プラスとマイナスの二種類の性質しかないんです。健康があって病気がある。金持ちがいて貧乏人がいる。成功があって失敗があり、夜と昼、高いと低い、おいしいとまずい、我々にとって利益のあること、ないことも含めて全部二種類の性質です。頭で考えたことが、それと同類の感情が結び合わない限り、「念」にならない。アラヤにインプットされないんです。これは重大な秘密です。

つまり、この世の中に金持ちになりたいと思う人は大勢いるし、成功したいと思う人は大勢いる。それなのになぜ得られないかという最大の原因は、日常の感情がマイナスになっていることが多いからです。私の話をきいてるはなから、「念ずるだけで実現するなんて、世の中そんなに甘くないよ」なんてね、否定的に思っている人がいるでしょう。これはマイナスの考えです。

成功者に共通する特徴

私は、この仕事をはじめてから、いろいろなスーパー成功者にお会いしたが、彼らに共通することの第一は、過去のグチ話をけっして話さないこと。第二は、未来の希望についてのみ話すこと、そして、自分はつねに運がよかったし、これからもよいに違いないと思っていることです。知ってか知らずか、プラスの感情でプラスのことをきり考えていないから、成功しちゃう。まさに「因果は同類にしたがう」なんです。我々は、いいことを願い、そして、それを暗い感情で打ち消さないかぎり、必ず成功、陽気のほうに向いて歩いていくことになるんです。

私は、若いころ、ギターをずっとやって、自分なりの詩を書き、歌をつくっていた。しかし全然売れない。紹介する人がいまして、有名なレコード会社にもち込んでくれた。そうすると、CBSソニーとかキングなどの担当者から同じ答えが返ってきました。これは素晴らしいけれど売れない、って。こういう良心的なものは売れません、と言うんです。ハンで押したように答えは同じだった。

そこで私は、ああ、しようがない。自分のものはいいものだけど、世の中の人が価値を見い出さないいんだから、これはもうしようがない、なんてネクラになりまして、いじけちゃった。そのうえに、それまで坐禅をやっていたから、「無に徹せよ、欲を捨てよ」なんていう、祖師《そし》たちの言葉に感動していた。そういうのが立派な人間だ、なんて思っていたものです。

ところが、ここで私は、アラヤ識論にぶつかったんです。「無に徹し欲を捨てよ」と言いながら、自分の曲は売りたい。お金も欲しい。これじゃプラスとマイナスのぶつかりあいでまさに相殺《そうさい》作用ですね。願いが叶《かな》うはずがないんです。

そこで自分のアラヤにプラスの感情をもってプラスのことだけインプットしようと、こう思いました。坐禅のときは「無念無想」だ、何も考えちゃいかん、と言われていたけれど、それを「有念有想」にしちゃった。そこでどういうふうに考えたかというと「私の曲が売れて、その収入の札束が、手の上にのっている」、こういう非常にせこいことを、いじましいことを念じながら坐禅をくんでいたんです。

頭のなかまで見える和尚《おしょう》さんは絶対いないから、これは大丈夫なんです。うしろで警策《きょうさく》もって、「おまえ、けしからんことを考えている。今、銭のこと、女のことを考えてる」なんていうんで、ピシーンとやられたこと一回もないんですよ。人間に他人の頭のなかで考えていることがわかるはずがない。坐禅くみながら、虫のいいことをじっと考えていました。

そして、当時、自分でつくるレコードというのがあったので、五〇枚つくって、知合いにタダであげた。このころ、たまたま、曹洞宗《そうとうしゅう》で出している『禅の友』という雑誌に、「日本短波放送、あなたの歌を募集」という記事があったから、そこへも一枚送って、あとは忘れていたんです。

ある日、曹洞宗の宗務庁から分厚い手紙がきました。「この間の短波放送、おききしました」という。放送されると思わなかったからその放送を私はきいていない。手紙の内容は、心から感動してこの歌をきいた。日本の仏教も、こういう歌がでなくちゃと多年思ってたと。自分は曹洞宗の宗務庁の教化部に勤めている。ついては、この曲をいろいろなときに使いたいと思うので、一度ぜひお会いしたいとこう言うんです。

そこで私はすぐ行きました。その坊さんはいろいろ賛辞《さんじ》を並べてくれて、「この曲を使っていいでしょうか」「いくらでもお使いください」「おいくらですか」「ただで結構です」。そうしたら、「些少《さしょう》でございますが」というので手の上にのせてくれた封筒が重いんです。ズシッときた。帰りのタクシーのなかで、もう待ちきれなくて開けてみたら、これが三〇万円入っていたんです。

そのときの感激というのは皆さん、それから以後、もっとお金もらったこともあるし、曲も売れたこともありましたけれど、このときのそれは衝撃《しょうげき》といったほうがいい、その感激は形容できませんでした。封筒の厚みと重みも感激だが、「思ったことが物質になった」ということ。これが重大なことなんです。ここに重大な意味がある。

本書の冒頭で述べた「気にしていることは起こる」ということから発して、アラヤ識による願望実現の方法がここで確信となったわけです。

思想を物質に変える

それから、いろいろな勉強をはじめたんです。日本の唯識学《ゆいしきがく》だけじゃなくて、西洋のメンタルサイエンスについても及んでいき、そのなかで、フリーメーソンやバラ十字会という秘密結社の教義に、「思想を物質に変える」という言葉をみつけたんです。

秘密結社などというと、何か暗い、犯罪の匂《にお》いを感じられたりするかもしれませんが、それどころか、人生においてどうすれば成功するかという教義を研究する、奉仕の団体なのです。少なくとも、名目はそうなっています。これについては詳《くわ》しくのべているとキリがないのではぶきますが、これらの秘密教義は、要するに、人間の深層意識をうまく用いることによって、自己の運命を好転させ、多くの利益を得ようとすることを、まず第一の目的にしています。アメリカのメンタルサイエンスも、すべて、ここを源にしてでてきたものなんです。で

は、どんな利益を得ることができるかというと、

(1) 手紙や物にふれた瞬間に、過去の悲劇の印象が伝えられる

(2) 心のなかの印象や視覚現象を物理的な媒体《ばいたい》をへないで、遠距離に伝えることができる

というんですから、テレパシーですね。

(3) 人間の意識を、瞬間的に人体から遊離させ、遠隔の場所や事件の現場に到着させることができる

魂みたいなのがでて、どこかへ行かせることができる、と。

(4) 人間は磁気的エネルギーを放射して、自分の真の人格を表現する。居あわせる人もそれを直観できる

これはオーラと呼ばれるものも含みます。これを感じとれると、対面した人が、悪意か善意かすぐわかる。だから悪い奴が詐欺《さぎ》とかだますために、いくらいいことを言って近づいてきても、だまされることはない。これが四番目。

これらの四つのことは、私にはあまり興味がなかったのですが、

(5) 思想を物質に変える。心理操作により、着想を有益な物質的実在に変えることがで

きる

この五番目に魅《ひ》かれました。

皆さん、超能力というのはいろいろありますが、テレビや何かでいう超能力は、まったくばかばかしいと思うのです。何の実質的な利益もない。ある人は念力で護摩《ごま》に火つけたっていうんです。祈ってですね、三日三晩祈りつづけて、ついに気絶して、目覚めたらマキの横がちょっとこげてたっていうんです。そんなことより、マッチ持ってきてチャッとつければ、ごく少ないエネルギーで火ついちゃう。やせ衰《おとろ》えるほどの念力をつかって、という無駄なやり方は考えられません。

こんな話があります。

一休禅師が旅先で、たまたま山伏《やまぶし》と一緒に歩いていた。そうしたら野良犬に吠《ほ》えつかれたんです。くだんの山伏は、「拙僧《せっそう》の法力《ほうりき》であの犬をだまらせてみせる」と言うんですね。数珠《じゅず》をおしもみ「おんあびらけんうんそわか」なんて呪文《じゅもん》を唱え、ハッタと犬をにらみつけた。ところが犬のやつは、怪《あや》しいというんで、よけいワンワン騒いで、まさにかみつかんばかり。山伏は立ち往生《おうじょう》しちゃった。そうしたら今度は一休が、「わしだったらすぐ黙らせる」「じゃあ、あなたがどうぞ」。そこで一休禅師は、にぎり飯を出してポンと犬に投げてやった、すると犬は尻尾《しっぽ》をふって、それ食べて黙っちゃった。

このように、どうも超能力、見せびらかす超能力なんてものは、一口《ひとくち》にいって「児戯《じぎ》に類したもの」だと思います。

ところが、「思想を物質に変える力」をもつということ。人間が欲するものを、脳裏《のうり》に描くことにより、その想像画を実際の物事に変えることができたら、こんな素晴らしいことはない。

これは、あらゆる超能力を超える力だと私は思うんです。しかも、実は人間みんなそれをもっているということが、前述の歌が売れて、手に入った三〇万円。このことで私には同意できた。

そこで、このやり方、「願っていることが現実のこととなる」方法について、自分で実験したり、いろいろ試行錯誤《しこうさくご》をくり返して、その成果を得た結果、それを皆さんにお話しするようになったんです。

自己の心の舵《かじ》とり

私の友人に、森瑤子《ようこ》さんという作家がいます。彼女とは、まだ作家になる以前から、かれこれ十五年ぐらいのつき合いなんですが、以前から文章を書くのが好きで、小説書いてみたいと言っていた。お子さん三人とも大きくなったから小説書いてみたいと言っていました。彼女は小説を三面鏡の前でしょっちゅう書いてた。そしてすばる賞というのに応募したんですね。

最終候補の五人に入った、とこう言ってきたんで驚いた。後で読んでみたら、彼女にはこんなに文才あったかと、私は驚いたんですけどもね。

このときに彼女は「何とか賞をとりたい。あなたの言っている念力の使い方を教えてくれ」って言うんです。それは、どうってことじゃない。「ビジュアリゼーション」、彼女は英語が得意ですから、ビジュアリゼーションという方式を使えばいい、と教えた。心のなかで観《み》る絵のことをビジョンと言います。自分の心のなかの景色を観るというのは、観音様の「観」と書くんですね。ま、心のなかにビジョンを作り、これを観る。これをビジュアリゼーションと言うんです。

まず、ゆるやかな平静心をもって、一定の呼吸をつづけて、そしてボーッとしてきて、ウットリした気分になったならば、自分が賞をもらう受賞式に臨《のぞ》んでいる、そういうビジョンを心に描く。受賞式に行って、賞をもらって、みんなの「おめでとう」と呼びかける声を聞きなさい、と私はこう言った。受賞式に何を着ていくか、どういうアクセサリーをつけるか、それも決めて心に描くんだと。彼女はそれから一週間というもの、自分の部屋に子供を入れずに、このビジュアリゼーションをやった。いま、念力中だから面会謝絶だなんて。一週間目に入選の電話、「賞取りました」と聞いて私は自分でその力に驚きましたね。

東京新聞に彼女、私のことをこう書いた。ちょっと紹介しますと、

『無能唱元という十数年来の友人が、アラヤ識の世界を説きはじめた。アラヤ識とは深層意識であり、誰もが自分のなかにもっている潜在意識でもある。あるいは内なる神とでも解釈したら良いと思う。酷（ひど）く面白い男で、ムスタキ（ギリシヤ人の歌手）のように唄（うた）い弾き、静かな声でエルドラドについて語る。』

エルドラドというのは南米にある黄金郷のことです。私の説法の時の、あなたは心のなかにエルドラドをもっているという話を、彼女はおぼえていたわけです。

『私は彼の唄が好きで、月一回の説法に出かけていくが、今年はもう少し積極的にサイコ・サイバネティックスの分野を勉強したい。

「自己の心の舵《かじ》とり」と訳しているが、彼によれば、すべての願望はアラヤ識のなかに植えつけられれば、やがて実現する、言い換えれば「自分は成功する」とくり返し潜在意識に

言い聞かせさえすれば、近い将来必ず望みが叶《かな》うと言う。
なれば、私の良き小説が書きたいという切なる希望は？　私のエルドラドはメキシコに在《あ》るのか、果たして己《おのれ》の心のなかに在るのか？（以下略）』
サイコ・サイバネティックスとは、要するに、願望実現のための心の用い方を研究するもののことなんですが、その後の彼女は、当たるを幸いですよ、芥川賞候補にもなったり、売れっこ作家になっちゃったんです。

刻因薫習《こくいんくんじゅう》の行《ぎょう》

さて、彼女に言ったビジュアリゼーションには大切な次の二つの条件がある。
(1)　くり返し考えること
(2)　できるだけ細部まで、絵のように心に思い描くこと
たとえば、家が欲しいと思っている人はいるけれども、どのような家が欲しいか細かく設計図を書き、見取り図を書く、そういう人はあまりいないんです。このやり方が一番効き目があります。絶えず図を書いて、絶えず人に夢を語る。そして、夢が叶《かな》った風景を、うっとりと頭に描く。この「うっとり」が大事です。イライラとしていては、いくら考えても夢は

叶《かな》わない。「どういうことか、ちっとも望みどおりにならない。こんちきしょう」なんていうんじゃ、プラスの思考とマイナスの情念が一緒になってアラヤにインプットされない。

このアラヤにインプットするということを私は、「刻因薫習《こくいんくんじゅう》の行《ぎょう》」といっている。刻因は、原因を刻《きざ》むということ。「薫習」という言葉は、唯識学《ゆいしきがく》にでてくる言葉で、菜種《なたね》の油か何か、ぎゅっとしぼる。そこへ、においのするもの、白檀《びゃくだん》だとか、ジャ香だとかのにおいをもってきて、一緒にしぼると、薫《くん》じつけられる。このときの、いい香りが油に薫じつくことを薫習といいます。

たとえば、誰かがはじめて自転車に乗ろうと思っても、最初から乗れない。ひっくり返っちゃいますね。後から押してもらう。またひっくり返る。

しかし、転びながらもやっていると、何かがアラヤに残る。その日は乗れなくても、次の日もやり、また転び、三日目ぐらいには、ふと乗れるようになる。スキーにしてもギターにしても、だんだん上手《うま》くなるというより、ある日突然に上手くなる。毎回の練習が、アラヤのなかに蓄《たくわ》えられていて、ある日、パッと熟成する。こういうことが多いんです。

この、とどめられていく何かを「習気《じゅっけ》」といいます。そして、この習気がとどまっていく過程、習気が薫じられていくことを薫習というわけです。

この刻因薫習《こくいんくんじゅう》の行《ぎょう》をやっていくと、願望を達成させることができる。しかし、このとき忘れてはならないことは、日常の感情をつねにプラスにしておくということです。

「無能先生、私は先生の言われるとおりに一生懸命ビジョンを思いうかべて、三年やっているけど、ちっとも叶《かな》ってこない。どうしてくれますか」なんて言う人がいる。「どうしたらいいでしょうか」これに対して私は「それはね、私のところに、そういう文句を言ってくるのをやめれば良くなるよ」と言ったんです。これは冗談みたいだけど、本当のことなんです。

人にクレームつけるなんて、そういう心がけでは、頭に思っていることと、感ずることは、プラスとマイナスの相殺《そうさい》作用になってしまう。

このことを私はくり返し言ってます。日常の感情のあり方が大事なんだと。

なぜかというと、我々は気づかずしてマイナスの言葉を使う。そうするとアラヤにマイナスの色が増えてくる。

いま仮に、プラスの色をピンクとする。マイナスの色をグレーとする。グレーのものがどんどんアラヤのなかにたまっていくと、そこはどっぷりグレーになってしまう。そこへピンクの願いが飛び込んでも熟長広大しないんです。

ピンクはグレーに打ち消されちゃって、純粋なピンクはアラヤへは入っていかない。だから皆さんの願いはそこで終り。因縁《いんねん》は起きない。いいかげん努力して、東奔西走《とうほんせいそう》して、懸命に会社のために忠誠をつくしても、上司には認めてもらえない。

多くの人々はそこに気づいていないんです。

感情のおもむくままに、「ああ嫌だ」「駄目だ」「腹が立つ」……こんなふうに感情をコントロールしないでいると、因果は同類にしたがう、その人の人生は危ない。しかも皆さん、人間は、とかく自分の感情をグレーにすることを好む性格がある。ほっておくと、自然にグレーになっちゃうものです。で、アラヤのなかはすっかりグレー。ところが願いはピンクですから、そこへ入ってきても、すぐそのピンクはグレーに打ち消されてしまいます。

身《しん》・口《く》・意《い》

たとえば毎日の新聞を見てごらんなさい。

八〇％から九〇％、どうも憂《ゆう》うつになるようなニュースばかりです。よいニュースも、ごくたまに少しあります。皇居のお堀のカルガモの話や上野の不忍池《しのばずいけ》にも桜が咲きました、なんていうのは少ししかない。

一方、幼児殺し、コンクリート詰め殺人、消費税での自民党の対応はなってない、危険極まりない原発、リクルートはけしからん……こういった印象が、否応《いやおう》なしに、どんどん目と耳から入ってくる。ほっておいたら皆さんの感情が自然にグレーになっちゃう。グレーになったら、何とか一旗《ひとはた》あげたいと思ったところで、旗あがらないですよ。旗はあがらず、両手があがる。バンザイになっちゃう。

暗い気持ちをもって、暗いことを予測すると、そのことはアラヤ識に必ずまた沈みます。感情が暗いところにもってきて、今度は、まずってしまったなあ、これも下手《へた》するとしくじるんじゃないかと思うと、その恐れの思いもグレーだから、一挙に倍増してしまい、アラヤのなかにはマイナスのことだけ刻因《こくいん》されちゃって、すごいマイナスの異熟《いじゅく》がたまってきて、皆さんの未来はお先まっくらになってしまう。

そこで皆さん、アラヤにインプットする際に、くれぐれもマイナス、グレーのものを入れないように選別しなければならない。

さて「因」はどういうようにしてアラヤに入るかというと、古来、仏教では、身《しん》・口《く》・意《い》の三業《さんごう》による、としています。行動の「身《しん》」、言葉の「口《く》」、意識の「意《い》」によって体験されたことを元とし、アラヤ識のなかに納めるにいたる、とされています。つまり、人間の全活動を行なうこれら身《しん》・口《く》・意《い》のそれぞれについて、プラスのもの、ピンクのものだけを選ぶ方法を私たちは知っていなければいけないわけです。

(1) 口《く》

言霊《ことだま》の力

口とは言葉です。成功者はグチ話をしない、と前にのべました。日常、口からでる言葉がいつもプラスのものでないと危ない、つねに自分の望むことを達成させるような言葉を選べということです。

言葉は「言霊《ことだま》」といって、魂があり不思議な力をもっています。いったん口から出てしまうと、それから後は一人歩きをはじめるのです。

さて皆さん、我々は日常の言葉を何気なく使っています。

ある浄土宗の坊さんがやってきて、私に訊《き》かれた。しょっちゅう、グチばかり言う人がいる。不運な人がいるんですが、どうしたらいいか、何とか救ってあげたいと思うんだが、とこう訊くんです。

この坊さんが、「そんなにくだくだグチをこぼしているとよくないよ」とその人に忠告したら、その人いわく、「私は森田療法という精神療法のところへ行ったら、先生が、ハラに思っていることをためちゃいけないから、何でも吐《は》きだしてしまえと言われた。だからいつでも思ったとおりのことを話しているんです」と。こう言って、いつもグチばかりこぼしている。

憂《ゆう》うつな感情を吐《は》きだすというのは、カタルシスといって、これは排泄《はいせつ》という意味です。トイレに行くのも、ゲロを吐くのも排泄。分泌《ぶんぴ》まで含めると汗も排泄。

皆さん。自分のなかにたまっている具合の悪いものを吐きだすことはいいです。

しかし、この場合、庭に出て穴掘って、そのなかに吐きだしているわけじゃない。トイレのなかで吐きだしたわけじゃない。誰か被害者をさがしだして、その人を便器みたいにしてそこへ吐きだす。自分は気分がよくなるが、便器のほうはどうしてくれるのですか。

ここに一つ重大なことがあります。

この森田療法は、どうしようもない重症患者に一つの頓服《とんぷく》を与えてやる一時的なものなのです。常時やったらよくないんです。今とにかく救済しなきゃならないから、おなかのなかにたまっている有害なものを吐きだしなさいといっているわけで、連続してやりつづけたら駄目なんです。

なぜかというと、自分の口から吐きだされた言葉は、相手に伝わるだけでなく、自分の耳から入ってフィードバックする。すなわち再生するんですね。強くなります。そして、感情をともなうから、それはアラヤのなかに沈んでいく。そうでなくても暗いグレーの感情をもっている人が、二回、三回とグチを言うごとに、それに新たなる暗い感情が加わって、もっともっと切なくなり、もっともっと涙を流しつつ語ると、アラヤのなかにどんどん入ってたまってしまう。そして、この人は前にもましてグチをこぼして、新しい便器をさがして歩くことになるんです。

(2) 言葉を支配する

夏の暑い日盛りに、私はタクシーに乗りました。すると運転手が、「お客さん、暑いですなあ、やりきれませんなあ」と話しかけてきた。

皆さん、天気のことで人にあいさつするという意味は、「私はあなたと仲よくしたい」ということだそうです。交流分析という精神分析法によると、これは裏面《りめん》交流という呼びかけだといってます。「暑いですな、やりきれませんな」というあいさつに、同病相哀《どうびょうあいあわ》れむという心境で、イントネーションを相手よりもっとグレーに、マイナスにして、「ほんと、たまりませんよ」とこう答えれば、お互いに「よかった仲よくなった」とこうなるんです。

ところが、ここに落し穴があるということを考えてください。

困ったことに、天気のあいさつのほとんどがマイナスの言葉なんです。そこで、うっかり同調すると危ない。「いや実に暑いねえ、やりきれませんなあ」。そこで止まればいいんですが、「お客さんの商売は」「〇〇です」「どうです景気は」「だめですな」と、無意識のうちに、言葉がどんどんマイナスのものになっていきやすい。マイナスの言葉を口にするのに努力はいらないが、プラスの言葉を見つけるには努力がいるんですね。

「お客さん、暑いですね、うっとうしいですね」と言われたら、「暑いですね」とまず答えてもいいんです。「しかし、きょうは何か空気が乾《かわ》いてサラッとしてます。軽井沢にでも行ったような気分ですね」と私は答えたんです。

するとその時の運転手さんは、気まずそうに沈黙してしまった。私のほうから同じネクラの返事がなかったからです。この私のようなやり方は、多分まわりからあるていど反発をうけるかもしれません。

それは世の中が圧倒的に否定型、マイナスのことに満ちてるからなんです。しかし、マイナス好きの人が多いというのは、非常に有利ですよ。なぜなら競争者がほとんどいない、ということなんですから。あなたはこれで非常に成功しやすくなる。

じめじめした梅雨どき、「毎日、雨ばかり降って、うっとうしいですね」と言われて、「まったく、洗濯ものが乾かなくて」と、イントネーションも泣き調、これではいけない。「でも、アジサイの色がきれいじゃありませんか」「農作物には恵みの雨ですね」なんて、もう一生懸命にプラスのものをほじくりだして言う。ここが大切です。

我々は、普段自分の使っている言葉に支配されております。しかし、言葉は自分で選択できるんです。だから選び方しだいで、言葉を支配することができる。このことは実に大事です。

「やっぱり」「結局」という言葉を口ぐせにしている人がいますね。やっぱり、というのは、どんなに努力しても、結果はやっぱりこんなもんですよ、やっぱり駄目だった。結局については、いくらやっても結局うまくいきませんよ、という否定的な言い方に使われることが多い。このような人は過去の体験に多くの挫折感《ざせつかん》をもっているんです。それで、これらのマイナスの言葉を、思わずくり返してしまう。

自分の感情をよりマイナスに、否定的にする言葉は他にもいくつもあります。「許せない」「耐えられない」、女性でよく叫ぶ人がいますね。

「これが私の性格です」というのは、要するに、もう何も言わないでほしい、自分を変える気はありませんということ。「疲れた」「まいった」「冗談じゃない」「心配だ」「限界だ」「とてもそんな気になれない」……これらの言葉は、自分に不運をもたらします。

心して、日常使用する言葉を選んでください。

日常自分が何気なく語っている言葉を見張っていて、たとえば「できない」という言葉が口からでそうになったとき、パッと口を押さえる必要がある。そしてできそうもないと思いつつも、「できる」と自分にウソを言う必要がある。ウソでもいいから「できます」と言う。「これ以上無理」と言いそうになったら、「もっとやれる」と言う。

「疲れた」とよく言いますね。「お疲れでしょう」「ええ、もうグッタリ」なんて答えたら、疲れがどっとでてきちゃう。「いや大したことありません」、クタクタでもそう言わなければならないんです。

(3)　であるがごとく思え

「意」というのは、「であるがごとく思え」ということです。

これまでにも、私のレコードの話や森瑶子《ようこ》さんの話のなかでふれたとおり、望みが、実現したシーンをありありと頭のなかで描く。札束が手の上にのって、レコードのジャケットはこんな写真を使っていて、などということを思いうかべる。マイナスの、否定的な考えを捨てて、未来に対する恐れを捨てて、もうすでに願いが叶《かな》ったごとく考える。たとえば、車が欲しければ、たんに車種だけではない、色、ハンドルの手ざわり、皮のシートのにおい、そういうものまで五感を動員して思い描くことです。

(4)　であるがごとく行動する

じゃあ「身《しん》」というのはどうか。「であるがごとく行動する」ということについて、次のエピソードをご紹介しましょう。

アメリカにボブ・コンクリンという潜在意識《せんざいいしき》の研究家がいます。コンクリン先生がコンサルタントをしていたときに、ある一人の青年がやってきて、「先生、私はセールスの仕事をやりたい。ところが会社は私のことを倉庫番にしている。何とかセールスマンになって業績をあげたいと思うんですが、どうしたらいいでしょうか」「あ、そう」。コンクリン先生は、彼の頭のてっぺんから足の先まで見た。組んでる足の下に、靴下がたるんで毛ずねが見えている。よく見ると靴もくたびれてる。

「君はどうしてセールスマンが魅力的なのか、ビジョンとして言ってみなさい」と、先生は訊《き》きました。「そうですねえ、セールスマンはさっそうとして、三つ揃《ぞろ》いの新しい背広を着ています。そしてアタッシュケースを持って、趣味のいいネクタイをして、会社を訪問して社長室へ入っていくと、秘書の女性たちがいつか私にもデートを申込んでくれないかしらというふうに見送ります。ああいうように自分もなりたいものです」「なるほど。ときに君、お金をもっていますか？」

急に変なことを訊《き》きました。

そうしたら、彼いわく「自分は酒も飲まないし、遊びもしない。ギャンブルもやらないから少々の蓄《たくわ》えはあります」「そうか、それなら今からすぐ、デパートへ行きなさい。そして三つ揃《ぞろ》いの極上の服を二着買いなさい。それからイタリー製の靴をこれも二足買いなさい。ネクタイも買いなさい。そして君が家を出るときに、それを着て出ることです。アタッシュケースも買いなさい。入れるものがなかったら弁当でも入れておきなさい。

それで、自分はすでに営業マンになった、もう成功してるってんで、さっそうと会社へ行くんです。会社に入ったらそこで作業服に着換えて倉庫番をやって、会社が終ったら、帰りにまたさっそうと営業マンとして帰ると、こういうことをやることです」。

これが「であるがごとく行動する」ということなんです。

半年たったらコンクリン先生のところへ彼がやって来ました。傍《かたわ》らに女性を連れてるんですね。「先生、こちらキャシー、今度婚約しました。会社の秘書です。おかげさまで私はセールスマンになって、いま非常にいい成績をあげております」とこう言った。彼の望みは実現したんです。

これが「身《しん》」ということなんです。

ただ、ここで皆さん、重大なことは、「であるがごとく」というのは自分の内部にむかって、つまり深層意識にむかってやることなんですよ。セールスマンでもないのに「俺はセールスマンだ」と外へむかってやったらこれはいけない。これでは嘘《うそ》つきです。

自慢したり、そうでないことを言っちゃうのは当然よくない。大ぼら吹きになっちゃいけないんです。

幸福を感ずるとき

禅に「一期《いちご》一会《いちえ》」という言葉があります。

お茶の席によくかかっていますね。「今というときはたった一度しかない」。ごくあたりまえのことですけれども、それを大切にするという意味です。

ゲシュタルト療法という心理療法のなかにも「ナウ・アンド・ヒア（現在、この場所）」という言葉がある。今生きているこの時を最も大切にする、という意味ですね。

実際のところ、現在、今この時が、我々にとって一番大切なんです。なぜかというと、幸福を感じるというのは現在にしかないからです。感じるということは過去にはないし、未来にもない。幸福感というのは、知覚現象なんです。つねられると痛い、おいしいものを食べておいしい、嫌なものを見ると不快だ、こういうものと同じなんです。

　未来に大きな希望をもち、夢を描いて、あたかも、それが叶《かな》ったような錯覚に陥《おちい》って、うっとりとしているときに、その「現在」は幸福なのではありませんか。過去において成功したことを思い出し、ああ、俺は偉いんだ、よくも、あれだけ成《な》せた、よかったなあという思い出にひたっているとき、その「現在」は幸福なんではないでしょうか。なぜなら思うということは、現在において成している行為だからなのです。

　ところが、我々は選択もせずに過去の失敗を思い出す。そして、その時の恥《は》ずかしさ、悔《くや》しさということに対して、悶々《もんもん》としてきょう一日を過ごすことがある。そして未来に、もしかしたら会社は倒産するんではないか、もしかしたら、すべて御破算《ごはさん》になるんではないか、と恐怖感と不安におののいて、ただ、この「ナウ・アンド・ヒア」の一期一会《いちごいちえ》を幸福にする機会を失っているんではないか、我々の回りには、そういう人が多くはありませんか？

　たとえば、会社の年商をいくらにしよう、という目標があって、歯を食いしばって、きょう一日を耐え、毎日毎日苦しみのうちに過ごして、三年で達成したとします。年商何億円という目標のためには、お得意様の無理難題にも耐え、社員を叱《しか》りつけ、苦しい、我慢《がまん》だといった三年間と、目標を達成した一日だけの喜びとを通算すると、そのトータルは、不幸な人生ではなかったか、こういうことになかなか思いいたらない人です。

この人もやがて何十年かたって、必ず間違いなく死ぬんですけれども、この死ぬ日に、自分の人生、過去をふり返って、我が人生に悔《く》いなし、とにっこり笑って死ねるかどうか。「ちくしょう、まずった」「まだまだ死にたくない」。人を恨《うら》みに思い、自分の人生の失敗を思い、たとえ目標を達せられたとしても、この死ぬときの顔つきはどうだろうか。この人は、こういうことに思いいたらないんですね。

我々は、「ナウ・アンド・ヒア」をすべて意識で体験しています。この意識をピンクに、幸福にするためには、未来のよき予想のみ、過去のよき体験のみを使うとよろしいのです。そうやって現在をピンクで充満《じゅうまん》させるならば、我々は幸福なきょう一日を得る。そして翌日もそうである。そして、明後日もそのようにする。毎日毎日そうしていく。

すなわち皆さん、これこそ仏教で古来から言われている「現在の感謝」です。

現在に、現状になぜ感謝しろ、感謝しろと口酸《す》っぱくして言うんでしょうね。これは道徳のために言っているんじゃない。人格が高まるから言っているんじゃないです。いま、自分の感情がプラス、すなわちピンクの類になっていないと運命が危ないんです。だから、死に物狂いで感謝しろっていうんです。うれしくなくても、つらくとも感謝しないと危なくなるんですよ。ちっともうれしくなくても、ああ、うれしいな、ありがたいなと言っているうちに、何となくうれしくなってくる。

悲しいから泣くんじゃなくて、泣くから悲しくなるという面もあるんですよ。感謝の気持ちを見い出すというのは、自分の心を陰《いん》なるもの、マイナス、グレーから陽《よう》なるもの、プラス、ピンクなるものへと自分の意志をもって変えることです。

こういうのを「陽転思考《ようてんしこう》」といいます。

もし人生で幸福の秘訣をただ一つあげろと言われたら、その黄金のカギはこの陽転思考にある、と言えます。陽転思考のできる人こそ、人生幸福の黄金のカギを握っている人なのです。

不幸中の幸い

仏教の方ではこれを「感謝行」と言っております。やたらめったら「ありがとうございます、ありがとうございます」と五〇回くらい言っていると、かなり否定的な、陰《いん》の人でも、いくらか明るくなってくる。早く言えば、これは「自己暗示」なんです。これも陽転思考の一つのやり方であります。

昔中国に、雲門《うんもん》といぅえらい禅師がいました。この雲門先生が言った有名な言葉がありま す。

「日々是好日」(にちにちこれこうじつ)。

あるとき、お弟子さんたちにむかって雲門はこう言いました。「十五日以前は問わず」。十五日前、二週間前のある日から、それ以前のことについては自分はきかない。その二週間前のある日からきょうまで、君らの心境はどうなったか言ってみろというんですね。「十五日以前は問わず。十五日以後について言え」とこう言った。

これは、私の想像ですが、雲門禅師は、十五日前に、同じ聴衆に対して、「悟り」ということについて説法したと思うんです。ですから、そのときに、もう君たちは悟っているはずであり、それ以前の君らとは変ってしまっているはずである。では、そのように変ってしまった君たちは、その日から今日まで十五日間、どのような心境で過ごしてきたのかな、という質問をしたのだと思います。

ところが誰も答えられない。そこで「自《みずか》らかわって曰《いわ》く」、じゃあ拙僧《せっそう》が言ってやるよ、「日々是好日」毎日、毎日いい日だ、と言った。もちろん、現実が毎日いい日だけのはずがないですよ。

それをいい日にしちゃうんです。いい日にする方法は一つあります。それは「いい日だ」と思えばいい。これはあたりまえですね。

天気の良い日、いいことのあった日に、ニコニコして感謝することは誰にもできますよ。ああ、ありがたい。いい日だったと……。

だけど、じめじめしたとき、失敗したとき、病気のときにこそ「いい日」にできるか、ここが大事なところです。

こういうときには、「不幸中の幸い」という言葉を使えばいい。たとえば、交通事故で片腕失ってしまっても、ああ、もう片腕なくなった、生きるそらはない、といって落ちこんじゃう。これは駄目です。

ところが、その反対に、もう片方の腕が残ってた。これは不幸中の幸いだと思うのが、日々《にちにち》是好日《これこうじつ》にできるということではないですか。

だから、日々是好日のできる人だけが成功するという権利を手にしているんだとも言えるわけですね。

ところが何かの望みをたてるということは現在が不満だからできるのではないか、と言う人がいます。いま、お金に不自由しているからもっと欲しいんじゃないか、いま、狭すぎるからもっと大きな家が欲しいんじゃないか、としゃにむに働く。そして、まだ足らない、まだ足らないとくり返し思ってきょう一日過ぎ、そして毎日が過ぎていくわけです。しかし実際上は、そういう人は、もうお金がたまっている人です。三〇年懸命にやってきたら五千万円たまった。しかし一億円なくっちゃ、五千万円ぐらいじゃ話にならない、なんて言っている。毎日毎日不足のままでやっていくと、きょうは不足で不幸であって、明日も不足で不幸であって、墓場行くまで毎日毎日が不幸になっちゃう。お金はたまった、と人は思っているが、本人は十億円たまったけど、一生口をへの字に結んで不平顔で終っちゃうわけです。

ここらへんのことを、仏教では言っているんです。ここが大事なんです。ですから、今日一日を満足して、うれしいな、ありがたいな、と思いながら、ちょっと今度は未来を見て、もう一億ばかりお金が欲しい、とこう思うわけです。このように心のコントロールを変えるんです。現在の安定を、そして、こんどは未来の野望を、というふうにちょいちょい自分の心を置き換えなくてはいけませんよ。

今ないものは数えない

これまで、くり返し言ってきたことは、日常の情念をグレーにしないようにする技術についてなんですね。

よい言葉だけを口にする、よいことだけを思う。日常の情念をピンクにしておかなければ、どんなプラスの願望もアラヤに入っていかないいんです。それをつづめれば、次の二つになるかもしれません。

(1)　今ないものは数えない

(2)　あるものを数えて絶えず感謝する

ああ、ここに、これだけあればなあ、ないから不満だ、しゃくだ、と思うようなことを数えない。そして今、あるもので満足する。

ああ、ありがたいと感謝すると、情念がピンクになってくる。自分の情念をバラ色に保つために、自分の思考をこのようにコントロールするんです。

しかし、前にもふれましたが、何かを望むことと、現状に満足するということは矛盾《むじゅん》した考え方ではないか、現状に満足しない、不満があるからこそ向上する心が生まれるんじゃないですか、と言う方がいます。欲を捨ててしまったら生きている甲斐《かい》もない。これはそのとおりです。ただし、つねに不満、不充分で一生を終えたら、その人の人生はぜんぜん楽しくない。現在に満足しつつ、しかも未来に欲望をもつ、この意識のあり方を、登山にたとえて説明してみましょう。

今、高い山、富士山のような山へ登ろうとする。八合目まで登った。さて、そこで立ちどまって涼《すず》しい風で汗を乾《かわ》かしながら、ふもとを見おろして、ああよくここまで登ってきたもんだ、俺はよくやった、と悦《えつ》にいる。つまり過去を眺《なが》めて、今あるものを数えて心から満足することとです。さて汗がひいたら、今度は頂上を見あげて、さあ、どうにかしてあそこまで、たどり着くぞ、やったるぜ、と自分に気合いをいれるんです。

これを八合目までできているのに、「なんだ、まだ八合目か、汗はかくし、しんどいことだ」とこういう意識ではいけないんです。過去を眺《なが》めて悦《えつ》にいり、未来を眺めてここで現在に不満を生ずる。変な言い方ですが、こういう意識操作をすることが大事であります。

これができる人は、「日々是好日《にちにちこれこうじつ》」という禅の根本の心理を体得し、悟りを開いた人だと言えるわけです。これは少し大げさな言い方かもしれません。まあ、悟りは開いていないかもしれませんが、悟った人と同じくらいの人生の達人になれるわけです。

どしゃ降りの雨のなかでも、その人だけには、陽《ひ》があたっている、とこういったような人生になる。いつでも「得する人」とうらやましがられる。なんと楽しいことじゃありませんか。

第二章　成功の法則

ノーと言える人、言わない人

人生は戦いである、生きるということは戦いであるという、そういう面から人生というものを考えてみましょう。

人生は戦いだとすると、その戦いの敵は誰でしょうか。私は、敵は死であると思うんです。人間は、生まれおちてから、最終的には逃れえざる死というものと、できるだけ戦って、その死を後に遅らせ、健康で豊かに暮らそうとしています。それは最後に死からは逃れられない、勝ち負けで言えば負けるんですが、およそ人間の世界において、八〇歳以上まで生きて、ずっと病気らしい病気をしないで、経済的にも困らず、豊かで、それで老衰という状態がきて、しかし精神的にはボケないうちにバタッと死んじゃうというのが非常にいいパターンであるとする。

ところが、世の中にはそのパターンから外《はず》れて、四〇代で寝込んじゃったり、いくつになってもうだつがあがらなかったり、あげくに若くして死んじゃうというケースもあります。これでは不幸だと思います。これはまったくあたりまえの話ですが。

さて、人生は戦いだと見ると、戦いには戦略や作戦がある。大局的な戦略、または局地の勝敗を決する作戦というものを立てずに、不用意に戦うと、勝ちをおさめるというのは非常にむずかしくなってきます。

孫子《そんし》の兵法《へいほう》に、「敵を知り、己《おのれ》を知らざれば百戦して五〇勝し、五〇敗する」とあります。「敵を知らず、己を知る」も同じで百戦して五〇勝し、五〇敗する。そこで、「敵を知り、己を知らば、百戦危《あや》うからず」。有名な言葉ですね。したがって、我々の人生の敵である死とは何たるかを知り、自分の何たるかを知るということが、前提条件として非常に重大になる。よく知ったうえで、人生のいろいろな局面で、どうしたらいいだろうか、ああしたらどうなるかといったことを、分析し、知っていることが賢明な戦い方をするのに、ぜひとも必要です。

ところが、世の中を見ると、人生の戦い方について、片手落ちな部分が随分《ずいぶん》とある人が多い。

ある女性社長が、「先生、私は最近、自分ながら少し進歩したと思うところがあります」と言うんです。「どこが進歩したんですか？」と訊《き》くと、「以前私は気が弱くて、嫌なことにノーと言えなかった。今は嫌なことをはっきりノーと言えるようになりました。この点で進歩したと思います」、こう言いました。

嫌なことを嫌と言う、ノーと拒絶することが、はたして進歩でしょうか。私はそう思いません。世の中には、ノーの言えない人間はだめだという人もいます。しかし私は、いかなることにも正しいとか間違いということは決まっていない、という考え方です。

そうすると、正しいか間違いかを決めるものは何か。もしあなたが自分の気持ちのなかに、ノーと言いたい、ある場所で、ある時にそれを口にだしたくなった時は、「彼我《ひが》の力を計測すべし」この言葉をぜひ覚えておいてください。このことの意味は非常に重要です。

要するに、力関係なんです。

いつ、いかなる場合も嫌は嫌、ノーと言っていたらその人はどうなりますか。今、自分にとって大切なんであり、あるいは目上の人であり、自分に対し利益を与えてくれる人に対して、いつでもきっぱりとノーと言っていたらどうでしょうか。あるいは職を失うかもしれず、あるいは絶交されるかもしれず、あるいは離婚されるかもしれない。

ですから、失うものと自分の感情というものがてんびんに乗るわけです。そのとき、もうこれ以上我慢してやっていたら耐えられないからノーと拒絶したら、そのときは相手の自分に対する好意を失うかもしれないということを覚悟すべきです。そのうえで、ノーと言うんならいいんです。感情も大切です。嫌なことを我慢して毎日暮らしていると病気になる人もいますからね。

ところが、愚《おろ》かな人は、ノーと言う大切さなんてことを人から学ぶと、自分の思っていることを明確に、クリアに言うことが人間として正しく、しかもそれが自分にとってつねに有利であるかのように考えてしまうんです。

これはそうではありません。ノーと言う相手が、自分の収入を支配しているお客さんだったり、上司であったり、一緒に飲むに楽しい友人であったり、恋人や夫であったり、いろいろなケースがあります。そういう人の機嫌《きげん》を損じた場合に、相手から得られるものが少なくなるのもあたりまえのことなんです。この世の中で最も愚《おろ》かなことは、相手の機嫌を損じてまで、また損じたうえで、相手に何かを要求することです。当然、相手は要求に応《こた》えてくれない。ところが、そんなことにはいっさい無頓着《むとんじゃく》で、相手に要求してしまうんですね。そして。相手の好意を失ってしまう。

あるOLの話ですが、「課長がやっていることは間違ってると思った。だから課長と論争をして、結果として居づらくなって会社を辞めた」と言うんです。「だけど私は絶対に間違ってない。先生はどう思いますか」、「あなたは間違ってないよ」。「それじゃ会社が私をクビにしたのは間違ってるでしょう?」「間違ってるね」。そこでおしまいですよ。「では彼らにどう間違いを正したらいいんでしょう」「どうしようもないね」、とこれで終りです。

この世の中の成り立ちには、何が正しく、何が間違っているか、と同時に、何が強くて何が弱いかをみるということは、人生の戦いを戦って生きぬいていくうえで非常に重要です。その彼我《ひが》、彼と我の力を計測しなければいかんのです。

成功の公式

嫌なことを嫌というのは攻めの戦略です。

彼我の力を計測して、むこうが強い、自分が弱い場合、攻めても勝てない。ただし、むこうの与えてくれる利益を欲しなければ、そのときはノーと、しゃあしゃあと言える。ところが、我々は適当に裕福であり、健康であり、長生きしたいと思ったら、カスミ食って生きてるわけにはいかないから、一律的にノー、ノーで通して自分の気分のままにやっていたらどうなりますか。人生という戦いにいつになっても勝てません。もう負けつづけになります。

そこで、自分の人生において、あるいはこの世の中の経営において、物質的利益を掌中《しょうちゅう》にできる、いわゆる成功というものができるための公式を立ててみます。

いま、Sをサクセス、成功とします。dはデザイア、願望です。nはニーズ、自分のしたい、あるいはやりたくないという感情とします。ここで、n_1を自分が感じているニーズとし、

成功実現のための公式

$$\frac{d}{n_1 - n_2} = S$$

n_1＝自分の欲求（ニーズワン）

n_2＝他人の欲求（ニーズツウ）

d ＝願望（デザイア）

S ＝成功（サクセス）

n_2を他人が自分に対して抱いているニーズだとして上のような数式を書いてみます。

自分のニーズから、他人のニーズを引いたものを分母とし、d（願望）を分子とします。n_2が大きくなるほど、分母は小さくなるから、イコールS（成功）は大きくなるわけですね。

この数式は、自分のニーズより他人のニーズを優先するほど成功は大きくなる、ということを示しています。

この数式は、私がつくったんですが、人生成功の黄金律だと思ってます。もしこれを実行できれば、どんな商売やっても成功します。どんな道へ進んでいっても成功を手に入れることができるのです。

人生の作戦を立てるには、自分の欲すること、つまり願望というものを、ニーズとデザイアの二つに分けて考えるんです。さらにニーズを相手と自分の二つに分ける、ここが大事なところです。

そこでまず第一に、他人のニーズ（欲求）について考えてみましょう。

私がいま関係している団体に、日本経営合理化協会というところがあり、そこの中心的なコンサルタントの一人に一倉《いちくら》先生という方がいます。この先生は経営学の神さまとして、知る人ぞ知るという方で、九州へいっても北海道へいっても、一倉先生のおかげで五〇億円の売上げになった、一〇〇億円の売上げになったという経営者がぞろぞろいます。

そこで、一倉先生はどういうことを教えているんだろうと、私は興味をもっていろいろな人に訊《き》いてみました。そしてまた、一倉先生の著書も読んでみて、その内容が次第にわかってきた。それはこういうことです。顧客のニーズがどこにあるのか、そのニーズを徹底的に探して、それを調達して与える。経営というのはそれだけだ、と言っているように思えるんですね。大事なことは自分のニーズじゃない、相手のニーズを優先させていけば事業は伸びるというわけです。

ところが、多くの人はそうやっていない。これは東北のある経営者の話なんですが、自分がたまたま、ある薬草のふろに入ったら病気が治ったというんです。この薬草のふろは非常に効くから世の中に広めたいというんで、自分の工場の敷地に、浴場と休息する施設をつくったんですが、お客がさっぱりこない。自分がいいと思うものを世に売ろうとするとき、自分がいいと思うことだけで進んじゃ危ないんです。人もいいと思うか、また人がいいと思っても、工場の余地に施設をつくって相手がいいと思うかどうか、今の数式との関係を見てみるとわかるでしょう。

大体、マーケット・リサーチというのがこのようにおざなりになっているものが多いんです。そこで、リサーチというのは、マーケットのニーズを探るということになります。そしてわかったお客のニーズを増やし、自分のニーズを削《けず》っていくと、分母が小さくなってきて、たくさんのお客が、この薬湯《やくとう》に入りにくるという当初の目的が達せられるようになるわけです。

聞くところによるとハンバーガーのマクドナルドが、ある都市に新しい店を出すときは、一番最初にヘリコプター飛ばせと、マニュアルに書いてあるそうですね。市街地をヘリコプター飛ばしてカラー写真でずっと撮《と》っていく。ここで何十%カラーの屋根があるか、黒い屋根と比較したパーセンテージをだして、何%かは忘れましたが、仮に六〇%以上黒い屋根があったらその地域には出店しないんだそうです。なぜかって、保守的な人間が多いからですよ。青い屋根、赤い屋根が多いということは、新しい世代が多いということであり、ハンバーガーが売れるというわけです。これは大勢の人のニーズを知るための一つの方法です。

また、マクドナルドのパンの厚さは何センチ何ミリと決まっている。何百人もの人たちが口をあんぐり開けてかみ切るとき、どれが一番うまく楽にかめて、一番おいしく感ずるかという実験をやったうえで、何センチ何ミリと決めたんだそうです。一事が万事に相手の身になって、自分がこうやったら相手がどう考え、どう思うか、こういうことを見極めている。

皆さん、これは商売や利益だけのことじゃありません。世の中で、人と仲よくいく、あるいは結婚生活がうまくいくという場合も、相手の身になって考える、これを「代理想像」といいますが、代理想像のきかない人はその一生を苦難の道を歩くしかありません。相手がどう思っているんだろうかということをつねに察しられる人間というのは、努力しなくても成功する法の一つを体得しているんだといえます。

自分も相手も欲しいもの

現代は物が世の中に氾濫《はんらん》し、物質的に豊かになってきました。こうなった今、人が欲していて、最も貴重なものとなったものの一つに時間があります。これでセブンイレブンが大成功しましたね。朝十時前に買っておきたい、夜八時過ぎても何か急に買いたくなる人がいる。一般のお店が朝十時に開くとすれば、午前七時から十時の間、これが商品なんです。同じく、夜八時から十一時までを商品として提供すればお客がくるだろうと、考えついた人はそれまでに何人もいたと思うんです。しかし、「どうしても」ということが先にきちゃう。そんな早朝、また深夜に働く人がいない、なんて考えて、すぐn_1（分母）を大きくしちゃう。

さらに、考えてみれば早朝や深夜にそう多くのお客がくるかな、とd（デザイア）まで小さくしちゃっては、成功の見込みを放棄《ほうき》しているようなもんです。

経営者というのは、あらゆる虚飾《きょしょく》、デコレーションをはぎさって見るという行為と、大勢の人を働かせて、そのかすりをピンハネして集めることが重要という商売です。どんな大会社の社長でも、テキ屋の親分も、原理は同じですよ。原理は同じだけれど、大事なことは、ピンハネされても従業員は働いてくれるかどうかということです。何か利益を考えなければ人は働いてくれないですね。つまり、この場合は従業員が「n_2」になるんです。n_2に利益を与えるということは、n_1つまり自分のニーズを削るということです。

先日、関西のある会社に講演に行きました。そこは土木工事をやってる会社で、官庁や大企業を相手にしているので、落札制だからどうしても安く叩かれるのだそうです。その分、働いてる人間にしわ寄せされる。少ない給料でみんな我慢して、よく耐えてやってくれている。ここは先生、ひとつ、物質的な不満を精神的な喜びに変えて、何とかみんなの気持ちに希望を与えてほしい、と社長が私に言うんです。そんなこと私にはできませんよって、私は勘弁《かんべん》してもらいました。

私が皆さんに伝えたいことは、事業家ならばどうやったら金儲かるのか、働いている人なら、どうすれば月給あがるかということを話してるんで、私の言うことときいたら、みんなおたくの会社やめて、出ていってしまうかも知れませんよと私はこう言ったんです。

皆さん、ここが大事なところですが、社員が少ない給料で我慢しているというのは、こういうことですよ。よそへ行っても、自分にはろくな仕事にありつけないだろうという恐怖感をもっているからなのです。我慢してるんです。自分を小さく評価して納得しちゃってる。このように自分を小さく小さく考えてるような人は、成功ラインにのることは決してないんです。まず、自分は偉大な人物になりえるということを、くり返しくり返し自分に暗示をかけて、自分の深層意識に染めつけるというのが大事なんです。だから、私の話は経営者にむいているかもしれませんが、従業員の方には、へたをするとむいていないのかもしれません。官庁に入って実直に勤めているというような人には毒がある話と受けとられかねませんね。私の話きいてるうちに、この職場では未来に希望ないと辞めちゃう人がでてくるかもしれませんから。

私も、自分の考え方はこれでいいのかと一時考えました。みんなに「無欲に生きて、心の幸せを求めましょう」なんてやるべきかと思ったけれど、これまで何百人ものお坊さんがやってきたことを、今さら、そしてまたもや私がやる気はない。忍耐《にんたい》は苦しみであり、苦しみは不幸だと、私は考えてます。欲を捨ててしまえば、生きている値打ちもないと私は考えています。だから、あたら人生を、少ない給料で耐えて精神的な面で希望をもてなどと言ったところで、本当の意味で幸せ感がわいてくるか、私にはどうもそうは思えないんです。

考えてみれば、女も酒も金も毒だと思いますが、時に人間にとっては毒も必要じゃないでしょうか？　ところが、毒をいっさい自分より去らしめて、六〇過ぎてしまったらどうでしょう。多分むなしい後悔があるんじゃないですか。そういう人を私は知ってます。口をへの字に結んで、「俺みたいな正直者が世の中に受け入れられないのは、世の中が悪いんだ」などと言うんです。世の中が悪いんじゃなくて、一〇〇％あなたが悪いんです、と私が言えば、その人は「何で悪いんだ」と訊《き》くでしょうね。

その質問に対しては、

「あなたが欲しがらなかったからいけないんです」と私は答えますよ。

身守術《しんしゅじゅつ》

願望を大きく膨《ふく》らませることは攻めです。嫌なことは嫌と言うことも攻めだと言いました。

それでは、人生成功の守りの戦略とは、どういうことでしょうか。身守《しんしゅ》とは体を守るということですが、人生における身守術についても知らなければなりません。攻めと守り、この兼ね合いが大事なんです。

さて、守りのほうを考えるとき、私が皆さんにくり返し言っていることがあります。それはこういう言葉です。「人の不幸というものは、口に正義を唱えたときからはじまる」。「私は正しい、間違っていない」、これを言っていると、それに比例して収入が少なくなってきたり、友達が去っていったり、恋人が離れていったりするという、不思議なところがあるんです。

正義を声高く主張しはじめると、他人との間に不和がはじまる。私はこれを異和《いわ》と言っておりますが、調和の反対、調和を乱すようになる。すなわち、平和な雰囲気が乱れはじめる。これはなぜでしょうか。その理由を考えてみると、それは他人の不正を非難する言動だからです。自分は間違っていない、自分以外が間違っていると、その非を鳴らす。その話をきいている相手は、他人であって、非難される他人の一人であり、その人がけなされるように無意識のうちに感じ、そして、その人の自己重要感は傷つけられ、低下させられる。相手の感情には不快感が発生し、こうしてこの二人の間に異和《いわ》が生ずるわけです。

もちろん、時には、人は正しさを主張することは大事であって、いつでも何も言うなということではありません。正しさを主張するときは、自分の身を傷つける、ということが見えずにいては駄目だ、と言っているわけです。そのための身守《しんしゅ》の術、作戦が立たなければ、正義を主張して、傷つくのは自分だ、ということですね。

礼儀というものは、その場合の身を守る武器です。私は若いころ礼儀というものを間違って考えていた。礼儀とは、相手に対する尊敬の気持ちが自分のなかにわいてきて、自然に、お辞儀《じぎ》やあいさつという形となってあらわれるものと思っていた。もちろん確かに、そういう面もあるが、実用的な面がもっと大事なんです。相手の気持ちを傷つけず、相手の自己重要感を引きさげず、むしろもちあげるようにする言動、それを礼儀というんです。

「女性に対して、ドア開けてお先にどうぞ、とアメリカ人はやるのに、日本の男性は本当にしょうがない」、ちょっと欧米にいって帰ってくると、そういうことを言う女性がいます。日本の男はマナーを知らない、野蛮だ、って言う。ところが、そのアメリカで次のようなことが現実にありました。ある日本人の男達が、奥さんと一緒にアメリカ旅行をしていて、たまたま居合わせたアメリカの男性達が一斉《いっせい》に拍手した光景があった。奥さん達が荷物をみんな持って、へたへたと後からついてくる。だんな達は、たばこ吸いながらアメリカの男達と悠然《ゆうぜん》と先に歩いていく。それを見てアメリカの男性は拍手喝采《かっさい》、日本という国は素晴らしい国だっていうわけです。これを見ると、アメリカの男たちはレディ・ファーストという風習にだいぶ恨みをいだいているように思えますな。国によってマナーが正反対、ま、それはそれでいいでしょう。

昔は日本の男性の横暴さに対して、女性は自分の身を守らなければならなかった。そこで絶対的服従の風潮が生まれたわけです。すなわち、「嫁《か》しては夫に従え」という女の道徳は女性自身が自分の身を守る方法だったわけです。これは、マナーの本質、礼儀というものが、身守《しんしゅ》という実用的な面から決められている武器だというひとつの例です。この場合は、女のほうが身を守っていることになります。

孔子が、斉《せい》か衛《えい》かどちらか忘れましたが、お弟子さん七〇人と隣《となり》の国に亡命し、居候《いそうろう》をしていたときのことです。孔子が、儀式やセレモニーにおける礼楽《れいがく》を司《つかさど》る下級役人のところへ行って、初歩的なことをくどくどと訊《き》いた。そこで、お弟子たちは、「孔子様、あなたは礼楽の大家である。儀式の進行なんかよく知ってらっしゃるのに、なんで彼なんかに細かく訊《き》かれたのですか」と尋《たず》ねたら、孔子はこう言いました。「それが礼だ」。これはすごいじゃないですか。

彼は、よそ者なんです。下級役人は、えてしてそういう者に意地悪をするもんです。隠《かく》れてちくちくとやるわけです。その下級役人のところへ行って、あの有名な孔子が、自分の専門とするところをいろいろ尋《たず》ねてくれたら、彼の自己重要感が高まるじゃないですか。だから、孔子は亡命中に二度ほど命が危ないことがあったんですが、見事に生きながらえて、一度として危害を加えられないで、自分の国へ帰れたんです。

正しさを主張して、身を滅《ほろぼ》した例がいくつもあります。一番いい例は豊臣家の滅亡ですね。徳川家康の実力が広大になった。もはや実質上日本を制覇《せいは》している段階である。そのとき淀君、秀頼、その側近らは過去の名声によって面目ということを考えた。もし彼らが身守術《しんしゅ》を知っていたら平成の今まで、豊臣家を存続できたかもしれません。つまり、征夷大将軍《せいいたいしょうぐん》を家康にゆずり、自分は公家《くげ》になるわけです。天皇家の傍流《ぼうりゅう》みたいな地位をつくれば家康も認めたでしょうね、家を存続できたはずです。

しかし滅亡したのは、「てやんでえ、本来は自分の家来筋だった人間に」、「太閤様《たいこう》が死ぬとき誓約《せいやく》したのに、それを破るとは人非人《にんぴにん》だ」と言って正しさを主張しはじめた。相手の実力を見ないで正しさを主張すると、豊臣家の例のように、みんな殺されてしまうわけです。

努力しながら失敗する人

ある家電の安売店をやっている人が、年中無休の店をつくったところ、お客がどんどんきて業績が急に上がった。三年たって、従業員みんなよくやってくれたというんで、全員で慰安《いあん》旅行をしようということになった。そこで、「まことに勝手ではありますが、社員の慰安のため三日間お休みさせていただきます」、こんな貼り紙を入口にはっておくということになった。

その三日間に来店するお客は、そう多くないかもしれません。繁忙期《はんぼうき》に旅行をするはずもないですからね。しかし、年中無休が売りものの店がわずか三日間でも休んだ、このときに経営者にも従業員にも、深層意識のなかで、ある心構えが崩れさってくるんです。自分たちの慰安旅行というのはn_1であり、n_2が削《けず》られるわけです。こうして分母が大きくなります（六八ページの数式を参照）。分母が大きくなれば、サクセスは小さくならざるをえません。

多くの人が失敗するのは、自分のニーズとデザイアを同時に満足させたいと思うからです。

世の中には、懸命に努力しているのに失敗する人がいます。それは、デザイアを得んとして自動車のアクセルを踏み、それと同時に左の足でブレーキを同時に踏むからなんです。それでガッタンコン、ガッタンコンという人生がはじまります。

「先生、どうもニーズとデザイアの違いがもうひとつわからない」と言う人がいます。そんなとき、私はいつも次のようなすけべな話をします。カワイコちゃんが私の会のメンバーに入っていつも熱心に話を聞いてくれていた。ある日お茶に誘ったら来ました。彼女をあらためて見るとオッパイがぷっくりしてて、さわりたいなと私が思うわけ。これが私のニーズです。

さて、その彼女、「先生のお話は素晴らしくて、私はいつでも目からうろこが落ちたような思いがします。ぜひこれを自分の人生に役立てたい」と言います。話を聞いてるうちに、私のニーズが大きくなってきて、「ちょっと君のオッパイさわっていい?」って訊《き》きます。

彼女は、私のことを先生としては尊敬しているが、男性としては自分の好みのタイプじゃないと思っているとします。そのとき嫌だ、と言いたい気持ち（これは彼女のですね）と、お茶を飲みながらいろいろ教えてもらうのも大事だという気持ちのどちらをとるかという具合になってきます。ここが大事なところです。そのとき、先生の教えをこれからも聞いていきたい、自分の人生に役立たせたい、というのがデザイアです。

その女性は、「嫌です」と言っていい。しかし私から得られるデザイアを放棄《ほうき》してもいいという覚悟がなくちゃ駄目です。諦《あきら》めることと、欲することを常にはかりにかけるわけです。「なーに、無能先生といったって、たかが知れてる。自分は今まで無知だったから、多少は驚いて聞いたけれど、他でも同じことを教えてくれる。嫌は嫌だから、オッパイさわらせない」となったら、それでもいいんです。これは自分のニーズを優先させたわけで、この場合はデザイアを放棄している。

ニーズというのは、いろいろな意味で自分がしたくないという要素が非常に多いんですが、このニーズとデザイアをはかりにかけて、どっちを自分が欲しいか決めるときに、私がデザイアのみをもってよしとしているんではありません。人間が生きていく過程には、自分のもっている欲求を抑《おさ》えて、願望を達成させていくことだけがいいとは言えない。むしろよくない場合さえあります。その場合には、願望を捨てて、身を全《まっと》うしたほうがいいんです。

なぜかというと、デザイアということは、たとえばひとかどの人物になりたい、尊敬されるような人間になりたい、多くの富を得たいといったことで、その人の現段階ではこの世に本当は存在しない、幻想のようなものです。つまり、ありもしないことを求めているんですね。そこで語弊《ごへい》のないように念をおしときますが、私は、決してデザイアを「つまらないもの」と言っているんじゃありません。現在においては「存在しないようなもの」と言ってるんです。

たとえば、立派な人間の基準というのは別にないでしょう。自分の資産が一億円以上なければ駄目で、それ以上なら立派だなんていうのはないわけです。わずかな収入でも、自分は立派な人物であると信じて、ひとかどの人間であると思っている人もいれば、何億円という金をもちながら罪の意識で竹やぶのなかへ二億円捨てる人もいる。自分の家庭に嫌な事件が次々と起こってきたら、金持ちでありたいというデザイアと、金もっているとわが身に危険がふりかかってくるのではないかという恐怖とを比べて、デザイアのほうを竹やぶに捨てちゃった。ですから、時にはニーズを優先させて、自分の身心の健康を守るほうが大事という場合もあります。

しかし一般的にいって、結論として皆さん、ぜひとも「n_2 の尊重は自分の身の守りである」ということを知ってください。分子のデザイアを捨てる前に、わが身を考える。分母を小さくすることによって、デザイアを大事にしながら、小さなサクセス、成功を大きくできるんです。

動物界を見ているとこれが簡単にわかります。サル山のサルのなかにかわいい子ザルがいた。ああ、かわいいな、とアンパン投げてやった。子ザルが食べようとする。するとボスザルがきて、グイとひとにらみすると、子ザルはパンを置いてちょこちょこっと逃げていっちゃう。このとき子ザルは正義とか、権利とかを主張しませんよ。このアンパンは私のだ、私が美人だから、私がかわいかったから見物人が私にくれたものであると。それをあなたが横から取りあげるのは不当であります、なんて言ったら、その場でボスザルに頭をパカーンですよ。

こういうパカーンというのが、この人生にあるんです。ただ目に見えて、横っ面《つら》をなぐってないだけですよ。何かほかの理由で左遷《させん》されたり、取引を中止されたり、ひどい目に遭《あ》わされるんです。

皆さん、我々は正義を主張しはじめた瞬間に衰運をたどるにいたる。運気は駄目になってしまう。あるがままに現実を見ると、こういうことがいえるわけです。

努力・忍耐は成功を妨《さまた》げる

世間の一般的な成功術というのは、「一生懸命に働き、努力せよ、努力なしで成功はない」

というものが殆《ほとん》どです。

ここで私は、「努力しなければ成功しないという考え方が成功を妨《さまた》げている」と言いたいんです。努力しないで成功するほうがよい、と。すると「世の中そんなに甘くはない。夢みたいなことを考えて、眠りながら空想すれば叶《かな》うなんて、いい年してまだそんなことを考えているのか」なんて私に言う人がいますよ。苦労は買ってでもせよ、なんてことを言う。

私は、そんなばかなことはやめろ、成功の邪魔《じゃま》だと言うんです。苦労や努力は苦痛です、そんなこと全然しないほうが楽だし、幸福です。そのうえで成功していく方法があるということを考えようじゃないか、というのが私の考え方です。


本書の第一章でのべたように、まず願望をアラヤ識にインプットすることから成功の第一歩がはじまります。そのときに「因果は同類にしたがう」とものべました。つまり、喜びについて考えたり望んだことが悲しみによって実現することはない。成功という人生にとって大きな喜びにいたる原因は、その結果と同類でなければならないんです。喜びに満ちてインプットしなければ、喜びに満ちたものが出てこない。そのときに、努力しなければ、苦労しなければ駄目だといっていたらどうですか。

努力・忍耐・苦労というのは、先ほどの成功の公式のn_1が増大することです。この場合、デザイアを、より早く、より大きく達したいという欲求つまりニーズが非常に強くなっているんです。ここをよく認識していただきたい。結果として、分母が大きくなったら、努力逆転がおきるんです。努力イコール苦痛というマイナスイメージがおこるからです。デザイアを膨《ふく》らまして、分母のブレーキを同時に踏む、人生のガッタン、ガッタンがはじまるわけです。

そこで、我々は喜びの原因があって喜びの結果がでると知ると、喜びのうちにデザイアを育てるということができるんです。ここが大事ですね。

デザイアを育てるには、n_2のほうを大きくすればいいんです。仏教に無財《むざい》の七施《ななせ》という言葉があります。無財とは財産がないということで、七施というのは七つのお布施《ふせ》ということです。二〜三あげると、言施《ごんせ》は言葉のお布施ということです。人が喜ぶ言葉をもって語るべきである。簡単にいうと、お世辞ですよ。「いや、これまで私はお世辞なんて言ったことがない」なんていう人はこの世にいませんよ。この世の中、思ったことを、そのまま正直に言ってたら死んじゃいます。四〇歳になるまでに殺されちゃいますよ。

目の前に来た器量の悪い女の人を見て、「いや貴方《あなた》はひどいブスですな」、なんてこと言ったらどうなりますか。正直というのは、ときとして非常に残酷《ざんこく》な面があります。ひどい顔でもどこかいいところがある、そこを見つけてほめてあげる、それが言施《ごんせ》です。また、顔施《がんせ》というのもある。笑い顔で対せよ。嫌な顔ひとつしない、これは相手の喜びを増大させますよ。

ここで皆さん、このような言施・顔施をやるのに、作戦を立てなければいけませんよ。つまり、相手を三つに分けて考える。第一は有益な人、自分に対して物質的に、精神的に利益を与えてくれる人。第二は無害な人。第三は有害な人、の三種類に分ける。そのとき、言施《ごんせ》・顔施《がんせ》は無害の人までにやればいいんです。有害な人にまでやる必要はない。ところがそれをやる人がいる。そういう人を八方美人といいます。会社においてはイエスマンなんていわれます。何言われても嫌と言わない、ところが、いざ重大な仕事のときは、案外その人のところへは相談が行かないものです。要するにそれほど人々に信頼されないんです。

なぜかというと、彼は妥協《だきょう》ばかりしているからです。妥協は協調とは違います。協調というのは、有害なるものを除いて、無害と有益なるものに対し自分をそれに合わせていくことですよ。よくない言葉だけど、これは、ごまをするってことです。しかし、有害なるものに対してもすべてに合わせていって、イエスマンになっちゃうとどうなるでしょうか。ここでまた、さっきの数式にもどって考えてみましょう。

分母が小さくなればなるほどサクセスが大きくなるということは、成功の数式でわかります。しかし、分母がマイナスになると、かえって弊害《へいがい》が起きるんです。分母がマイナスになると、dをマイナスで割ることになり、答えのサクセスもマイナスとなりますね。すべてに妥協《だきょう》するということは、$n_1 \wedge n_2$ということです。n_1からn_2を引くと、分母がマイナスになってしまう。これは他人のニーズが自分のニーズを上回ってしまうことから生じます。

私の欲求をすべて殺したらどうなるか。サクセスは吹っとんじゃうんです。耐え忍んで、分母をマイナスにして生きていたら、生命が危なくなるし、人格も危なくなる。自我の存立が危なくなり、他人すらあなたをバカにするようになる。ですから、分母はできるだけ小さい数値であることが望ましいのですけれども、それにしてもゼロやマイナスにしてしまってはいけないのです。

守るべきか攻めるべきか

簡単な例で説明しましょう。若い女性がいます。いま、彼女はあこがれの彼からデートを申し込まれました。天にものぼる心地《ここち》でレストランへ行ったんです。そのとき彼女はお腹がぺこぺこ。ところが食事がでると、彼女は食べないんです。なぜでしょうか。ガツガツ食べて下品な女に見られたくない。彼に上品な女性と思われたいというデザイアが食欲という本能より上回るからです。上品に見られたい、というのは幻想です。実体のないものですね。ところが、我々は幻想を追うがゆえに、本能つまりニーズは常にプレッシャーを受けます。

　出世したい一心で徹夜を重ね、一生懸命に会社に忠誠を尽くして、そして次期部長は間違いなしというところへきたら、クモ膜下出血でコロッと死んじゃったという人がいる。同僚や部下は、働きすぎだよと言います。しかし、最大の原因は、これは本能が抑圧されたからです。彼は眠りたかった、家へ帰ってゆっくり休みたかったんです。これが本能です。生存本能といいます。生きるためのニーズ（欲求）なんです。

　皆さん、上品に見せたいばかりに料理を食べなかった若い女性、部長に出世したいがために眠らなかった男性、それらは生存本能の抑圧ですよ。そして、この本能が欲求、つまりニーズ「n_1」なんです。だから、攻めがいいか、守りがいいか。つねに攻めのみでいくことも間違いだし、守りのみでいくのも、自分の人生を傷つけるでしょう。

　ある絵かきが、私に「俺は芸術家だ」と言った時、私は笑ってしまったことがあります。芸術家というのは他人の評価で決まるんじゃないかと思ったからです。あるコメディアンが、俺は芸術家だと言う。俺を先生と呼べとも言うんです。「先生」以外は返事しないぞと本当に言った芸人がいました。「芸人」でどうして駄目なんだろう、というのは他人の言うことで、本人は芸術家と呼ばれたいという幻想に支配されています。もちろん、芸術家と呼ばれたいと望んでいいんです。ただ、そのとき分母を小さくしなければ、成功しない、人が芸術家と呼んでくれないということですね。さて、ここで芸術家と呼んでほしいというデザイアについてもう少し考えてみましょう。

昔の武士は自分の名誉を守るために腹を切った。他人にバカにされると切腹して死ぬんです。名誉ある存在でいたいというデザイアのために、生きていたいという生存本能をゼロにする、つまり、生存本能が幻想的な衝動《しょうどう》によって圧迫され、破壊《はかい》されたときに、名誉を守るということに成功するわけです。これは「n_1」をゼロにして、デザイアを全《まっと》うしたといえるでしょう。

落ちぶれる、という言葉があります。「私はそれほど落ちぶれていないわよ」と、ある女性が言ったので、よく見ると、着ているものもきれい、食べている物も悪くない、落ちぶれているように思えない。私は、落ちぶれるというのは以前は裕福であった人がいま貧乏してるときに用いるのかと思ってたら、そうじゃない。あの人に「さん」ぬきで、自分の名前を呼び捨てにされるほど私は落ちぶれちゃいない、とこう言いたかったんですね。

よくあきらめ、よく望む

ですから皆さん、デザイアも大切ですが、自分のニーズも大事です。自分を大切にすることは、ニーズを大切にすることです。ニーズをうんと増大させることが必要なときもありえるんです。

そこで、本章の冒頭でふれた「嫌を嫌と言うことができる」、つまり、自分のニーズをうんと増大させ、n_2つまり他人のニーズについて配慮しない場合のことをもう一度考えてみましょう。私がカワイコちゃんに「オッパイちょっとさわらせて」という例にもどります。

無能先生の言うことは素晴らしい、先生として、人間として尊敬している。その意味で好意をもっているが、男性としては、無能先生は中年男で腹がでてて、すけべそうな目つきしていて、どうも好きになれないタイプだ、と彼女が見ていたら、嫌だ、さわって欲しくないとなって彼女のn_1は大きくなり、分母は大きくなるんです。

そのとき、つねにn_1、つまり自分のニーズを消して、ノーと言わないような日常をすごしていれば、「ちょっとならいいですよ、先生」なんて私にさわらせてくれるかもしれない。

しかし「まあ、いやらしい」っていうんで、鳥肌たつのを我慢しながら私になでられたとします。こういうことが積み重なっていくと、いい結果はでないです。それは、n_1がマイナスになってしまうからです。まあ、このくらいだったら私は我慢ができる、というなら、欲しいデザイアを手に入れるため、自分のニーズn_1を少々削《けず》るべきでしょう。

非常にわかりやすくするためにオッパイさわる、さわらせないなんて卑俗《ひぞく》なたとえ話をひいてお話ししたんですが、これを他山の石として、どうか皆さんは自分で自分の問題を解決してもらいたいんです。

人との論争、不和といった状態になってきたとき、じいっとn分のdイコールSという公式、これを頭に思いうかべていただきたい。すると、n_1つまり自分のニーズをこの際に多くしてデザイアのほうを諦《あきら》めるとします。するとそこでサクセスが小さくても、その人には悩みはないんです。ここが大事なところなんです。

こういうことを仏教では、「諦め」というんです。諦めっていうのはとても大事なんです。なぜかといいますと、デザイアといい、ニーズといい、すべては戦いなんです。戦いというのは何かというと、緊張《きんちょう》なんです。平和がリラックスで休息であって、それは諦めによって得られるものなのです。

我々は、緊張だけでいくと細胞が破壊《はかい》されてしまいます。休まなければならない。リラックスする場所と時というものを明確に見ることが作戦のかなめです。人生の戦術というものはそういうものです。人生のさまざまな戦いの場面で、つねに後に緊張が残らないようにするというところが人生のコツなんです。八〇歳以上まで無病息災《むびょうそくさい》で、人より老化がおくれて、収入が増えていけるコツがここにあります。戦いには作戦を立てなければ駄目です。

こういう消息《しょうそく》をようく知って、この人生を生きていけば、努力をしないでも成果がバカバカとあがってゆきます。「よく諦《あきら》め、しかして、よく望むものは百戦して危《あや》うからず」ということです。攻めと守りをうまく使う人が、人生の戦いに勝つことができます。皆さん、ぜひとも、自分の人生を上手《じょうず》に生きてください。まず自分の内を見て、自分のニーズがどこにあり、かつ、どの程度かを知り、外を見て、外から得る利益がどの程度であるかを知り、差し引き計算して、攻守の作戦を立て実行していく。そしてたとえば、ノーと言うべき時には言う。ノーと言わないほうがよい時は言わない。こういう生き方をしてると、少なくとも顔つきが柔和《にゅうわ》になってきますよ。にこにこして、すべてに感謝する人生になってくる。

「いい顔つきになりましたねえ」なんて人に言われて、その人の人生が一変してきます。皆さんにはぜひそういう生き方をしていただきたいと私は思っております。

二、内篇

導師は、その方向を指さして示すのみである。そこまでで限界である。決して、人々の手をひいて導いていくことはできない。目的地に到達するのは、あくまでもその人自身の足であり、努力である。

他の何ものにも依存してはならない。他に依存することは、すなわち、自己を喪《そう》失《しつ》することに他ならない。

第一章　因依《いんい》唯識《ゆいしき》‥因はただ意識による

アラヤ識のメカニズム

本項で、アラヤ識の専門的なことについて少々ふれておこうと思います。少しむずかしい理屈もでてきます。もし、退屈だったりくたびれるようでしたらここを飛ばして、次の項からまた読んでいただいても結構です。

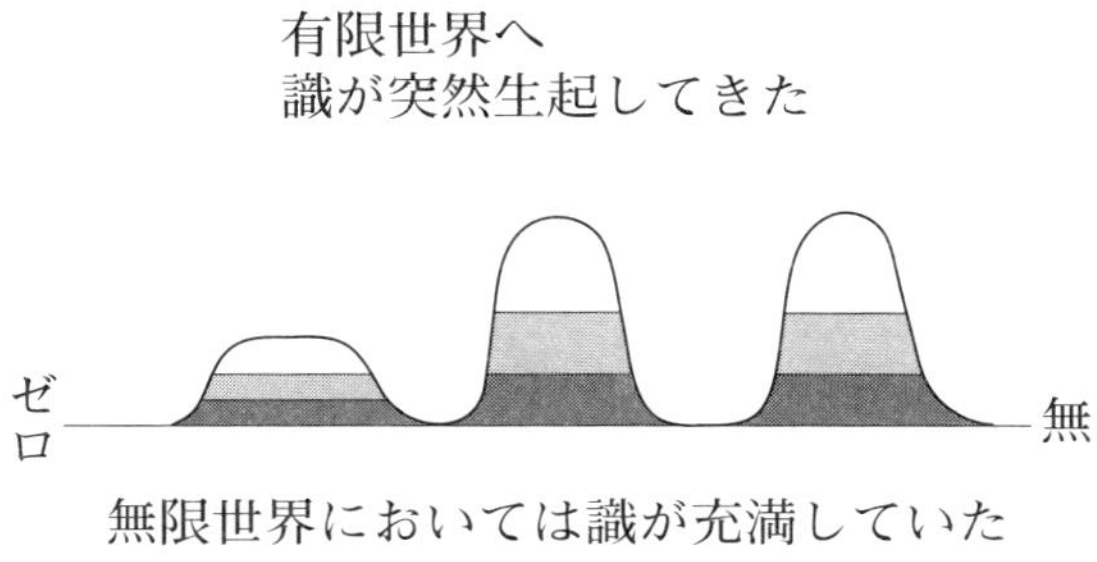

さて、アラヤ識というものは、三層の構造をもって成ります。これは、『唯識三十論頌《ゆいしきさんじゅうろんじゅ》』というインドのヴァスバンドウというお坊さんによって書かれた本にでてくる言葉なんです。

「人間存在には自我がなく、諸存在には自体がない」
「そこには、変化しつつ生成する識のみがある」
「その識は三層の構造を以《も》って成る」(荒牧典俊訳)

上の図で説明すると、真ん中に「無」という線があり、上を有限世界、つまり我々がいま存在している世界とし、下を無限世界、すなわち、我々がそこから来たり、やがてそこへ帰る世界とします。現実界は、我々の目に見える世界で、無限界は、目にみえない力だけの世界なんです。

たとえば花が咲いているのを見ると、赤い花や緑の葉は目に見える。ところが実《じつ》は、だんだん大きくなって、花が咲いて、また枯れて散っていくということが、時間をかけて見ているとわかる。花を花たらしめるように現している力が裏で働いているわけです。この裏で働いている力を「空性力《くうしょうりき》」といっています。

さて、この両者の世界に等しくいっぱいに充満しているものが「識」です。しかし、この識は、二つの世界に同じ形・同じ条件で存在するわけではありません。

無限世界つまり空性力の世界にくまなく充満している識は、ただ一つの「気」または「精」のようなもので、経典《きょうてん》ではこれを「無色《むしき》なるもの」といっています。

ところが、このゼロ上、無の線の上に突然「識」が盛りあがり、有限世界に一部が突き出してきた。そうすると、有形の識・色の形をもって次第に膨《ふく》れてくる。この突き出してきたものは、三層の構造をもっている、というのです。

この三層は、一番下、無限世界と接する層が、前にのべた「異熟《いじゅく》」です。要するにアラヤ識のことですね。

次に二番目の層を「思量《しりょう》」といいます。インド語でマナス、末那識《まなしき》ともいいます。英語で男をマンというのも、ここからでているんですね。自分というものを主観にして、客観として他のものを見るのがマナスで、自我《じが》を構想する意識とされています。

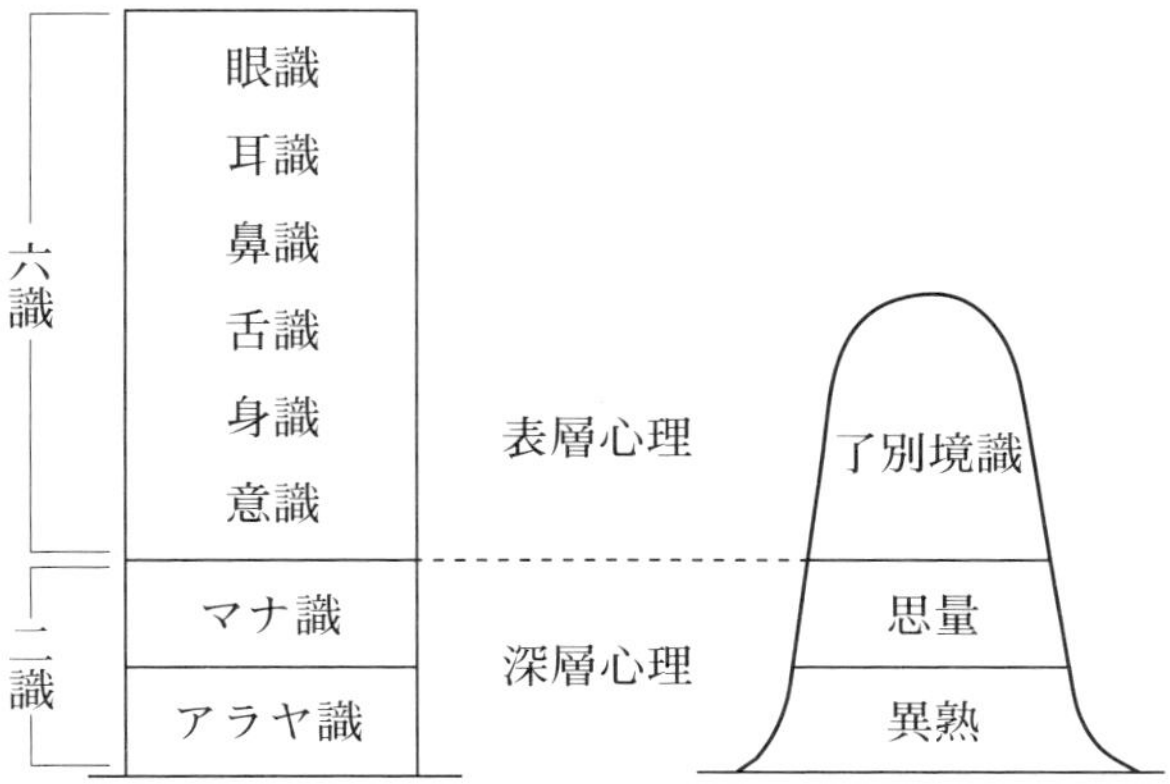

一番上の層は、「了別境識《りょうべつきょうしき》」といい、我々が日常考えている意識、自己に対して在《あ》るもの、すなわち対象を知覚思考している意識のことです。要するに、「分別する意識」、山田さんと鈴木さんは違うし、茶碗《ちゃわん》とタバコは違うというように分類し分別する意識のことです。また、おいしいとまずい、自分が優れていて、おまえが劣っているといった比較分別する意識を了別境識といいます。

この了別境識は、さらに六つに分かれているとされてます。つまり、眼《げん》・耳《に》・鼻《び》・舌《ぜつ》・身《しん》の五官と、五官を通じて入ってきた情報を収集・分析し考える「意《い》」の六識に分かれている。これら六識が顕在《けんざい》意識であり、マナスとアラヤは、我々が通常は知覚しえないもので、

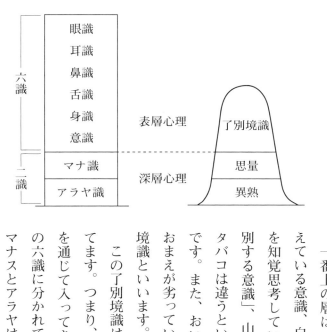

潜在《せんざい》意識なんです。

さて、『唯識三十論頌《ゆいしきさんじゅうろんじゅ》』のなかで特に重要と思われるのは、第十七項にある、

「あらゆる存在は、唯現象識《ゆいげんしょうしき》にすぎない」

という部分です。自分をとりまくいっさいの対象物も、そして自分自身のすべてが、識の変現したものにすぎない、といっているんです。

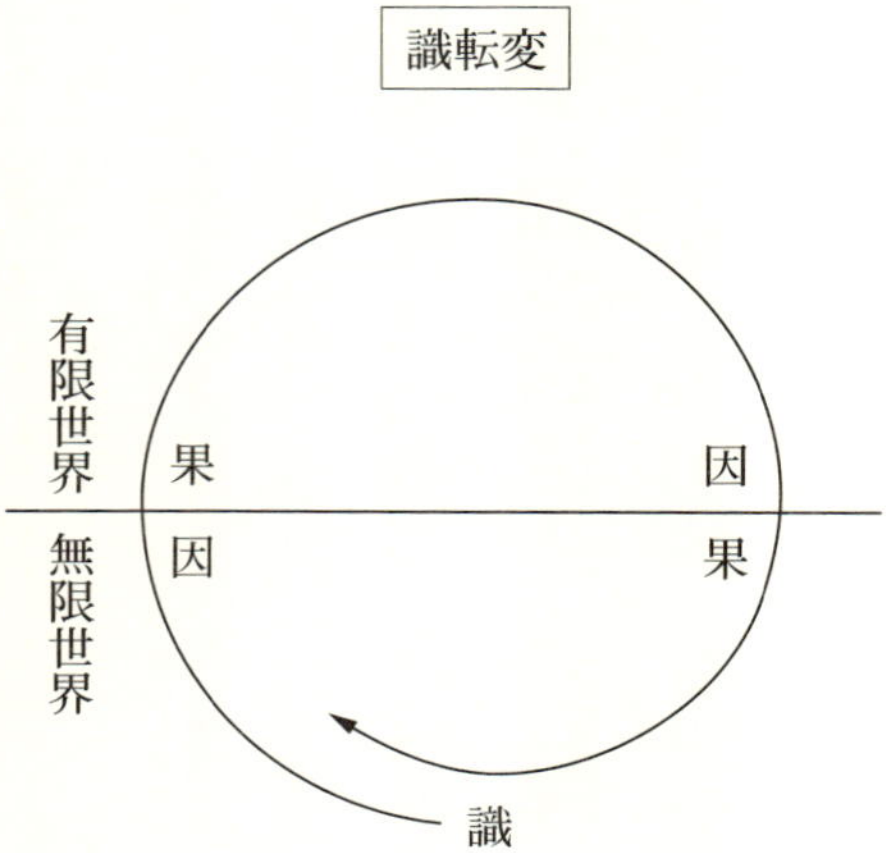

そして、その識が無限世界から生起《しょうき》して、有限的対象、または自己の八識となる際、その母体となるのは、第八識のアラヤ識であり、このゆえにアラヤは無限世界に接しているものといってもいいかもしれません。あるいは、半分は無限世界にあるものと考えてもいいかもしれない。

この第八識アラヤに対し、マナスを含む他の七つの識は、「現前識《げんぜんしき》」と呼ばれていて、目の前にたち現れてくるものということです。

『唯識三十論頌』、第十八項に、

「アラヤ識と現前識《げんぜんしき》は、相互に因果となって働き合う」という意味のことがのべられています。これは、マナスを含む七つの識によって、因をアラヤに送りこむと、そこで異熟《いじゅく》となり、またアラヤのなかで生成された果は、因を発して七識へ与え、果を生ずる。つまりアラヤと他の七識でぐるぐる因果の回転運動をするという意味ですね。これを「識転変《しきてんぺん》」といいます。そして、また、これを「輪廻《りんね》」といい、現在は過去の行為の結果であり、現在の行為は未来の生存のあり方を決めるともいわれています。

善人は若死にする

さて、アラヤに入った了別境識《りょうべつきょうしき》は、入る前は、自分・あなた・茶碗《ちゃわん》・マイクロフォンというように一個一個分かれていても、アラヤに入ると溶解《ようかい》してドロドロになり、ついにただの液体のようなものになったとき、アラヤ識の底がぬけて、無限世界の宇宙意識のほうへいってしまうんです。

だから、アラヤ識のなかでは、山田さんと鈴木さんとつながっている、アメリカ人と日本人のほうもつながっていると、こういうのが下へ行けば行くほど溶《と》けていっちゃう。

そのとき、人称《にんしょう》を失うといいます。人称というのは、私、あなた、彼、彼らということですね。人称《にんしょう》を失って形容詞のみが残るという性質をもっている。「おいしい、まずい」「きれい、汚い」「うれしい、悲しい」「憎たらしい、愛らしい」。これだけが残る。

そうすると、いま自分にライバルがいて、あいつが失敗すればいい、と思っている。それがアラヤに入ると、「あいつ」という人称が消えちゃう。そのとき、あいつと私のもっている異熟《いじゅく》の色合が、あいつがピンクで私はグレーだとどうなるかということなんです。

たまたま相手が、人の不幸を聞いて喜び、人の幸福をねたむような人物であれば、つまりグレーであれば、このようなマイナスの願いも効くんです。ところが、相手は親切で、陽気な人物ならどうなるか。このときに、アラヤのなかでは、「あいつ」が消えて、「私」になってしまうんです。そこで私が失敗してしまう。私が病気になり、不幸になっちゃうんです。「人を呪《のろ》わば穴二つ」というのは、このアラヤのもっている人称性が希薄《きはく》になっていくという意味で、相手の不幸を願っても自分の不幸として成就《じょうじゅ》してしまうんです。そのことをいっている。

ですから、アラヤの性格には、感情もなく、倫理的性格も有していない、というところをよくよく頭に入れていただきたい。ただ、因に対して反応するだけなんです。

さて本書の外篇第一章で、「身《しん》・口《く》・意《い》」についてのべました。これまでの仏教は、このうちの「身《しん》」というものを重視しています。悪いことをしたら、悪いことがおこる、それを悪業《あくごう》の報《むく》い、とこういってます。ところが、「善人は若死にする」とか「悪い奴ほどよく眠る」という言葉があります。この世の中には、悪いことをしていて、いい目をみている奴がいる。そうかと思えば、人のためになって一生懸命やっているのに、ちっとも芽が出ない奴もいる。これはいったいどういうわけでしょうか。

そこで私は、悪いことをしてても、「悪いと思わない」と、アラヤに悪い因としてインプットされない、という仮説をたててみたんです。「そんなばかな」と皆さん思われるかもしれない。

たとえば、今ここにA・B・Cという三人の男がいる。この三人で一人の男を一緒に殺したとする。これはあまりよくない例ですが。

Aさんは、大変だ、大変なことをしちゃった。人間として恥《は》ずべき殺人を犯した、もういてもたってもいられないというので、自殺しちゃうかもしれない。

次にBさんは、なるほど殺人は悪い、しかしあいつが生きていたら俺がやられちゃったんだから、殺したのもやむをえない、と思うかもしれない。

Cさんにいたっては、ああいう悪い奴は殺したほうが社会のためになる。俺はいいことをしたんだ、と思ったとする。

そうすると皆さん、殺人という行為は、そのままA・B・Cの三人一様にアラヤに入るわけではないんです。そのとき思ったことが情念をもって入るんです。ですから、このときに、悪いことをしたと反省すると危ないという不思議な話になってくる。

もっとも皆さん、私のこの仮説に憤慨《ふんがい》することはないんです。よくしたもんで、我々は先祖から受けついだアラヤ識をもっている。小さいときから耳で受け、人から受けた教育によってアラヤにたまっている意識がある。思わないといったって思っちゃう。フロイトの言っている「自己処罰《しょばつ》」というのが起きます。このままほっといたら許せない、と自分を罰する。どんな極悪非道の犯罪者でも、なんであんなヘマをやったんだというふうに捕まるのは、アラヤのなかの許さないという意識が自分にむかって、自分の処罰を要求しちゃうことが往々《おうおう》にしておこります。何かもう耐《た》えられなくて、イライラして、捕まったらやっと眠ることができたという犯罪者もいる。

しかし、もし生まれつきそんなものも薄くて、悪いとも思わなければ、それが悪い結果・不運な結果も生まない、ということも事実なんです。

このように、アラヤには感情がない、倫理的性格もない。そこで我々は、アラヤにインプットする際に選別しなければいけません。何を考え、何を思うか。それが、私の得た悟りなんです。

成功の種をまく

つまり、アラヤに入るのは「意識」だけなんです。古来、仏教で説かれつづけた「悪業《あくごう》の報《むく》い」は、「悪識《あくしき》の報い」というべきなんですね。

人間の行為そのものが、将来の果に対する因となるのではない。因と果の間にアラヤがあるように、行為と因の間に意識がある。同じ行為をしても意識が違えば、当然、因も違ってアラヤに入ることになるのだ、と私は考えた。そして、その考え方を「因縁生起依唯識《いんねんしょうきいゆいしき》」、これを略して「因依《いんい》唯識《ゆいしき》」と名づけたんです。

この識とは、もちろん六識すべてを含めてのことですが、特に、第六識の意識、つまり人間の思考する心の働きなんです。

皆さん、この発見は、我々に大きな救い、明るい希望を与えてくれると思いませんか。

なぜなら、自己の思考をコントロールすることによって、個人的にも社会的にも、望ましい未来を出現させる素晴らしい能力を私たちがもっていることを、この因依《いんい》唯識《ゆいしき》説は示しているからです。

因縁生起《いんねんしょうき》の瞬間というものに目を見張っていると、これまでは、うまくいかない人生をガシャンとうまくいく方向に向けちゃうことができる。あたかも鉄道のポイント切り替えみたいに、自分の人生の列車をうまくいくほうへ方向転換できるんです。

今ここに、月末、手形がおちない、大変だ、と思って銀行やあちこち金策に奔走《ほんそう》している事業主がいたとします。この人の日常の頭にうかぶ意識は、どういうことでしょうか。大体が、債権者の目の前で、自分が頭さげて謝《あやま》って、言い訳の言葉を何とかひねりだそうとしている姿です。ぺこぺこ謝って、「三日待ってください」「三日待ちゃ何とかなるのかね」。相手の声音《こわね》までわかります。何とかならないんだが、待ってくださいと。このビジョンは大変な恥辱感《ちじょくかん》です、苦しく、恐ろしい思いです。

それが、毎日毎日、東奔西走《とうほんせいそう》してる間、思いつづけてると、アラヤのなかにどんどんインプットされ熟長広大していって、月末に本当に体験してしまう。ほんとに「三日待ってください」となるわけです。さらに、そのときの苦しい思い、恥《は》ずかしい思い、つらい思いというものが、またまたアラヤにインプットされちゃう。それが異熟《いじゅく》になってたまり、また次の月に、資金繰りに苦しんでぺこぺこ謝っている、その思いだけしか頭にでてこない、それがまた同じ結果となって、金繰りはいっこうに好転しない。ぐるぐるぐるぐる回って、ちっとも事業がよくならず、貧乏ラインを突っ走っていく。これも輪廻《りんね》というんです。生まれ変わり、死に変わりだけを輪廻というんじゃない。生きてる間にも輪廻がある。さっき思ったことが今、外に出て、それがまた因となってアラヤに沈み、また外へ出てくる。数時間で回っているサイクルもあるんです。これがすなわち、最前のべた「識転変《しきてんぺん》」なんです。

では、この貧乏の輪廻からどう脱却《だっきゃく》できるか。ただ一つ、線路のポイント切り替えをガチャンと変える。これは要するに、新しいイメージづくりのことなんです。債権者の前で頭さげてるシーンを忘れて、ゆったりとしたソファーに深々と身を沈め、うとうとするまで待つ。そんな時に、うとうと、ゆったりなんて、とてもそうはいきません。忘れられない、目がさえるばかりで、なんていううちは駄目ですよ。

とにかく、うとうとしてきたところで、債権者にむかって、自分が支払ってるところを思いうかべる。相手はニコニコして領収書を書きながら、「いやあ、ほんとのところ、きょうお金をもらえると思いませんでしたよ」と言う。「いや、苦労はしましたが何とかなりました。商売も上向《うわむ》いてきましたし」なんて自分も答えている。こういうビジョンを思いうかべるんです。

意識がはっきり目覚めていると、そんな会話はありえない、とすぐ自分で打ち消してしまう。うとうとしていると、そのイメージは打ち消されないでアラヤに入っていくんです。このところを変えないかぎり、苦しみの輪廻《りんね》が続いていっちゃう。

我々は毎日、つねに、心のなかに種をまいてます。だから、まく種を選ぶ、成功の種をまいていかなければならないということです。

欲をもつことは罪か

キリスト教では、人は生まれながらにして罪人である、原罪をもって生まれるのだ、というそうです。

仏教では、人は生まれながらにして罪人でないともいえないし、罪人であるということもない。人は生まれながらにして両者ではない、無性格である、空《くう》である、という考え方をします。生きるということは、苦でも楽でもない、我々がどちらかを選択するだけだ、とお釈迦《しゃか》さんは、そう言ったんです。ところが、仏教も時代がくだるにしたがって、生きることは苦だ、娑婆《しゃば》は苦の世界だ、なんて言いだした。

そして、その苦しみは欲望からおきるなんて言いはじめた。欲をもつから、欲しいと思うが得られないから苦しいんだ。欲望がすべての苦しみの種である、という。

ところが、欲をもつから地下鉄ができて、たった百数十円で渋谷から東京駅までこれる。一日で東京からヨーロッパへも行ける。とすると、欲望というものは我々に文明をもたらし、そのおかげで随分《ずいぶん》と恩恵《おんけい》をうけている。しかるに、その恩恵のもとに感謝するどころか、それを忘れて、欲望を捨てよ、という。いつのまにか、何百年昔から、欲をもつのは罪だということになっちゃった。

倫理的性格のないアラヤのなかに、知らぬうちに、それが罪の意識としてインプットされて、我々の健全な欲望をも大きく阻害《そがい》しているといえないでしょうか。

もちろん仏教のすべてが欲を否定しているわけじゃない。弘法大師《こうぼうだいし》は、欲を捨てることが最大の罪だといってますね。五欲清浄《ごよくしょうじょう》、五つの欲望はみな清いなんていってる。しかし、ほとんどの人がそういうことにためらいを感じます。欲張っちゃいけない、欲望は悩みのもとだ、などという。欲をもつことは、人間が生まれながらにもっている罪なんだ、と考えている。ここのところは、キリスト教の原罪と似ている。

そこで皆さん、こう考えましょう。

ミサゴという鳥がいます。

ミサゴはボラという海の魚を好物にしています。空を飛んでいて、海面近くのボラを見つけると、パーッと舞い降りて鋭い爪《つめ》でつかむんだそうです。ミサゴの爪は鋭いうえに、わん曲してボラの背中にグサッと刺さり、簡単にぬけないんだそうです。それで、ボラが大きすぎたときは、空に舞いあがれず、爪がぬけずで海中に引きこまれ、溺《おぼ》れ死ぬことがある。ときおり、漁師の網《あみ》に、ミサゴが背中にくっついたままのボラが入っていることがある。自分の身にあまる大きなボラを捕えようとして、失敗したミサゴの死体が網にかかる、これはほんとにあることだそうです。

ミサゴは、欲をもったために死んだのだから、欲を捨てればいいといっても、ボラ食わなければ、飢《う》え死んでしまう。ここで私が指摘したいことは、ミサゴがボラを捕えるのは、生きるためである、という点です。欲望は生存欲から出発しており、欲を完全に捨て去れといったら、究極的には死ねということでもあります。

じゃあ、どうしたらいいかというと、私は、ミサゴの爪が鋭く長すぎたから失敗した、と思うんです。ボラをつかんだとき、手にあまると思ったら、パッと放してまた空中に飛びあがればいいのに、長すぎるからくい込んでボラを放せなかったとすれば、ミサゴの欲望自体に問題があったんではない。爪《つめ》の長さにあった、こう考えるんです。

アラヤのなかにある自分の望みを達成する熟成度というのは、その人なりに違うわけです。ある人は一億円願って、一億円手に入れる状況下にある。ある人は、それが一万円もむずかしいということがある。一万円もむずかしい人は、一万二千円手に入れる程度の爪の長さにしておけばいいんです。それを百万円、一千万円の長さにしているから、ボラに引きこまれて身を滅《ほろ》ぼしてしまう。

問題は、欲望自身にあるといったら、えらいことが起きちゃう。無欲に徹《てっ》する、なんて真面目《まじめ》に考えたらアラヤはそのまま受けつけてしまって、飢《う》え死にしてしまうかもしれません。ここのところを、よく知っておいていただきたいと思います。

つまり、「健全なる意欲」というものと、「煩悩《ぼんのう》」と呼ばれるものは、異なった種類のものではないということです。両者は、同じ欲望そのものであり、ただその程度に差があるだけだと思うのです。

多すぎて身を滅《ほろ》ぼすほどの欲は煩悩《ぼんのう》であり、それ以下ならば、健全な意欲であると考えるのです。しかし、どこから煩悩で、どこから健全か、その数値を示すことができません。皆さんが、爪の長さをどのくらいにするか、自分の長さは自分で決めなければなりません。

ただ、ここで言えることは、人間の欲望、たとえば、お金であり、地位身分であり、仕事であり、名声……これらのものを追求することに、うしろめたく思う必要はない、ということです。これらを求める意欲こそ、地球上に人間の文明社会を築きあげてきた原動力なのであります。

仏教というものには、本来、物質的にも成功し、病気の人が健康になる、というごくわかりやすい御利益《ごりやく》があるんです。この御利益がどうやって生ずるのかというと、これが因依《いんい》唯《ゆい》識《しき》なんですね。自分の考えている意識をコントロールし、そこに熱い感情を加えることによってアラヤ識にインプットしていって、将来の結果の仕込みがはじまる。

だけれども、この唯識学《ゆいしきがく》というのは、「唯識三年倶舎《くしゃ》八年」なんて言われていて、お坊さんが勉強するなかで一番にわかりにくいとされているんです。三蔵法師《さんぞうほうし》が孫悟空《そんごくう》たちと一緒に担《かつ》いでもってきた仏典を、中国で翻訳《ほんやく》し、それが奈良に伝わって、法隆寺・興福寺・薬師寺に入ってきた。そしてそれぞれの寺の蔵に入ったきりなんです。これまでに読んだ人はいます。道元禅師《どうげんぜんし》・法然上人《ほうねんしょうにん》・日蓮《にちれん》、彼らは読んでいるんだが、それぞれが布教の専門家だったんですね。だから、こんなむずかしいことを当時の日本人に言ったところで、わかるはずがない、エッセンスだけ言って、結果だけとりゃいいと考えたんです。「南無阿弥陀仏《なむあみだぶつ》」と呪文《じゅもん》をとなえていれば幸福になるというのが法然《ほうねん》、「南無妙法蓮華経《なむみょうほうれんげきょう》」のほうが効き目があるというのが日蓮《にちれん》、要するにアレンジ仏教なんですね。道元《どうげん》にいたっちゃ、何もとなえず、ただ座ってろと言った。こうして唯識学《ゆいしきがく》は表にでてこなかったんです。

アラヤ識論は、いつのまにかお寺の蔵に眠ってしまったんです。何年か前、法隆寺のポスターに「千年の夢より醒《さ》めよ」とキャッチフレーズが書かれていました。ところが夢より醒めよ、の対象が仏像とかいう宝物なんです。私に言わせりゃ「唯識」に醒めよと言いたいですね。なぜなら、仏教とは文字通り仏《ほとけ》の教えを広めることなんで、お道具や宝物をみんなに見せることは、第二義的なことなんですから。

「欲しい」という気持ちが原点

因依《いんい》唯識《ゆいしき》ということを知り、アラヤ識の操縦法《そうじゅうほう》を身につけると、だれでも自分の願望を実現できる。このことはくり返しのべてきました。

そのために皆さん、「欲しい」という欲望が、人一倍強くなって、あたかも戦慄《せんりつ》のように、体が震《ふる》えてくるほどに思うと、アラヤの入口がパッと開いてくる。欲しい、という気持ちが起こること、これが原点なんです。

昔、テレビで「われら夫婦」という番組をやっていました。家庭にテレビカメラをもち込んで、取材して五分間ぐらいにまとめる番組です。私の古い友人に土居さんという人がいる。彼は当時、六畳一間に住んでいたんだが、「われら夫婦」に出ることになったんです。

さて取材のカメラがくることになって、その六畳一間を夫婦の家だなんてものを撮《と》れないと思った。そこで友人の小ぎれいなマンションを借りて撮ったというんです。その後、放映されているのを見て、つくづく惨《みじ》めな気分になった。土居さんというのはテレビの踊りの振りつけ師なんです。踊りの世界と振りつけのほうは一生懸命だったんだけど、彼は生来《せいらい》のんきな性分なんで、あまり他の欲はなかったんです。ところが、ここで「家が欲しい」となった。

そのとき、ふとしたことで三鷹《みたか》の土地をいくらいくらで売るというDMがきた。ふだんだったらそんなところへ行かないのに、見に行っちゃった。そしてああ、いい土地だ、欲しいなあ、となった。ところが、彼には、その当時ですが貯金なんかまるでなかったんです。

ある夜、おでん屋で一杯やってた。すると横に座った人が銀行の支店長だったんですね。土居さんは気のいい男だから、一緒になって飲んでいるうちに、その支店長は酔っ払って「土居君、金欲しかったらうちへ来い、いくらでも融資してやるよ」なんてことを言ったらしい。

芸能界には浮世のことがまるでわからない人がいます。彼は、その言葉を真に受けて次の日にその銀行へ行ったんです。面会申し込んだら、支店長は「どなたでしたっけ」と、昨夜のことをまるで覚えてない。「ほら、きのうおでん屋で」「ああ、そうでしたか」。「ところで、ご融資の件でございますか」と、えらい冷たい。「そうです。土地買いたいんで、貸してくださいと言うと、支店長は「ご預金はどのくらいありますか」と訊《き》くんですね。その銀行にも、ほかの銀行にも、一銭もありゃしない。預金なんてどこにもない、と土居さんが言ったら、支店長はさすがにあきれて、銀行からお金を借りるイロハを教えてくれた。「まず、毎月定期で積み立てて、信用をつくって」と支店長が説明しているうちに「それじゃ駄目だ」と土居さんはあきらめて帰ってきちゃった。

ところが、普通ならそれでおしまいになるところですが、その年の暮れに地主が売り急いで、「都合につきあなたにはいくらいくらまける」と言ってきた。そこで、土居さん、また、ムラムラッと「欲しい」となって、また銀行へ行ったんです。そこで、とうとう一席ぶった。「俺は金がないが、友達はみんな成功者で、有名タレントで金持ちだ。彼らが保証するから」というようなことを言ったら、支店長いわく「わかりました。じゃあ、あなたのお友達、五人の人に一人ずつ百万円預金してもらってください。オーケーの採決《さいけつ》が下《お》りたら、預金は引き出してもいい」と言うんです。折から金融が緩和《かんわ》していた時期でしたが、いい条件ですよ。百万円ずつ五百万入れてくれれば、お貸しする。あとは引き出して友達に返していい。そして、借りた金は、毎月ローンで返してくれればいいと。これは随分《ずいぶん》といい話です。

それなら簡単だと、友達に頼むと、意外なことに、みんな、百万円はムリだというんですね。みんなに頼んで、ただ一人だけ貸してくれた人がいた。これが作詞家の阿久悠《あくゆう》さんなんですね。彼が、金はどこに置いといても同じだから、あなたの銀行へ入れてあげるよ、とこう言ってくれた。そのうえ、この支店長がまたいい人で、預金高五分の一でオーケーだしちゃった。それで土居さんは土地を買ったんです。

ところが、あと毎月返済していくだけで精いっぱいで、とても家建てる金なんかない。三年ほどたって、ある日、自分の土地を見に行ったら、回りはみんな家が建っていて、自分の土地だけエアポケットみたいにポカッと空《あ》いている。それだけならいいんだが、近所の人がそこにゴミを捨てに来る。ゴミの山なんですね。また惨《みじ》めになって、ムラムラッと「家が欲しい」となった。

このムラムラという欲望のインプットが毎日続いているうちに、不思議な現象が起きてきました。

土居さんの踊りの振りつけは、実は踊り手たちが嫌がっていたんです。なぜかというと、それは奇妙で、人間工学、人体力学からいって不合理なんです。よじれちゃうような踊りで、みんな嫌がっていて踊り手たちには、あまり人気がなかったんです。ところが、ピンクレディという新人歌手の振りつけを頼まれ、彼がやったら大ヒットしたんです。全国の子供が、「UFO」とか「ペッパー警部」の踊りをまねしはじめた。ピンクレディが売れるにつれて、彼のギャラもどんどん上がって、収入が一気に増えていったんです。そこで「家を建てる金を融資してもらいたい」と、かの支店長に話すと、彼の対応は前とは全然違うんです。「うちの子供もピンクレディのファンですよ」なんて言って、すぐ融資。こうして土居さんの家が建っちゃったんです。

後で、私が彼と話していたとき、彼は「アラヤ識というのを知らなかったんだが、家が欲しい欲しいと体が震《ふる》えるぐらい思っていた」と言うんですね。ここがおもしろい。欲というのがでて、ワーッと燃えてこなきゃ駄目です。原点のムラムラがきたら、正直にそれを受け入れて、インプットする。これがアラヤ識操縦法《そうじゅうほう》なんですね。

それから随分《ずいぶん》たって、私は阿久悠《あくゆう》さんと対談したときに、土居さんのことを訊《き》いてみた。「あなたは土居さんにお金百万円貸したというのは本当ですか」と言ったら、「どうして知ってるんですか?」と驚いていました。そして、「いや、彼とは古い友達だから百万円貸してあげたんだが、なぜですか」と私に訊いたので、そのときのこのエピソードを話してあげたら、阿久さんも、まったくそのとおりだというんですね。

実は阿久さんにも同じような体験があるというんです。

というのは、実は私と会う二日か三日前、阿久さんが自宅の庭の柿の木の下で立っていると、お母さんが来て、「おまえ、中学生のころよく伊豆に家を建てる、建てると言っちゃ設計図を書いてたが、ほんとに伊豆に家を建てたね」と、こう言ったんだそうです。彼の家は伊豆にあって、小田急で東京へかよっているんだそうですが、「俺、そんなこと言ったかな」と、当人はぜんぜん覚えていないんだそうです。阿久さんは地方の巡査の息子で、駐在所に住んで、あちこち移動していたんだそうです。「お母さん、僕が大きくなったら家を建ててやるよ」、「それも気候のいい伊豆にしよう。庭には柿の木があって、家の間取りはこうで」というような話をしょっちゅうやっていたという。そして、いつの間にか三〇年たったら、伊豆に家を建てていたというんです。

「本当ですね無能さん、あなたの言っていることは間違いない。ついでに告白すると、そのアラヤ識とかいうものに願いを入れる方法を、自分なりにやっていたことがわかった」と言いました。電車に乗ると、座席に腰をかけ、息をいっぱいに吸うんだそうです。目をつぶって息をとめる。とめてる間、自分の歌が売れる、物すごい金が入ってくると、こう思ってるんだそうです。そして、ふうっと息吐《は》くと、もう考えない。私が「何で息をとめて考えるんですか」と訊《き》いたら、「いや、息がでると願いもでて、無くなっちゃうんじゃないかと思って」と、なかなかうまいことを言いましたね。

ところが皆さん、阿久悠《あくゆう》さんは知らずにやっていることなんですが、息をとめるというのはヨガの法にある。クソバカともいうんですけれども、息を吸って、とめて、また息を吐く。とめて息を保っているときに、人間の超能力というものがでてくるんです。ちゃんとヨガの原理に合っている。そんなことは阿久悠さんは知らない。知らないけれども、あるとき何となく理にかなったこの方法をはじめた。そしてある時から、作詞が突然売れはじめ、長者番付に毎年のるようになっちゃった。成功者といわれる人は、それぞれ、願望祈念法《がんぼうきねんほう》について、いろいろなやり方をもっているものです。それが、アラヤ識のメカニズムにそったものになっている。本人は、それを知らないで、やっているんですね。

皆さんに、次の章で、そのやり方についていくつか紹介してみようと思います。

第二章　望ましい未来を創る

七つの刻因法

自分のアラヤ識に、将来の果となるであろうところの因をインプットすることを、刻因《こくいん》と呼ぶことは前にのべました。

では、この刻因には、どんなやり方があるのか、その実際について、いくつかご紹介しましょう。

(1)　ピンナップ法

自分の願望を、できるだけ短い言葉にして現在形で紙に書き、それを自分の部屋のカベに貼りつけて、日夜それを眺《なが》めては、読み返す方法です。

現在形で書く、これがコツです。

たとえば「会社の年商が十億円になることを望む」じゃ駄目なんですよ。「年商は十億円である」と、現在形で書く。「スポーツカーが欲しい」じゃ駄目、「スポーツカーをもっている」、「資産は一億円になっている」と書くんです。もちろん、今はそうでない、現在の自分にはまだないが、常識的にみて、その願望が達成可能の範囲にあるものを書く。あまり途方もないことは、よろしくない。

このようなインプットのやり方をピンナップ法というんですが、英語では「アファメーション」といいます。アファームというのは確定するという意味ですから、未来のことを確定化しちゃう。

さて、このアファメーションの手法を用いて大成功した人が、『かもめのジョナサン』を書いたリチャード・バックです。

世界的なベストセラーとなったこの本は、実は、最初は自費出版にちかかったといわれています。当初はコマーシャルベースにのらなかった小冊子なんです。小説としては短い、かもめの写真も数多く挿入《そうにゅう》されていて写真集のようでもあり、一種の散文詩集のようでもある。要するに小説の単行本とするには中途半端だった。

ところが、作者のリチャード・バック、彼は小説家じゃなくて本来は飛行機乗りだったそうですが、この人は思想を物質に変える方法を知っていた。ピンナップ法、アファメーションという言葉と、その力を知っていたんですね。

彼は十項目のアファメーションを書いて、カベに貼っていたといいます。そして彼自身の語るところによれば、「この紙がセピア色に変色した頃」、約九年後に、カリフォルニアのヒッピーたちの間で、この『かもめのジョナサン』が、ひそかに回し読みされているという評判になった。当時、ヒッピーは世界中から注目されていた存在でしたから、あとは一気呵成《いっきかせい》、

「ヒッピーたちの愛読書」というキャッチフレーズで、全アメリカで売れ、ついで全世界にまで拡がったんです。

リチャード・バックのアラヤ識のなかにはぐくみ育てられた願望は、熟成され、熟長広大していくうちに、第三の縁起《えんぎ》というのを受けるんです。

第一の縁起は因縁生起《いんねんしょうき》です。因がアラヤにインプットした瞬間ですね。因としてインプットされ、熟長広大していって、アラヤ識のなかでその形ができあがったときが第二の縁起。そして第三の縁起というのは、外縁《がいえん》、我々の日常生活のなかの何かとむすびつき、それと一緒になって縁ができあがり、それで外へ飛びでてくる。『かもめのジョナサン』の場合は、ヒッピーという当時の社会現象を利用して飛びでてきたんです。これがつまり第三の縁起です。

彼の告白によれば、ピンナップした十項目のうち七つは達成できたそうです。その一項に当時人気絶頂の歌手エルビス・プレスリーとディナーを共にする、というものもあったんですが、本当に彼とディナーをとったそうです。そこで、皆さんにも、このピンナップ法をぜひお勧《すす》めしたい。現在形で書く。朝晩、声をだして読む。これだけはやるということですね。

(2)　メモ法

小さな紙片や手帳の一ページに自分の願いを書きこむ。これをくり返し読むんです。『信念の魔術』という本の著者クラウド・ブリストルは、特にこの方法を勧《すす》めています。メモに記す言葉は、口語体で読みやすい文章、そして現在進行形で書くのがコツです。「願望は達せられつつある」という現在進行形の文体は、理性による疑いをあまり誘発しないからだ、とジョセフ・マーフィーが主張しています。マーフィーという人は牧師さんですが、ブリストルのあと、潜在意識の力を神そのものであると主張して、数多くの著書を発表したメンタル・サイエンスの権威《けんい》ですね。

願いを書きこんだメモを、暇《ひま》をみつけては、心をこめて読み返すんです。我々は日常フッと暇なときがある。電車のなか、オフィスの片すみ、喫茶店で、どこでも少し時間が空《あ》いたら、すぐにメモを読み返す。

さて、ピンナップ法のところでものべましたが、自分でも信じられないような途方もないような願望は、駄目なんですね。バイブルにも「既にそれを得たりと信ずることのみ願え、されば汝《なんじ》はそれを得るであろう」とあります。

いま貯金が五〇万円しかないのに、五億円になりつつある、ではとうてい思えないでしょう。そんなことあるもんか、と打ち消しちゃう、これでは全然だめです。自分自身で本当に信じられるかどうか、それが大事なんです。もし信じられるんなら五億円でいいんです。そこで読むときの気分というのも大事なんです。比較分別する意識がはっきりしていると、五億円、いや無理だ、とすぐこうなりやすい。これがね、夢うつつになってくると、我々、夢のなかで空飛びますよ。空中を飛ぶことができる、そういう意識のときに、五億円たまりつつある、そのうちの一千万円もって、ちょっと外国旅行いこうか、なんて思いながらメモを読む。これがメモ法のコツです。つまりボーッとリラックスした気分で読むことが大切なんです。

(3)　対鏡法《たいきょうほう》

朝、顔を洗ったら、鏡にむかい、じっと自分の目を見つめて、「私は必ず成功する」、「私の収入は倍になる」「私は必ず健康になる」などと断言する。この望みの言葉は、短く、肯定的なもので、しかも三回同じことを言う。これがコツです。

同じ言葉を三回くり返すとアラヤ識に入る、とこう考えられます。三回言うと感情がおきてくるからです。

ちゃんと自分を直視することです。斜《なな》めに見たりしたら駄目なんで、自分で言った言葉の響きを、自分の耳できき、その唇の動きを自分の目で見てとるのです。これは何も朝だけとは限りません。いつもチャンスさえあれば鏡にむかって行なうべきです。

売上げが全然上がらないセールスマンが、私のところに相談にきたときに、こう言った。「会社のカベに個人の成績が棒グラフになって貼りだしてある。自分はいつも下のほうで、何とか、上のほうに行きたい」と彼は言うんですね。そこで私はこうアドバイスした。「会社のトイレに鏡はあるか」「ある」。「トイレの鏡にむかって、自分の収入はこれだけになる。売上げはこれだけになる、と断言して出てきたら、その棒グラフの前へいって、両足開いて軽く立って、ちょっと目をとじる。そこで五感を動員して、ビジュアリゼーションをやる。自分の棒グラフがみんなをぬいて一番高くなっている。ジーッと見てると、後ろに課長がやってくる。ポンと後ろから彼に肩をたたかれる。課長のポマードのにおいがする。課長の声は少々かん高い。彼の声音《こわね》をきく。彼を見る。赤いキザなネクタイをしている。彼はこう言う。何々君、驚いたね。君は今月の成績のトップじゃないか、君がトップになるとは思えなかったが、いやあよくやった。と本当にそうなる前にイメージの世界のなかでその声を聞いちゃうんです。

こういうのをメンタル・リハーサルといいます。舞台げいこみたいなもんです」と、私はこう言った。半年後本当にそのセールスマンは会社でトップになりました。これは対鏡法《たいきょうほう》に、メンタル・リハーサルをつけ加えて願望を実現した例です。

(4)　半覚醒法《はんかくせいほう》

前述のジョセフ・マーフィーが特に提唱しているんですが、頭がぼんやりとしている状態のときに、願望のシーンを思い描いて、アラヤ識にそれをインプットする方法です。

ゆったりとしたソファーか何かに横になって、うとうとしてくるのを待つんです。眠りにおちる直前に、まるで夢でも見るように、さまざまな情景を思いうかべる。

この寝ぼけている状態のときは、人間の理性、すなわち顕在《けんざい》意識がにぶっているために、刻因《こくいん》を妨《さまた》げる疑念がでにくい、容易にアラヤ識にインプットできるものです。うとうととしている間に、望むことがすでに達せられた情景を頭のなかに描いちゃう。もしハワイへ行きたいが予算がない、ということでしたら、まず旅行代理店へ行ってハワイの無料のパンフレットをいっぱいもらってくる。パンフレットにでているダイヤモンドヘッド、ワイキキビーチのきれいな金髪の女の子。そんなのを見ながらうとうとして、自分はジェット機に乗りこみ、白砂のビーチに寝ころがって肌を焼いている。ヤシの葉《は》陰《かげ》、風にのって聞こえてくるウクレレの響き、ああよかった、ついに来たぞ、なんていう感じで心のなかに思い描くんです。うとうと、うとうとしている、半覚醒《はんかくせい》のときにビジョンを描く、これが半覚醒法です。

(5) 歩《ほ》行呪文法《こうじゅもんほう》

歩きながら、望みの言葉を呪文のように唱えつづける方法です。

人間が、一番時間を無駄にしているときは、歩いているときなんです。歩いているときは本も読めない。何を考えているかというと、とりとめもない意識で、何かを連想しながら歩いている。そこで、できるだけリズムのとりやすい、一番いいのは八拍《ぱく》になる言葉を考えて、それを自分だけの呪文にして、歩きながら唱えつづける。

たとえば「千客万来《せんきゃくばんらい》」、「安全健康」というように、いくらでも作れます。この方法で唱えていて、いったんリズムにのってしまうと、無意識のうちにも、その言葉を呪文のように唱えつづけているものです。そのゆえに、自動的刻因力《こくいんりょく》をもって、アラヤに入るんです。

私は、「財福生起・心底奥(ざいふくしょうきしんていおう)」、財産も福も生じてくる、「財宝現前大得受(ざいほうげんぜんだいとくじゅ)」、大きくそれを取って受け取るという呪文を作りました。

リズムにのせやすい言葉というと、一、二、三、四、五、六、七ときて八を休むのがどうも一番のりやすい。誰でも歩きながら唱えやすいんですね。だから八拍のうち七拍を言葉にして一拍休む。歩きながら「財福生起心底奥、財宝現前大得受」とリズムをとって心のなかで唱える。そのうちに、何かほかのことを考えても、心のなかにリズムをとりながら言いつづけております。このリズムのとりやすい言葉を選ぶということが最も大切です。

(6)　快時《かいじ》一言法《いちげんほう》

快時《かいじ》とは、いい気分のとき、ということです。願いごと、願望というものは、よい気分という感情と結びついて念となりアラヤに入る。

人間、一日のうち何回かは、ふと気分が楽しくなる時があるものです。たとえ瞬時でも、快感を覚えたときに、この自分の願いごとをぱっと思いうかべると、実に速《すみ》やかに刻因《こくいん》できるんですね。だから、いい気分になったときを見逃す手はないんです。

晴れた空を見上げたとき、梅の花の香りをかいで春を感じたとき、温泉にのびのびとつかっているとき、「ああ、いい気分だなあ」と感じた瞬間、日ごろから決めておいた言葉、たとえば「成功」とか「健康」と、一言だけ願いの言葉を口のなかで唱える。地下鉄のなかで「わっ、すごい美人だ」というのに会ったら、すぐに「成功」と唱えるんです、瞬時に唱えなければならないので、前もって言葉を用意しておくこと、これがポイントです。

(7)　座中思念法《ざちゅうしねんほう》

イスにかけている状態で、しかも何もすることのないときに刻因《こくいん》する方法です。

電車の中や公園のベンチ・喫茶店などで、しばらく用事もなく座っているようなとき、一分間でも二分間でも望むことを心のなかで唱えるのです。そのやり方は、まず瞑目《めいもく》し、ひたいのシワを伸ばし、口もとをゆるめます。要するにリラックスして、息を一気に吐《は》ききってしまい、十秒ほどとめてから、ゆっくりと息を吸い込んでいきます。そしてこの吸気に合わせて、願いの言葉を唱える。

「売上げが増える、売上げが増える、売上げが増える」というように。そして息を吐ききり、ついで、ゆっくり吸い込む、その吸い込む力に合わせて、願いをアラヤに送り込むのです。これを数回くり返したら、瞑目したままか、または目を半眼に開いたまま、しばらくぼんやりと休む。これが座中思念法《ざちゅうしねんほう》。

さてアラヤ識への刻因法《こくいん》として、今までに、七つの方法を皆さんに紹介してきました。この七つのうち、自分の好みや生活条件に合わせて、一つに限らずいくつか選んで実行してください。七つ全部やらなくても構いません。好みのものを選んでよろしい。

ところで、私の刻因法には、この七つの他に、八番目の方法として、ヨガや坐禅のポーズをとって行なう「瞑想祈念法《めいそうきねんほう》」があります。

「瞑想とは、自分の幸せを創りだす方法」です。仏典では、アラヤ識が万象《ばんしょう》を創造したといってますが、瞑想《めいそう》とは、このアラヤ識と直結する連絡通路なのですね。アラヤ識は、日常の我々には知覚しえないものです。しかし、瞑想によって、我々の客観的意識と、この心下の主観的意識とも呼べるものとの間に、一種の通話回線が設置できる。そして、万象を創りだす意識にむかって、こうして欲しい、こうなって欲しくないといった頼みごとを行なうことができるのです。

瞑想祈念法《めいそうきねんほう》

では、ここで私の工夫考案した瞑想祈念のやり方をもう少し詳《くわ》しく紹介しましょう。

まず、静かで一人になれる部屋が必要です。どんな場所でもいいのですが、他人が出入りしたり、電話などで中断されるようなことのない場所。時刻としては、夜か早朝が良いと思います。

用意するものは、座布団、ロウソク、線香、高さ三〇センチぐらいの机、なければ箱でもかまいません。

ロウソクに火を点じ、眼前二メートルのところに安置します。ロウソクでなくて、小さな光るもの、たとえば指輪《ゆびわ》などでも代用できますが、今はロウソクの火で説明していきます。

次に線香をつける。これは匂《にお》いによって心を静め、また、その短くなっていく様子を見て、瞑想《めいそう》の時間を目測するためです。

二つ折にした座布団を、お尻の下に入れ、低い腰かけのようにします。あぐらをかきますが、足先を組まず、ただ前後に床の上に置いておくだけにします。ただし足首はできるだけ自分の体、つまり内側へひきつけます。

この姿勢は、ヨガや坐禅からアレンジしたもので、長時間しびれずにすむ楽な形です。こうすると、お尻と両膝《ひざ》の三点でピラミッドを構成しているようになり、どっしりと安定して座れます。着衣も、できるだけゆったりとした体をしめつけないものがよろしい。

軽くあごをひき、下腹・へそのへんを前方へだし、背筋を伸ばします。脳天からヒモで、ぶらりと釣り下げられたイメージです。つまり大地に対し垂直に座るのです。肩から上半身の力をすっかりぬき、特に両腕の力はすっかりぬきましょう。リラックスする、これがポイントです。

ここで呼吸法。息をするすると吸い込み、それにつれ下腹をグウーッとふくらましていきます。胸でなく、下腹です。下腹を風船玉のように考え、ふくらましていくとイメージしてください。息は八分目、ここで三秒ほど、息をとめ、フウーッと、ゆっくり細く長く吐《は》きます。吐き終ったらまた三秒ほど息をとめる。つまり、吸ってとめ、吐いてとめるわけです。

下腹をふくらませることが大事ですよ。意識的にふくらまし、へこませる、これで、まず血液が下腹部に集まり、頭のほうがごく軽い貧血状態となるため、よいトランス（一種の催眠《さいみん》状態）が得られるようになるからです。

次に、ロウソクの火を見つめます。

しばらくすると目が疲れてきて、ロウソクの火がぼやけて見えてきます。こうなったら、ふっと両眼を閉じます。

すると残像が、まぶたの裏に見えるはずです。そこで、なお、その火をじっと見つづけます。人によってはこの残像が見えないこともある。その場合は、両眼を閉じたまま、そのロウソクの火のあったあたりを、じっと見つめていればいいのです。

ここまでが、瞑想《めいそう》の「瞑《めい》」の部分です。

望ましい未来を刻因《こくいん》する

目を静かに開いて、もう一度、ロウソクの火をじっと見つめてください。あとは、ぼんやりと、さまざまな雑念のわいてくるままに任せるのです。健康や仕事の悩み、商売のアイデア、好きな女性のこと、男性のこと……何でもかまわない、次から次とわきでてくる連想を、そのままじっと見ているのです。

じっと見ている。あたかもテレビドラマでも見ているように、自分が登場しているその場面を眺《なが》める、大事なのはこの点です。

つまり、連想のなかで、自分の感情がその場面によって踊らされてはいけません。連想の外にいて、やや覚めた目で、呆然《ぼうぜん》と見る、良い悪いの判断もない、批判も反省もない、外からじっと眺める、まるで人ごとのように、ぼんやりと眺める。ここが瞑想《めいそう》と思考の違いです。

日常の思考において、あなたの心は主観であり、良い悪いの判断があり、批判があります。あるいは喜びがあり悲しみがあり、怒りがあります。しかし瞑想では、あなたの心は客観的です。あなたの意識を創りだすイメージをもう一人のあなたが、感情の波立ちを混えずに、ただじっと見つめている。これが瞑想のうちの、「想《そう》」の部分です。

さて、皆さん、ここで自分の望ましい未来を刻因《こくいん》します。望ましいこと、自分の願望を、すでに達成してしまったシーンとして、ありありと空想するんです。瞑想《めいそう》の「想」は、次々と連なってわきだし、消え、過ぎ去っていきます。そのうえに、新しいドラマを制作していくのです。その描き方は、七つの刻因法《こくいんほう》の四番目、半覚醒《はんかくせい》法のところでふれました。この想像上の体験がくり返され、それに実感がともなってくると、次第に心下意識アラヤに刻因されていくのです。

アラヤ識は、それが現実体験であれ、想像上の体験であれ、いっさい区別することなく受け入れてしまう。だから、瞑想によってよい刻因をすれば、よい未来が出現してくる。

皆さん、現在の自分は、過去の自分の意識が創ったものです。つまり、かつて自分が考えていたことが「因」となってアラヤ識に刻因され、異熟《いじゅく》となって熟成され、その果が、現実界に現れ、いま、自分が体験している。したがって、今は変えられないが、未来は変えられるるんです。自分の想念をコントロールすることによって、自分のアラヤに「正しい因」をどんどん送り込んで、自分にとって都合のいい人生を未来に創りだせるわけです。

その最も効果的な方法が、「瞑想祈念法《めいそうきねんほう》」であり、その「想」の部分で、「因を正す」ように、しきりと想《おも》いめぐらすこと、これが実に大切です。

第三章　自《じ》助《じょ》のすすめ

立身出世は恥《は》すべきことか

明治の末期から大正にかけて外国文化が怒濤《どとう》のように日本に入ってきた当時、大ベストセラーとなった一冊の本があります。今日では、もう覚えている人もいませんが、サミュエル・スマイルズというイギリス人が書いた『セルフ・ヘルプ』、日本語に訳すと「自助論」という本です。

これを中村敬宇《けいう》という人が『西国立志伝』とタイトルをつけて当時の超ベストセラーとなった。その頃の日本には、政治家を目指した書生がいっぱいいて、食客《しょっかく》・居候《いそうろう》として大物の家にごろごろしてました。そういう書生たちのなかで、スマイルズの『西国立志伝』を読まなかった者はほとんどいなかったそうです。戦前までは、「末は博士か大臣か」なんていいまして、勉強するってことは、立身出世、すなわち金持ちになるか、地位、名誉を得るかということを、少しの疑いもなく考えていたんです。

ところが、現代となると立身出世というものが何か後ろめたい、非難されるべきものといった風潮が強くなってきた。なぜ金持ちになる、立身出世するということが後ろめたいようになったかというと、成功しようとする人のなかには、心のさもしい人がいて、他人を落としめたり蹴落《けお》としてまで、自分がのし上がろうという人がいたため、そうなったと思うのです。

さあ、そこで、立身出世や成功するためには、他人を蹴落《けお》としたり裏切らなければできないのかというと、そうではない。皆さんもお読みになったかもしれないが、『眠りながら成功する』で有名なマーフィー博士と明治大学の大島淳一助教授の対談のなかで、「成功とはどういうことか」について大島さんが尋ねると、マーフィーは、「自分のよい願望を実現することの一言に尽きる」とこう答えています。

「具体的な例をあげて説明してくださいませんか」と大島助教授が訊《き》くと、マーフィー博士は次のように説明してくれました。

「おやすいご用です。物理学者ならノーベル賞をもらうような物理法則を発見すること。教育者なら学生を奮《ふる》いたたせて学問にむかわせるような人物になること。家庭の主婦なら、平和な家庭をつくり、幸福な夫と子供をもつこと。医者なら的確な診断をくだし、巧《たく》みな治療をし、患者から神様と思われるような有能な医者になること。文学者なら多くの人に読まれるような、あるいは末代まで残るような作品を書くこと。実業家なら立派な製品をつくり、広く販売して適正な利益をあげ、多くの従業員とその家庭を富ませること。株主にまた厚く報《むく》い、会社に社会の公《おおやけ》の器《うつわ》としての義務を立派に果たさせること。こういうようなことが成功であります」とこう言っています。恥《は》ずかしいことや後ろめたいことは、それ自身にはぜんぜんない。

ここで「恥ずかしいこと、後ろめたいことは何もないですな」と訊《き》きますと、マーフィーは「絶対にありません。成功とは人を幸福にするものです。悪いはずがありません。成功を何か後ろめたい、悪いことだと考えている限りそういう人には成功が訪《おとず》れません。少なくともそういう人は著《いちじる》しく成功しにくくなります。自分の望む成功はよいものだという確信があったとき、初めて万能なる潜在意識はあなたを成功に導きはじめるのです」。

そこで大島さんは質問します。「立派な、しかも有能な人で成功しない人が世間によくあるというのは、一つにはそういう意味なんですね」「まさにそのとおりです」と、こうマーフィー博士は答えております。

中国古典の『史記』に、報《むく》いられなかった正義、というテーマで次のような話があります。殷《いん》の末期、孤竹《こちく》という国に、伯夷《はくい》と叔斉《しゅくせい》という二人の兄弟がいました。非常に実直な、心正しい二人だったそうです。伯夷が長男で、叔斉は末っ子でした。父親は末っ子の叔斉に跡を継《つ》がせるという遺言を残して死にました。すると叔斉は、「いや家を継ぐのは長男であるべきだ」と言い、伯夷《はくい》に譲《ゆず》ろうとしました。伯夷は、「いや父親の遺言だからおまえが継《つ》ぐべきだ」と言うんで、結局二人は家を捨てて出ていき、次男が家を継ぎました。

これは、この二人が無欲にして清廉《せいれん》であることを示しております。

やがて歳月が経過し、この二人が老人となって、周《しゅう》という国へきた。しばらく過ごすうちに、殷《いん》の王朝が末期を迎えてきた。周では武王《ぶおう》が即位しており、殷の紂王《ちゅうおう》を伐《う》つため、武王は父西伯《せいはく》の位牌《いはい》を戦車にのせて戦いに向かおうとした。このとき、伯夷・叔斉《しゅくせい》の兄弟が馬にとりすがって、父君、西伯の葬式も済まないうちに戦いを起こすことが孝行といえるか、また殷の諸侯《しょこう》の身で天子を弑《しい》し奉《たてまつ》るのは仁《じん》といえるでしょうか、といさめた。これは、二人が故国の殷を救おうとしたわけです。

ここで、武帝の側近たちが二人を斬ろうとすると、そばに有名な太公望《たいこうぼう》がいて、「義人である。正義の人である。助けてやれ」、こう言って二人を立ち去らせました。さてその後、武帝は殷王朝を滅《ほろ》ぼして、周が天下をとることになるわけです。しかし、伯夷と叔斉は周の臣民《しんみん》として従うことを恥《は》じまして、山の中に入ってワラビか何かを採って、それで生きておった。そして餓死《がし》してしまうんです。餓死する間際《まぎわ》に詩をつくり、それが今日《こんにち》も残っている。

屈原《くつげん》の悲劇

「彼《か》の西山《せいざん》に登り、その薇《び》を採る」

薇とはワラビのことです。我々は、あの西山（首陽山《しゅようざん》）に登って、ワラビを採って露命《ろめい》をつないでいる。

「暴をもって暴に易《か》え、其《そ》の非を知らず」

世の中、みんな暴力ざたが終ると、それを終らせた者（武王《ぶおう》）がまた暴力ざたを起こしている。それなのに、武王はそれが悪いと思ってない。

「神農虞夏《しんのうぐか》、忽焉《こつえん》として没しぬ。我れ安《いず》くにか適帰《てきき》せん。ああ徂《ゆ》かん、命の衰《おとろ》えたるかな」

昔の名君であった神農氏《しんのう》や舜《しゅん》がはじめた理想の世は忽《たちま》ちのうちに過ぎ去ってしまった。私たちは、どこに身をおちつければいいのか。ああ、死ぬしかないのか、われらの運命の哀れなことよ。これが運命だったのだと。

以上の話は『史記』の「伯夷《はくい》・叔斉伝《しゅくせい》」に記されているんですが、孔子がこれを評して、彼らは仁《じん》に終始したから本望であったろう、と言いました。しかし『史記』の著者である司《し》馬遷《ばせん》は、この事実に対し彼らの胸中《きょうちゅう》を察するといたましい思いにかられると言いました。果たして彼らの本望だったのだろうかと。

天道は公平無私なもので、つねに善人に味方するという人がいますが、では伯夷《はくい》と叔斉《しゅくせい》は善人ではなかったのか。いや、とんでもない。つねに善人でした。人間の孝行の道はとか、仁《じん》とは何かということを一生を通じて追求し、潔《いさぎよ》い行動をとりました。そしてついに餓死《がし》をしたわけです。すなわち、不運な一生で終ったことになります。


いや、彼らばかりじゃないですね。清廉《せいれん》の士として、孔子が一番かわいがっていた弟子は顔回《がんかい》ですが、彼は終生貧しく、米ヌカすら満足に食えないまま四十一歳で若死にしちゃいました。天は善人に報《むく》いるはずではなかったか、こう司馬遷《しばせん》は言っていますね。

一方、悪人として名高い盗跖《とうせき》という男がいた。毎日のように罪のない人々を殺し、人間の肉を食らい、暴虐《ぼうぎゃく》の限りを尽くし、数千人の徒党《ととう》をくんで天下に横行し、しかも一生、裕福に暮らして天寿を全《まっと》うしてます。彼にどんな徳があったのか。現代においても、何億円という賄賂《わいろ》を受け取って、賄賂《わいろ》などは知らないと突っぱねて「闇《やみ》の帝王」なんて言われ、日本の政界を牛耳《ぎゅうじ》っていた人物がいます。この人にはどんな徳があったのでしょうか。

司馬遷は言います。私にはわからない。天なる道などというものがあるのだろうかと。

「余《よ》、甚《はなは》だ迷う。ああ、いわゆる天道、是《ぜ》か非《ひ》か」、こういう言葉で結んでおります。

漢の武帝《ぶてい》に仕えた東方朔《とうほうさく》は、奇人変人でとおっていました。なぜか武帝はこの変人を気にいり、時おり話し相手を仰《おお》せつけ、絹の着物なんかをくだしおかれる。帝からの賜《たまわ》りものだけに、普通はうやうやしく受け取るのに、彼は肩にパッとかけて行く。肉など、ふところにそのまま入れて帰っちゃう。べとべとなかが汚れるのも構わなかったというんです。武帝から財貨を賜ると、すべて若い女につぎ込んじゃう。仲間から変わり者だと言われて、東方朔はこう答えた。

「朔《さく》のごときは、いわゆる世を朝廷の間に避《さ》くるものなり」と。朔というのは自分のこと、いにしえの人は深山のなかに身を隠《かく》しているが、私は宮中の内に身を隠しているのだと、こう言いました。『史記』の「滑稽《こっけい》列伝」にある話です。

思うに、こういう奇行というのは、反社会的・反骨の精神といわれるものです。反出世というか、自分の地位が上がる、頭角をあらわすという立身出世に背をむけ、その奇行ゆえに、現代まで名を残している人が何人かいますね。

戦国時代末期の詩人、屈原《くつげん》は、楚《そ》の重臣でした。彼は側近《そっきん》の讒言《ざんげん》にあい、野に下《くだ》されます。

彼は懐王《かいおう》に楚《そ》の危機を説きます。このままでは隣国秦《しん》の野望によって滅《ほろ》ぼされてしまう、今こそ秦を攻めなければいけない。ところが、ぐずぐずしているうちに懐王は秦に抑留《よくりゅう》され自殺に追い込まれてしまう。屈原《くつげん》は追放され、憔悴《しょうすい》しきって川べりに立っていた。それを見かけた漁師が声をかけた。

「屈原様ではありませんか。どうしてこのようなところに一人で立っていらっしゃるのですか？」「世の中が濁《にご》りきっているのに、私だけが清くあろうとし、人々がみな酔っているのに、私だけがさめている。だから私は追放されここに一人で立っているのだ」とこう屈原は答えた。

この漁師は、ここで重要なことを言うんです。

「達人は物事に固執《こしゅう》せず、世の衰退に身を任せると聞いております。世の中が濁っていたら、その流れに添《そ》えばよいではありませんか。人がみんな酔っ払っていたら、一緒に飲めばいいではありませんか。あなたほどの方が、なんでまた自分から求めて、追放されるようなことをなさったのですか」

すると、屈原はこう答えます。「だれでも入浴して体を洗ったら、さっぱりした着物を着ようとするだろう。私は潔白《けっぱく》な身を汚辱《おじょく》にまみれさす気にはなれないのだ。それならいっその川に身を投じ、魚のえさになったほうがましなのだ」。そして彼はふところに石を入れ、汨羅《べきら》という深い川の淵《ふち》に身を投じて自殺してしまいました。これも『史記』にある話です。

内陣《ないじん》と外陣《がいじん》

般若心経《はんにゃしんぎょう》に「不垢不浄《ふくふじょう》」という言葉があります。これは垢《あか》にまみれてもおらず、浄《きよ》くもない、つまり簡単にいえば、汚いとかきれいなものという性質はないということです。

我々は、何かは正しい、何か間違っているという主張をもつ。そうすると、世の中にそれと反対の考え方をもったり、行動している人がいて、その人たちと違和感を生ずる。そのとき、相手が自分より力が弱ければいい。自分より力が強ければ自分にとっての悲劇になるわけです。すなわち、その場から追われ、立身出世の道は閉ざされ、もちろんお金儲けもできない。気持ちがうつになってきますね。

このことは前にものべた（外篇第二章「成功の法則」）とおり、正義をたてはじめたときから人は不幸になる、ということです。言いかえると、正義も万物も変転するものであり、すべての存在は変わっていくのであるから、どの正義も完全なるもの、変わらぬものとは言えない、とせめて思ったらどうでしょうか。きれいなものも汚いものも、所詮《しょせん》は、人々の意識上の幻想にすぎないんです。

本来、この世の中で完全なもの、固定的なものはひとつもないとお釈迦《しゃか》さんが言ったわけです。諸行無常《しょぎょうむじょう》だと。ところが、我々は自分で知らずに心のなかに固定的な概念《がいねん》をもってしまっています。

「三つ子の魂百まで」とはよくいったもので、親の考え方・価値感が、真っ白な吸い取り紙みたいな子供にしみついちゃう。固定的でないものが、自分のなかへ入ってきて、今までの自分のなかにあった、さまざまな固定概念と結びついて、価値が生じ固定化してしまう。だから、個人個人がそれぞれが違う価値感をもっています。それが甘いものが好きだ、いや辛くないと駄目だと食べ物のことぐらいについて、言っているうちはいいんですが、俺が正しく、おまえは悪いという問題になると大変です。

つまり、我々にとって、自分の信ずる正義を心のなかに秘めているうちはいいんですが、他人にも主張しはじめるというところに問題がある。主張されて困る人も世の中にはいる。しかもその困る人と自分は仲よくはしたいとなると、そこにジレンマが起きてきて、そして不和が生じ、その人にとっての人生の不都合が生じてきます。

皆さん、あらゆる人間の不都合な生活体験というのは、たいてい、対人問題、人間間の不調和なんです。不協和音をたてはじめたときが、不幸のはじまり、これによって富、成功、健康、いろんなものを失っていきます。その逆にそこに調和をもたらせば、望んでいるものが手に入ってくる。ですから、人間的調和を自分の身の上にもたらすこと、それこそ自分を助ける第一義であるわけです。

ところが人間、だれとでも仲よくできるとはいきませんよ。そこで、今のべたとおり、正義をとなえることを一時やめる、完全にやめてしまうのでなく休息せよ、そして事態を見て、いつ言うべきか、また言わざるべきかということを静かに観察せよ。これが人生を上手《じょうず》に生きるための秘訣《ひけつ》です。

さて、この自助論では、アラヤ識に自分の願望を送り込むことができたうえでの、もう一つ上の段階の話をしようと思います。願いをくり返しくり返しアラヤ識に送り込んでいると、いつかは必ず願いは叶《かな》います。しかし、その未来の穂か芽をだすことを阻害《そがい》するものがあるんです。それをまず除かなければならない。阻害するものの第一は、人的不調和なんです。人的不調和は、固定概念にとらわれて一つの正義をたてることから発生し、その正義をたてるのは、しばしば自分が清くありたいと思うことからきています。

しかし、何が清潔で何が不潔か。たとえば、ここにコップ一杯の水があり、非常に清く澄《す》んでいるとします。しかしなかにばい菌がいるかもしれず、また青酸カリのような毒が入っているかもしれず。ところが一方で、濁《にご》った水でも、人体に悪影響を与えるものが入っていないかもしれない。濁って見えるだけで、その水は無害であるという場合もある。何が不垢《ふく》で、何が不浄《ふじょう》か。よく考えてみると、人間のふん便だって、体内から出てきたもので、それほど汚くないかもしれない。我々は観念・感情・感覚で決めていることが多いんです。

我々の正義というものは大体はそういうものです。きのうの正義は、きょう一八〇度転回しちゃう可能性のあるものです。とらわれてはいけない、絶対なるものと信じて、それにとらわれたときに不和が起きはじめるんです。

その次に大切なことは平衡《へいこう》感覚です。

正義をたてる人は、現在の正義を守るあまりに、流動的な未来を見ることができません。そしてまた、自分のアラヤ識のなかに書かれてある台本を見てとることができないんです。

世の中のことはおよそ陰と陽です。陰というものに没頭《ぼっとう》しているとき、陽を阻害《そがい》します。そして陽に没頭しているとき、しばしば陰を排《はい》するものです。そして人間は不都合なる人生を体験することになるのです。

同じく、世の中には「外陣《がいじん》」と「内陣《ないじん》」というものがあります。内陣とは内部のこと、心の世界のことです。心の安定と平和と幸福を求める世界。一方の外陣は、お金儲けや立身出世などの物質的成功を求める世界です。

さあ、そこで皆さん、人間は外陣の世界のみに住んでいると、その人の魂は枯渇《こかつ》しはじめます。枯れはじめて、何となくイライラしてくる。理由はわからないが、とにかくイライラしはじめる。これは、生気《しょうき》エネルギーが目減りしてくるのだ、と私は表現しております。これが極端《きょくたん》になると、気がおかしくなってきて、ついに身を誤《あやま》ったり、犯罪者になる人さえある。また、自殺してしまう人もでてきます。

ところが一方、宗教や哲学とか占いのような世界は内陣の世界なんです。これに没頭《ぼっとう》しちゃうと、今度は肉体面が衰微《すいび》してくる。気をつけなければいけません。でないと、病気になったり、若死にしてしまうことになります。

我々はつねに振り子のようなものです。端《はし》へ行く、そうすると、これではいけないと今度は反対側へやみくもに走って振れちゃう。まさに極端から極端に走って、不都合な人生を味わっているんです。そこには、本当の自己がない。ただ振り子のように左右に突っ走ってるだけです。

自己のなかに、もう一つの自己があると気がつかなければいけないんですね。振り子を、ここらへんでとめるべきだというものがあるんです。振り子は一つの自己ですが、その背後に、それを見つめているもう一つの自己があるわけです。この自己が外陣《がいじん》の世界に行きすぎたり、内陣《ないじん》の世界にこもりがちな自分をコントロールするわけです。

神に会ったら神を殺せ

禅の世界では「父母に会ったら父母を殺し、仏に会ったら仏を殺せ。神に会ったら神を殺せ」と物騒《ぶっそう》なことをいいます。臨済《りんざい》の言葉ですが、殺せというのは、何も首締《し》めたりして殺せといっているわけではありません。そのようなものに依頼し帰依《きえ》し、絶対的な存在としてそのものから命令してもらって、それで動こうという依頼心をなくせといってるんです。

では、殺さずに生かすべきものは何か。法華経《ほけきょう》の第一六〇番に有名な言葉があります。これこそ仏教の根本理念であり、お釈迦《しゃか》さんが菩提樹《ぼだいじゅ》の下で悟ったことは、結局はこのことに帰すのではないかという言葉です。それは、

「己《おのれ》こそ己のよるべ、己をおきて他のいずこによるべあらんや。よく整えられし己にこそ、またと得がたきよるべをぞ得ん」と、こういう言葉で、これは法句経《ほっくきょう》という経典《きょうてん》のなかにあ

ります。

そこで皆さん、また錯覚《さっかく》がはじまる。ここでいう「己《おのれ》」は、先にのべた振り子の「己」だと思っちゃう。そうではなくて極端《きょくたん》から極端に走る振り子の背後にいる、もう一人の己、「真我《しんが》」の己のことなんです。「よく整えられし」というのは、己の背後にある真の己のことなんです。この真の己というものは、実は、個性をおおかたは失ってしまっているものなんです。

山田さんという人は、山田という人称を失っていって、何か宇宙普遍《ふへん》的な、共同体に近い我になっていく。この真の我を見て、その我に頼め、これがよるべであるとこういっているのですね。

それなのに、神仏が見えるなどという者は、それはまさに悪魔であり魔性であり、魔道に陥《おちい》ったことを意味しているのである。だから、禅ではそんな神や仏は殺さなければならぬ、としたわけですね。神仏に頼りきりということは、自己を失ったことであり、危ない、ということです。

お稲荷《いなり》さんというキツネを使う不思議な神様が日本にいます。日本ではキツネは超自然的な能力をもつ動物として恐れています。ところが、キツネは世界中に分布しているけれど、たとえばイギリスでは、キツネ狩りに象徴《しょうちょう》されるように、日本以外の国では、キツネは犬に追われて最後に狩《か》られてしまう哀れな動物なんです。魔性も何もない。だから、お稲荷《いなり》さんも、キツネつき現象も日本だけのことです。キツネに霊性をつくりあげて、自分でそれに憑依《ひょうい》し、とりつかれるというキツネつき現象は、実は、自我、セルフを失ったものの実態なんですが、日本でしかみられません。つまり、皆さん、神とか仏や心霊能力といったものは、自己がつくりあげたもので、神や仏のみに頼るということは、真我《しんが》の放棄《ほうき》と同じことで、危ないんです。

瞑想《めいそう》をしていて、トランス状態になると、いろいろな声が聞こえはじめ、物が見えはじめることがあります。それは幻聴《げんちょう》と幻覚《げんかく》です。ところが、何か耳に聞こえ、目に見えても、それは断じて体の外からくるものではありません。それは先ほどの振り子を生じさせている自己なんです。この自己が内部から声を発生させ、姿をみせているように思わせるわけです。

我々はキツネを使うんであって、我々が主人、キツネは召使なんです。ここが大事なところです。それなのにキツネこそ自分のご主人様というんで奉《たてまつ》り、拝《おが》み、そのお告げを聞き、いかにおかしいお告げであろうとそれをやっちゃう。またキツネがついたから体から追い出さなきゃいけないっていうんで、煙でいぶしたり、水ぶっかけたりして、とうとう自分のお母さん殺しちゃったなんていうこともある。これは非常に極端《きょくたん》な例ですから、そのバカバカしさ、おかしさが皆さんにはよくわかるでしょう。

我々は自分の内部にあるもの、真の自分の力を把握《はあく》するということこそ、自助《じじょ》なんです。真我《しんが》に目覚めて初めて、自《みずか》らを自らで助けることができるようになる。

禅とは、まず振り子としての自分を殺し尽くすこと、そして次に神を殺す。この自分と神、それは同一なるものなんです。つまり他に依頼する自分ということです。殺し、殺し尽くして、最後には自分も殺してしまいます。では死んじゃえば何もなくなるかというと、そうじゃなくて、「大死《たいし》一番絶後《いちばんぜつご》によみがえる」なんて、うまいこと言ってます。大きく死んで、絶命したらすぐよみがえる。よみがえったときが真我に目覚めたときである、というわけです。

「あなたのせいで」病

健康についても同じことがいえます。万人には、内から治す力つまり自然治癒力《ちゆりょく》があって、病気になっても、人間に本来備わっている力というもので自分自身を治す、ということがあります。このことについては、私も、『癒学《ゆがく》』という本を書き、そこで詳《くわ》しくのべたので省《はぶ》きますが、現代医学が見はなした難病が、自然治癒《ちゆ》してしまう事実が存在します。ところが、だれかが癌になったとき、宗教などに凝《こ》ってもう医者はいらない、手術はいかん、薬もやめだというので、その宗教の信心に没頭《ぼっとう》して死んでしまった人もいる。逆に、現代医学のみを信じて、そういうものは一切うさんくさくて、私は信用しませんというのも、これもやはり極端《きょくたん》に走っている。

今日《こんにち》、薬や医者の奴隷《どれい》になっている人々が非常に多いわけです。一方の自然治癒力《ちゆりょく》だって限界がある。自然に放任しておいてよい場合と悪い場合があります。これもやはり、バランスでみなければ駄目です。現代医学と自然治癒の間にいなきゃ駄目なんです。

患者自身の内部生命力を助けるために、外部からお手伝いするものが、医者であり薬なんです。これが明確なあり方だと思います。医者や薬は活用すべきであって、それに使われてしまってはならない。ところが人間はとかく何か外部のものだけに依頼しようとします。または、内部のものだけに依存しようとします。両端のバランスをコントロールできる場所に立たないとうまくないんです。

たとえば、ある薬、これさえ飲んでいれば何やったって大丈夫なんていう人がいます。このあいだ、ニンジンとがんもどき、これだけ食べてりゃ、あと何も食べなくても大丈夫だという人がいました。あるいはビタミン剤を大量に飲んでいれば大丈夫だと、食事のかわりに錠剤飲んでいた人がいました。あれはもう信仰ですな、ビタミン信仰。この場合、神や仏とビタミン剤は一緒です。同じ意味のものなんです。真の自我・自己はなく、ビタミン剤がその人を支配しちゃってるわけです。

真に内の目覚めた目で見る、これを「自己覚醒《かくせい》」といいます。自己覚醒をなし終え、つねに目覚めている人は、この場合は薬を飲んだほうがいい、この場合は静かに瞑想《めいそう》にふけったほうがいいということが、内部からの声として聞こえる人なんです。それが幻聴《げんちょう》で聞こえても構《かま》わない。目の前にありありと観音様があらわれて見えても構わない。

しかし、これは心のなかからつくりだされたバイブレーションだということを知ったうえで、もし幻覚《げんかく》として神様が目の前にあらわれても、内部意識が仮に翻訳《ほんやく》された形としてでてきたものだからといってそれを恐れもしません。ありがたいことだと内部意識に感謝して、そのお告げを聞くっていうこともありえるわけです。

昔の人は、二十一日間おこもりしたら観音様があらわれてこう言ったというと、ひれ伏して、観音様のお告げだ、ありがたいと、お告げにしたがう。しかもその効果がでたわけです。そのかわり、自己を失ってしまってもしようがなかった。

しかし、現代人は産業革命以来、過去二千年の歴史を上回る知識を体得しました。もはや、我々は目覚めていながら、自己暗示を与えることができます。自分が施術者《せじゅつしゃ》であり、そして自分がまた被術者であるという催眠関係ができるわけです。だからでてきたお告げに、ありがたいことだと感謝しつつ、しかしこれは自分がつくったものだと知りつつ、こういう二面の心をもちながら、それを利用することができるわけです。

ところが、病気が治らないと、「あの医者のせいだ」と言う人がまだまだ多いです。あの薬は効かない。すべては医者のせい、薬のせいにしてしまって自《みずか》らの責任・努力ということを考えない。医者はもはやあてにならないから、今度は占いだ祈《き》禱《とう》だと、極端《きょくたん》から極端へ突っ走るだけです。主客転倒《しゅかくてんとう》という言葉がありますが、価値判断の主体が自分であることを忘れて、価値を客観的立場にのみ求めようとするのが、今の時代といえるかもしれません。

病気にかぎらず、人間は自分にとって不都合なことが起きてくると、自分が過去にそういう原因をつくり、自分のアラヤ識に入れておきながら、今その結果があらわれたというふうに考えないんです。また考えたがらない。そして、だれか責任者いないかってキョロキョロ見る。この世に見あたらないと、遂《つい》にはご先祖のせいにしたりするんです。恐ろしい責任転嫁《てんか》ですね。アラヤ識のメカニズムを半端に知ると、物ごころつく前からそういうタネを俺の耳に入れたおふくろが悪いんだ、と今度は親のせいにする。何でも不都合は他人のせいにして、「あなたのせいで」という病気が発生してくる。

今の人間の九〇何％は「あなたのせいで」病にかかってますよ。これを「自分のせいで」とふりかえることができると、今度は自分がそれを治すことができるわけです。いまの不都合は過去において自分がやったことなんですからね。すなわち、原因を作ったのは自分だということです。

随所《ずいしょ》に主となれ

自分が主体である、自分がすべての主であるというところから、禅では「随所《ずいしょ》に主となれ」とこう言います。どこでも自分は主人になれ、随所に主となれば、何の不都合もない。何の不幸感も体験しないのだ、ということです。

私は、師匠にさんざん「随所に主となれ」と言われたんですが、実際のことといって、何のことか、よくわからなかった。自分が自分の主人、あたりまえだ、私は私の主人だ、と思ってたんです。ところが、当時の私の口ぐせは「みろっ」と言うんですね。これは「ざまみろ」の「みろ」のことです。「みろっ、だから最初からだめだと言ったじゃないか」なんてよく使っていた。これは責任転嫁《てんか》の言葉ですよ。「みろっ」こんな不都合は、私のせいじゃないよ、おまえのせいでこうなったんだ、と言っているのです。

人間は自分というものをつかむには、他者に頼る、他者に責任転嫁《てんか》するということからまず離れなくてはいけないんです。

仏教にも、他力信仰と自力信仰がありますね。親鸞上人《しんらんしょうにん》の浄土真宗が他力信仰です。「南《な》無阿弥陀仏《むあみだぶつ》」と唱えても、自力では救われません。菩薩《ぼさつ》さんの背中に乗っかっちゃって、菩薩さんがあっちへ行ってくれると、乗った自分も自然にあっちへ行ける。大勢の人がそれに乗っかるから大乗仏教《だいじょうぶっきょう》というんです。これは冗談みたいに思うかもしれませんが、本当の話なんです。

大乗・小乗《しょうじょう》というのは、言ってみれば乗り方の差なんです。小乗仏教というのは、自家用車。運転手は自分なんですね。自分で行き先を決め、自分で運転していかなければならない。時々、地図だして、こっちかあっちか、なんて路線をさがさなきゃならない。ところが、大乗仏教というのは極楽行きのバスですね。乗っかるバス賃はただ一言「南無阿弥陀仏」と言えばよい。乗ってください、乗ってください、とぎゅうぎゅう詰めにすると、出発すれば行く先は自然に極楽へと、こういうことになっている。

　しかし、皆さん、他力信仰の人はお寺のなかでは幸福そうな、救われた顔をしてますが、実社会でも同じような幸福そうな顔をあまりみせませんよ。まあ全部とはいいませんが、大体、「南無阿弥陀仏《なむあみだぶつ》」とやってる人は、実社会で消極的にみえちゃいます。欲というものを表面にだして生きようとすると、二律背反《にりつはいはん》の生活をおくらなければならないから、どこかで違和感が生まれてくる。そこで逃れる道は、ジキルとハイドになるしかない。向こうへ行ったときは信心深く、出てきたら強欲に、というように。

　浄土真宗そのものを私は攻撃しているわけではありませんよ。私の考え方は、自力か他力かわからないけれども、自己のなかにある何かに目覚める。このことを皆さんにすすめざるをえないです。そのハウツーはどうでもいいんです。仏教のあり方というのはいろんな言い方しますけど、真ん中の道を行く中道《ちゅうどう》にある、ということがよくいわれます。

　私はよくこういう質問をうけます。古来、瞑想《めいそう》は物欲などの執着《しゅうちゃく》から自分を解放し、もって平安の境地へいたろうとしたものだ。しかるに、あなたは瞑想によって富や権力や成功を得ることが可能だと説く。これは一体どういうことかと。

　ヨガなんかも確かに、物欲の放棄からはじまるわけです。仏教もその多くは物欲を否定し、心の平和を求めるものです。

そこで、さっきの『史記』の二人の兄弟を思い出してください。一生の間、怒りに震《ふる》えて、ついに餓死《がし》しちゃう。屈原《くつげん》をみてください。正義を主張し、ついに川に身を投じております。清廉潔白《せいれんけっぱく》の人っていうものは、必ずしも平和な境涯《きょうがい》を得るとはかぎらない。むしろ闇《やみ》の地獄に迷うかもしれない。もちろん物欲を放棄して、すがすがしい気持ちで一生を過ごす人がいることも否定はしません。しかしこの世の中で、お金がいっぱいあれば人を救うこともできます。

菊池寛《かん》という人はすごい人です。いつもどてらか何か着て、帯はきちっと縛《しば》らないで引きずって歩いてたといいます。いかにも、ものにこだわらない、無頓着《むとんじゃく》のように振るまっていた。ところが菊池寛の息子が言った。おやじはあれでけっこう神経細かいんだ、無頓着は演出だっていうんです。ふところにいつでも金いっぱい入れてて、カネに困っているという人に、「持っていきたまえ」って一つかみバッと出す。だけども、その一つかみいくらか知っていたという。いつも実験していくらぐらいの金額をつかんだのか自分でわかってたそうです。この人にはこのぐらいの金額、この男には、よっぽど大変らしいから、このくらいをやろうってね。話が余談になりましたので、ここでもとに戻ります。

瞑想は手段である

先ほども言いましたとおり、富や権力を得ること、立身出世のようなことに瞑想《めいそう》を使うとは何事だと、私に迫《せま》ってくる人がいます。私は物欲否定というか物欲放棄がいかん、とは言ってません。しかし物欲を放念《ほうねん》するというのは一つの方便だ、というのは私の考え方です。物欲から離れることは、時には推奨《すいしょう》できるんですが、「つねに」ではない。

この世の中に物欲的なことからすべて離れ、現実的な人間社会に何の興味も覚えなくなったらどうなるでしょう。野や山に粗末《そまつ》な庵《いおり》を結んで、世を避けた賢人という人、世界中そういう賢人ばかりになって、みんな野や山へいったらどうなりますか。医学・工学・化学といったものを誰も研究しなくなる。みんな野山にいって山菜か何か食べて、ただただ瞑想にふけっている。こうなると人間文明の否定です。

もし我々が人間文明を肯定するなら、物欲放棄は許されない。人間文明はこちらに置いておいて適当にその恩恵《おんけい》をうけながら、物欲はつねに放念しなければならないとすれば、その放念は中途半端で終るしかない。そこで大事なことは、瞑想は物欲否定のための目的だ、なんて思わないことです。瞑想というのは確かに素晴らしいものなんですが、結局それは手段なんです。瞑想は手段のためにある。皆さん、この言葉、覚えておいてください。瞑想そのものが目的ではない、それは手段なんだということです。

大ざっぱに分けると、人間の生体は三つの部分からできあがっています。頭・胸・腹です。これが一番大事な部分であって、手足を失っても生きてますが、頭とか胴体失ったら死んじゃいます。腹は消化吸収によって肉をつくる。胸は気というものを空間から取り入れて魂を生じさせます。

たとえば自動車で考えてみます。車体とかエンジンは大地の物質でつくる。空気中から肺に入ってきたものがガソリンです。ガソリンとエンジンが一緒になる。ところが、これだけでは発動しない。これに電気系統がきてスパークさせると、ガソリンが燃焼してエンジンを動かす。では電気系統はどこからくるか。それは蓄電池《ちくでんち》からくる。人間でいうと蓄電池は頭脳です。頭にあるのは霊です。霊的なエネルギーがスパークさせて、それで生命現象がおこる。胸には魂、腹は肉をつくる、こうして人間ができた。このとき頭にある霊というものは魂と肉のバランスを図るんです。たとえば肉のほうだけ強けりゃ太っちゃう。太るだけでなく病気になる。逆に食うものも食わずに魂だけだと、これも危ない。玄米とタクワンだけでよろしいなんてやっていて、丈夫な人もいなくはないが、ちょっとした風邪をひいても治りにくいなんて人もいる。栄養も大切です。この二者の間のバランスをとるのは何だというと、それが霊なんです。この霊に目覚めるということが真我《しんが》に目覚めるということ、振り子の後ろにある自分に目覚めるということです。

ごく単純にいうと、人間というのは活動しているとき物欲に燃えているんです。朝、床から起きあがると物欲に燃える。そして夕べには人生の無常を感ずる。

若い時代にはひたすら働き、成功なって、人生のたそがれを迎えたとき、魂のやすらぎを欲しはじめます。ここにおいて陰陽のバランスが保たれている人は心配ないんですが、えてして人は物を卑《いや》しみ、心を高い位置におきたがる。物と心の両者に価値の上下はないし、またあるべきじゃないのにです。この世の中には絶対なるものはなく、すべては相対で存在しています。相対してともに大切ということになる。腹も大切なら胸も大切、この精神でいると、平衡《へいこう》感覚が発達してきます。

瞑想《めいそう》も用い方次第でよしあしが生じます。人間的欲望も扱い方によって利益と不利益が生じてきます。まずいのは、どちらかが絶対正しいと決めつけることなんです。瞑想で成功するのが真なる瞑想である、またはその反対に物欲をすべて捨てるのが瞑想である、この両方ともよくない。しかし、両方とも真理である。

よき瞑想とは、二つの極の間において自在の力を発揮させ、よく自分をコントロールさせるということです。それは自分の霊の覚醒《かくせい》をうながし、自己の心身のバランスをよく保つのである。仏教は古来、それを中道《ちゅうどう》といいました。こっちの勢力とあっちの勢力を二つ足して二で割る、真ん中にコントロールする。そういう考え方でもいいです。

すぐれた瞑想《めいそう》は、自己の心下意識アラヤと通話のための回線をまず開通させます。アラヤ識こそ、私たちの肉体、山川草木、流れる銀河、大宇宙まで創造し出現させた万能の宇宙意識の根源体です。つまり、万象《ばんしょう》はアラヤ識より発するんです。それは具象も抽象もすべて含めてのことです。人間の観念から発するものはアラヤ識から全部つくりだされ、それを存在させる仕事はアラヤ識が行なう。お金も精神的な幸福も、アラヤ識から生ずる。

ところで、このアラヤ識を操《あやつ》るのはだれでしょうか。それがまさに自霊、自《みずか》らの霊であります。この自霊を目覚めさせるには、瞑想を手段として、日常生活に中道を歩まんとする自意識のコントロールにある。皆さんは、綱《つな》の上を歩いているんです。こっちに傾きすぎとわかると、ハッと反対にちょっと直す。ただし、ちょっと、です。反対側にばしっと駆《か》けていってはいけない。

つまり、自助《じじょ》の手段は瞑想と自己コントロール、これにつきてしまう。これを自己管理といいます。自動車と同じです、定期点検しないと危ないですよ。

ある人が言いました。自己管理には、自分の定収入の五％を使え。年収一千万円の人だったら五〇万円。それが多いか少ないかはわかりませんが、そういう考え方をしている人は案外少ないのではないでしょうか。

ふだん自己管理に無頓着《むとんじゃく》でいて、自分という乗り物を突っ走らせておいて、いったん具合が悪くなると、たとえば病気になったり、不遇なことが続いたり、思わぬ災難が起きたり、まさかの失敗が起きたときに、その原因を外部に求めはじめるものです。そして、どこにも文句の言いようがないと、最後に「これが俺の運命なのさ」なんて、運命に責任転嫁《てんか》して終りということになる。これも日頃の自己管理を怠《おこた》っていた結果です。

自《みずか》ら非道・不運を嘆《なげ》き悲しむのもひとつの生き方ですが、考え方を変えれば、自らを助け、陽《ひ》のあたる人生をおくることもできる。皆さん、ぜひ「真我《しんが》」というものに目覚め、自助、自楽すなわち自分を楽しませ、また自救すなわち自分で自分を救うというテクニックに通じていただきたいと思います。

第四章　般若《はんにゃ》の知恵

摩訶《まか》般若《はんにゃ》波羅《はら》蜜多《みった》心経《しんぎょう》

般若心経《はんにゃしんぎょう》ほどポピュラーで、また、さまざまな解釈の加えられているお経もないと思います。しかしながら、これからのべる私の解釈は、かつて、どこのお寺でも、お坊さんでも、またその道の研究家もやったことのない解釈の仕方であろうと、多少自負《じふ》するところがあります。

なにはともあれ、この般若心経をざっと直訳してみたいと思います。

摩訶《まか》般若《はんにゃ》波羅《はら》蜜多《みった》心経《しんぎょう》

観自在菩薩《かんじーざいぼーさつ》。行深般若波羅蜜多時《ぎょうじんはんにゃーはーらーみーたーじー》。照見五蘊皆空《しょうけんごーおんかいくう》。度一切苦厄《どーいっさいくーやく》。
舎利子《しゃーりーしー》。色不異空《しきふーいーくう》。空不異色《くうふーいーしき》。色即是空《しきそくぜーくう》。空即是色《くうそくぜーしき》。受想行識《じゅーそうぎょうしき》。
亦復如是《やくぶーにょーぜー》。舎利子《しゃーりーしー》。是諸法空相《ぜーしょほうくうそう》。不生不滅《ふーしょうふーめつ》。不垢不浄《ふーくーふーじょう》。不増不減《ふーぞうふーげん》。
是故空中《ぜーこーくうちゅう》。無色無受想行識《むーしきむーじゅーそうぎょうしき》。無眼耳鼻舌身意《むーげんにーびーぜつしんにー》。無色声香味触法《むーしきしょうこうみーそくほう》。
無眼界乃至無意識界《むーげんかいないしーむーいーしきかい》。無無明亦無無明尽《むーむーみょうやくむーむーみょうじん》。乃至無老死《ないしーむーろうしー》。亦無老《やくむーろう》死尽《しーじん》。無苦集滅道《むーくーしゅうめつどう》。無智亦無得《むーちーやくむーとく》。以無所得故《いーむーしょーとくこー》。菩提薩埵《ぼーだいさったー》。依般《えーはん》若波羅蜜多故《にゃーはーらーみーたーこー》。心無罣礙《しんむーけいげー》。無罣礙故《むーけいげーこー》。無有恐怖《むーうーくーふー》。遠離一切顛倒《おんりーいっさいてんどう》夢想《むーそう》。究竟涅槃《くーぎょうねーはん》。三世諸仏《さんぜーしょーぶつ》。依般若波羅蜜多故《えーはんにゃーはーらーみーたーこー》。得阿耨多羅三《とくあーのくたーらーさん》藐三菩提《みゃくさんぼーだい》。故知般若波羅蜜多《こーちーはんにゃーはーらーみーたー》。是大神咒《ぜーだいじんしゅー》。是大明咒《ぜーだいみょうしゅー》。是無上咒《ぜーむーじょうしゅー》。是無等等咒《ぜーむーとうどうしゅー》。能除一切苦《のうじょーいっさいくー》。真実不虚《しんじつふーこー》。故説般若波羅蜜多咒《こーせつはんにゃーはーらーみーたーしゅー》。即説咒曰《そくせつしゅーわつ》。羯諦羯諦《ぎゃーてーぎゃーてー》。波羅羯諦《はーらーぎゃーてー》。波羅僧羯諦《はらそーぎゃーてー》。菩提娑婆訶《ぼーじーそわかー》。般若心経《はんにゃーしんぎょう》。

まずタイトルの「摩訶《まか》」というのは、偉大なるという意味の当時のサンスクリット語です。「あら、摩訶不思議」などと使うマカ、本来は「マッハ」と発音します。

さて、「般若《はんにゃ》」、インドで一番古いパーリ語では、「パーニャ」と発音し、サンスクリット語では、「プラジュニア」と変えられています。要するに、人智を超えた、宇宙から直接そのままもたらされる知恵、とこのように思われればよいのです。

そもそも、この般若心経《はんにゃしんぎょう》がインドから中国に伝わったときに、当時これを翻訳《ほんやく》したゲンジョウとかクマラジューは、「パーニャ」を「叡智《えいち》」にあたる中国語に訳そうとしたんですが、どうも原典の味わいがでないと考え、音読みのまま、「般若《はんにゃ》」という字を当てはめたんです。だから中国における当時の般若の読み方は「パーニャ」というのではなかったかと思います。

「波羅蜜多《はらみった》」というのは、彼方《かなた》へ到達した、というようによく訳されます。「パーラム」というのが原語だそうです。つまり、ここに迷いの人間の川があるとすると、そこを渡ってむこう岸へ行ってしまった、という意味で、むこう岸へ到達したから彼岸《ひがん》などと言いますね。お彼岸も、ここから出てます。彼方へ到達してしまった人の、宇宙そのままの知恵、意識である。そういったことの心について説いたお経、これがタイトルの「摩訶般若波羅蜜多《まかはんにゃはらみった》心経《しんぎょう》」の解釈です。

最初の四行がすべて

さて初めの四つのフレーズ、「観自在菩薩《かんじーざいぼーさつ》。行深般若波羅蜜多時《ぎょうじんはんにゃーはーらーみーたーじー》。照見五蘊皆空《しょうけんごーおんかいくう》。度一切《どーいっさい》苦厄《くーやく》」。

実は、このお経は、この最初の四行の言葉で全部言いつくしていると私は考えるのです。後はすべて蛇足《だそく》。くり返し同じことを言っているにすぎません。

だから、皆さんはここを、この四行の部分を、理解されるなら、あとは読まなくてもよい、とこうなってしまいます。ところが、なかなかそうはいかないから後が長々と続くのです。

観自在菩薩《かんじざいぼさつ》。「観《かん》」というのは、物事を観察する、よく見ること。自由自在に何でもよく見える。「菩薩」は仏になるために修行をしている人で、原名は「ボディーサットゥバ」といいます。「行深《ぎょうじん》」は深く修行をすること。何でも自由自在に観察できる仏教の修行者が、般若波羅蜜多《はんにゃはらみった》という知恵を深く研究していた時、と解釈します。

「照見《しょうけん》」というのは文字どおり照らし見る。つまり、ものごとをただ見るのでなく、そこに懐中電灯をもってきて、パッと照らして見る。ありありと見る。

「五蘊《ごおん》」とは、いろいろな説がありますが、簡単に考えると、我々の五官を通じて入ってくる情報。すなわち、目に見えること、耳に聞こえること、味わうこと、鼻で嗅《か》ぐこと、皮膚でタッチして感ずること。つまり、五つの感覚によって体内に入ってる情報というのは、本来は「空《くう》」である。空体である。

社長だけのために書かれた手造りの実務書

出版物のご案内

日本経営合理化協会　出版局

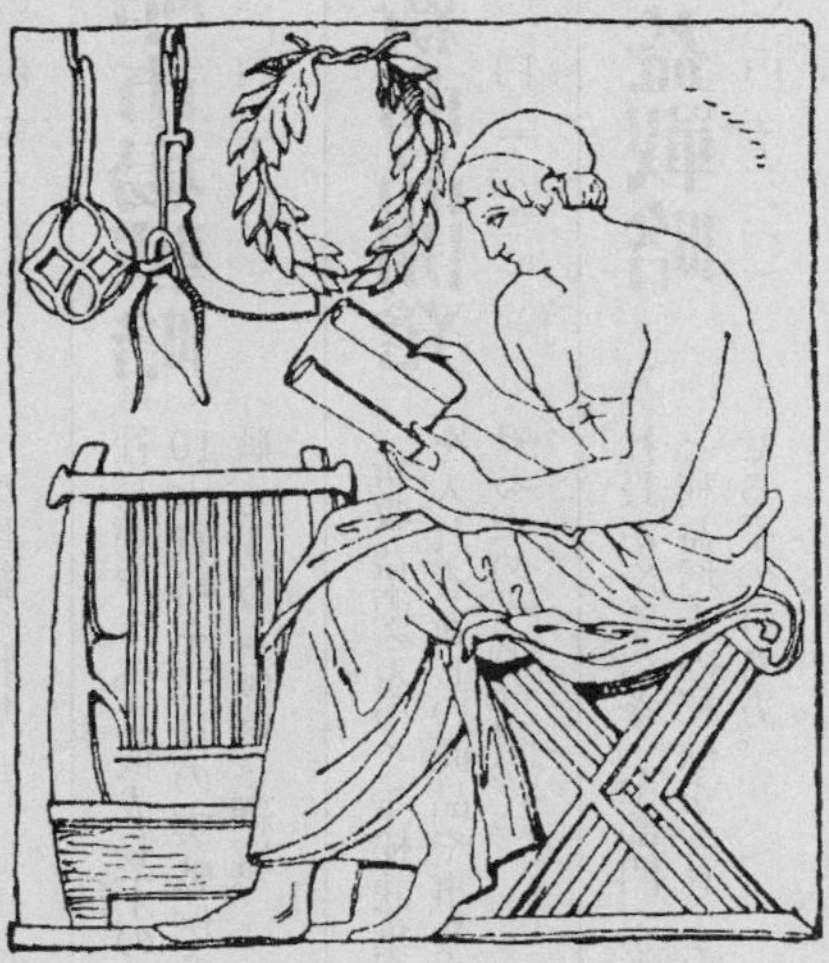

2020.11

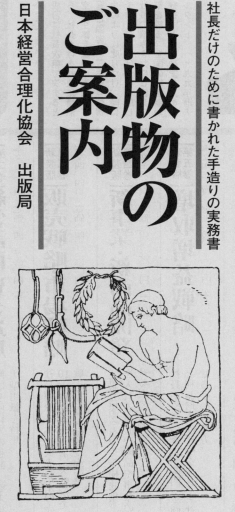

一倉定の社長学シリーズ

一倉　定氏 *Ichikura Sadamu*

事業経営の成否は社長次第で決まるという信念から、社長だけを対象に情熱的に指導。空理空論を嫌い、徹底して実践現場主義と顧客第一主義を標榜。社長を小学生のように叱りつけ、時にはに手にしたチョークを投げつける厳しさの反面、社長の悩みを共にし親身になって対応策を練る。全国の経営者から「社長の教祖」として敬愛を集めた実力コンサルタント。一九九九年逝去。

【新装版第一巻】経営戦略

本文四二二頁　定価一四、三〇〇円（〒六〇〇）

一倉社長学の柱となる書。「自然に高収益があげられる事業構造」をどう築くか。基本戦略の核心を説く。

【新装版第二巻】経営計画・資金運用

本文五〇二頁　定価一四、三〇〇円（〒六〇〇）

時代に合った経営計画書の作り方と業績を伸ばす使い方の秘訣。巻末に計画書作成ヒナ型用紙を特集。

【新装版第三巻】販売戦略・市場戦略

本文四〇四頁　定価一四、三〇〇円（〒六〇〇）

社長がやるべき低成長下の売上利益増大の10大戦略を52社の実戦例で説く。蛇口作戦・ローカル戦略…網羅。

【新装版第四巻】新事業・新商品開発

本文三八五頁　定価一四、三〇〇円（〒六〇〇）

〝新収益源〟をつくる秘訣集。事業全体に活を入れる新しい商品や事業の開発を成功させるための必読書。

【新装版第五巻】増収増益戦略

本文四三二頁　定価一四、三〇〇円（〒六〇〇）

社長がやるべき「全部門・全商品別採算戦略」と利益増大の秘訣を説き、会社を安定成長させる手の打ち方。

【新装版第六巻】内部体勢の確立

本文四四五頁　定価一四、三〇〇円（〒六〇〇）

会社内部の集団と個々の社員をどう指導し成果を高めていくか。著者独特の〝最小限管理〟の具体策。

【新装版第七巻】社長の条件

本文四九五頁　定価一四、三〇〇円（〒六〇〇）

社長の本当の仕事を大中小55社の実例で指導。ロングセラーの旧著「人間社長学」「社長学」を合本し大幅加筆した。

社長学シリーズは、不世出の経営コンサルタント一倉氏が、まさに人生を賭して社長に訴えかけた「血のかよった経営学」。

「社長がなすべき経営実務」について、時代を越えて、今なお実力経営者から指名買いが続く絶賛のシリーズ書です。

【新装版 第八巻】市場戦略・市場戦争

本文四三六頁　定価一四、三〇〇円（〒六〇〇）

市場戦略の決め手としてランチェスター戦略を一倉流に取りあげ、数多くの実践展開例で分かりやすく説く。

【新装版 第九巻】新・社長の姿勢

本文四一〇頁　定価一四、三〇〇円（〒六〇〇）

顧客第一主義と環境整備の視点から経営にあたる基本的な心構えを信念をもって説く。

一倉経営哲学の書。

【新装版 第十巻】経営の思いがけないコツ

本文六一六頁　定価一四、三〇〇円（〒六〇〇）

多くの社長が陥りやすい経営の盲点をつき、経営革新の具体策を明快に説く。これまでの一倉社長学を集大成した遺作。

「一倉社長学」の要諦一〇四項

一倉定の経営心得

★ユニクロ会長兼社長
柳井正氏お薦め！

本文二四〇頁　定価三、六三〇円（〒六〇〇）

軽くて便利な新書サイズ

社長に最も重要な「事業の成否を決定づける根本の考え方と手の打ち方」を明快に示唆。その温かくも厳しい教えは、魂を激しくゆさぶる、まさに、社長待望の「経営のバイブル」。社長だけを対象に35年間、五〇〇〇社以上を指導した当代随一の経営コンサルタントの六〇〇〇を超える経営至言の中から、一〇四項目を厳選し、簡潔かつ明快な解説を併せて収録。

経営計画実例第三集

B5判　定価五八、七四〇円（〒六〇〇）

【別巻四】25社の経営計画。二期連続事例も二社収録。計画のマンネリ化を防ぐための多様な方針表現が特に大好評。（オンデマンド）

経営計画書モデル書式集

A4判　定価一二、八一五円（〒六〇〇）

【別巻五】一倉式の経営計画モデル書式集。そのまま直接記入できる27種のモデル書式を各二〜三部ずつバインダー製本。（オンデマンド）

（オンデマンド）表示の書籍は簡易出版でのお届けになります。詳しくは「簡易出版サービス」をご覧ください。

井上和弘シリーズ

井上和弘氏 *Inoue Kazuhiro*

「儲かる会社づくり」の指導歴50年、オーナー企業の経営に熟知した実力コンサルタント。
これまで300余社を直接指導、一社も潰さず、赤字会社を儲かる会社によみがえらせ、一部上場はじめ株式公開させた企業も十数社にのぼる。
また、弊会主催「後継社長塾」の塾長を30年間つとめ、今までに500人以上の後継者育成にもたずさわる。

井上和弘著
承継と相続おカネの実務
本文三九二頁　定価一四、八五〇円（〒六〇〇）

大金が動く〈承継と相続〉のおカネの実務は、生前対策の良し悪しで成否が100％決まる。会社法・税法の専門家と知恵を結集し、著者だけが提案できる《究極のおカネの実務》を本書で初公開！

井上和弘著
会社を上手に任せる法
本文四六八頁　定価一〇、七八〇円（〒六〇〇）

オーナー社長の本音と不安を知り抜いた著者が「成功する事業承継のやり方」を多くの実例をあげながら具体実務として説く。後継者の選び方、鍛え方、株式の有利な譲り方など、譲る側の立場から深く踏み込んだ書。

井上和弘著
後継者の鉄則
本文五四八頁　定価一〇、七八〇円（〒六〇〇）

今までに400人以上の後継者を直接指導し、優れた後継社長を輩出した著者が、「後継者必須の経営実務」「後継者としての人心掌握」「再成長の鉄則」など、多くの事例とともに後継者育成の全ノウハウをまとめた書。

井上和弘著
社員1人当たりの利益を最大に儲かる組織に作り変える
本文三九〇頁　定価一〇、七八〇円（〒六〇〇）

「社員1人当たりの経常利益400万」「総人件費イコール経常利益」の高収益組織をいかにつくるか。4つの事業形態別（労働集約型／設備集約型／設備・労働集約型／知的集約型）に多くの事例をあげて解説する書。

井上和弘著
儲かるようにすべてを変える
本文四八八頁　定価一〇、七八〇円（〒六〇〇）

利益を急回復させる「たたむ・削る・変える」新たな儲けを「仕掛ける・仕組む・つづける」この変革期に緊急の6大対応策を明示。必ず儲かる会社作りにコンサルタント人生を賭けてきた実践派が明快に説くロングセラー。

井上和弘著
稼ぐ商品・サービスづくり
本文四九〇頁　定価一〇、七八〇円（〒六〇〇）

経営者絶賛の「儲かるようにすべてを変える」の各論実践編。「安く売っても儲かる仕組み」「価格抵抗力のつけ方」「高くても売れる魅力づくり」「ブランド訴求力のつけ方」等、売れない時代の商品力強化の核心をつく書。

不屈の経営者魂

近藤宣之氏 *Nobuyuki Kondo*
倒産寸前だった日本レーザーの再建を託され社長に就任。雇用の確保と社員の成長・活躍支援を経営の最重要課題として掲げ、独自の幸福経営モデルへと改革。26年間連続黒字、実質無借金、離職率ほぼゼロのホワイト企業を作り上げた。

山地章夫氏 *Yamachi Akio*
1社数千万円～数億円の新会社を次々に設立する「連邦・多角化経営」を実践。本手法で50社超の会社を次々と作り上げる。本手グループ総売上160億円企業の代表。

越智直正氏 *Ochi Naomasa*
15才で靴下問屋に丁稚入りし、28才で独立。メイドインジャパンにこだわった品質の高さと独自の生産流通システムで、タビオを世界の一大ブランドに育て上げる。

高江常男氏 *Takae Tsuneo*
10歳で右目を失い、17歳で両腕を切断、重度の障害者となるも、北海道一のクリーニング業を築いた炎の経営者。

井上和弘著

カネ回りのよい経営

本文四五一頁　定価一〇、七八〇円（〒六〇〇）

本格的なデフレ到来、社長はいちはやく減収でも増益できる〈フロー経営〉に切り替えよ。はやくから〈小さな元手で最大利益をあげる〉高回転経営を提唱してきた著者が、デフレ下でカネが回り、儲かる仕組みを説く。

近藤宣之著

中小企業の新・幸福経営

第1回「日本でいちばん大切にしたい会社」大賞受賞！

倒産寸前の会社を再建し「70歳まで生涯雇用」「女性管理職3割」「年功型から同一労働同一賃金、実力主義型への移行」などをいち早く実現しながら、26年連続黒字、実質無借金、10年以上離職率ほぼゼロの超ホワイト企業へと育て上げた著者が、《老いも若きも、男も女も、正社員も非正規も、イキイキ働きどんどん稼ぐ》中小企業の進化した経営モデルを明示。

本文四〇〇頁　定価一〇、七八〇円（〒六〇〇）

山地章夫著

連邦・多角化経営

本文四一六頁　定価一四、八五〇円（〒六〇〇）

現役社長の著者が、人生もビジネスも楽しむためにたどりついた「5億、10億、30億…と売上を積み増し継続的に成長する」――低成長時代の最強の経営法を公開！自らの経験から導き出した多角化経営のノウハウを提示。

越智直正著

男一匹、負けたらあかん

本文三七八頁　定価一〇、七八〇円（〒六〇〇）

「靴下の神様」の異名をもつ経営者・越智直正氏の波瀾万丈の生き様を通して、中国古典から学んだ《商いの原点》《経営者としての生き方》を浮きぼりにする、涙あり笑いあり、創業者魂を次代へ伝える異色の経営書。

高江常男著

執念の経営

本文四二六頁　定価一〇、七八〇円（〒六〇〇）

片目失明、両腕切断を乗り越えて百億円企業を築いた、炎の経営者・高江常男の力の根源とは何か――。本書は、高江氏が自ら語った壮絶な半生記を通して、経営理念の真髄と社長業の本質を浮き彫りにする、異色の書。

佐藤式経営シリーズ

佐藤誠一氏 *Sato Seiichi*

「社長の仕事は事業の将来を的確に読むこと」と断じ、常に十年先まで繁栄できる独自の長期計画を創案。一九四七年、スター精密 初代社長より経営のすべてを任され、弱冠二〇歳で創業、自ら企図した長期計画を信じ、執念をもって実行しつづけ、東証一部上場企業を築き上げる。

佐藤 肇氏 *Sato Hajime*

東証一部の高収益メーカー（無借金・自己資本比率80%）スター精密の現役会長。父直伝の《佐藤式経営》を武器に超優良企業に育てる。社長業の激務の傍ら、社長対象の勉強会を主宰。実践的かつ親身な指導で高収益会社を多数輩出している。

佐藤誠一 著

《新装版》野望と先見の社長学

本文四六六頁　定価一〇、七八〇円（〒六〇〇）

いくたびの経営危機や不況を乗り越えスター精密を小さな町工場から東証一部企業に育てあげた（故）佐藤誠一氏の名著を、新装版として復刻。「どんな経営環境になってもビクともしない会社にしたい」「徹底的におカネが残る経営で会社と社員を守りたい」――社長としての〝真の野望〟実現のために徹するべき「最悪期への備えを欠かさず、売上が伸びなくてもおカネが回り儲かる仕組み」の全貌を分かりやすく解説した経営者必読の書。

佐藤 肇 著

社員の給料は上げるが総人件費は増やさない経営

本文四四四頁　定価一〇、七八〇円（〒六〇〇）

どんな経営環境でも社員の給料を計画的に上げ続け、同時に高収益を叩き出す「佐藤式人件費コントロール」を公開。「人件費の変動費化」「社員数の適正化」など、12ステップのヒナ型実習で解説した注目の書。

佐藤 肇 著

佐藤式 先読み経営

本文四四八頁　定価一六、五〇〇円（〒六〇〇）

無借金・高収益の世界的メーカーを率いる著者が、不況にビクともせず確実に繁栄する《先読み経営》の全貌を初公開。資金繰りを楽にし、5年で無借金になる具体策を説く注目の書。
※12の先読み経営実践シート収録

佐藤 肇 著

社長が絶対に守るべき経営の定石

本文四一六頁　定価一〇、七八〇円（〒六〇〇）

リーマンショックの影響で売上7割減、85億円の大赤字に直面するも、人員削減、給与カット一切なしに、翌年V字回復…会社と社員を守り抜く鉄人社長が創業者の父から受け継ぎ徹してきた50の打ち手を集約した《経営虎の巻》。

佐藤 肇 著

社長としての人件費計画の立て方

本文三二〇頁　定価一六、五〇〇円（〒六〇〇）

「人件費の革新」を迫る経営環境の大変化に社長として、総人件費をどのように捉えるべきか。給料は上げるが、人件費総額は下げる独自のノウハウを「社長が立てる人件費計画」としてまとめた画期的な実務マニュアル。**（オンデマンド）**

（オンデマンド）表示の書籍は簡易出版でのお届けになります。詳しくは「簡易出版サービス」をご覧ください。

社長の数字

児玉尚彦氏 *Takahiko Kodama*
企業の税務会計顧問の他、経理業務の効率化、財務体質の改善、経理社員の育成などを中心に携わってきた実践派。その常識にとらわれない卓越した指導で、社長から高い評価を得ている。

古山喜章氏 *Furuyama Yoshiaki*
師匠の井上和弘氏からじかに井上式財務を学び、会社に残るおカネを最大化し体質を強化する財務改善などで抜群の実績を上げる。現在、アイ・シー・オーコンサルティング社長。

海生裕明氏 *Kaio Hiroaki*
会社と社長個人のバランスシートを合算する連結バランスシート経営を提唱する異色の公認会計士。中小企業の再生支援、資金調達のアドバイスを行う。

大竹愼一氏 *Ohtake shinichi*
欧米で活躍するファンドマネージャー。とくに経済予測の的確さに定評がある。自ら企業を訪ね調査する徹底した現場主義と、世界を股にかけた独自の情報網に強味。

児玉尚彦 著
月次決算は5日間で出せる！スタータ―キット【社長特命プロジェクト】
定価一二、一〇〇円（〒六〇〇）

社長の「月次決算をザックリでいいから毎月5日には見たい」を実現する最強のツール。書籍、音声CD、専用シートなどを使い、月次決算を早期化しながら経営スピードを上げる対策を今すぐ役立つ58項目でわかりやすく解説。

古山喜章著
社長の決算書の見方・読み方・磨き方
本文五三六頁　定価一五、九五〇円（〒六〇〇）

数字が苦手な人でも、ひと目でわかる決算書の作り方、見方、改善のやり方を指南。これ以上ないわかりやすさで最新ノウハウを提示。社長の財務力を劇的に高める書として注目！
カラーの図表66点・巻末折込資料11点

海生裕明著
連結バランスシート経営で会社を強くする
本文四二八頁　定価一〇、七八〇円（〒六〇〇）

中小企業の社長にとって一番重要な極秘情報とは、会社と社長個人のバランスシートを合算した「連結バランスシート」。社長個人を守り、会社をより強くするための「連結バランスシート」の作り方と活用法を提示する書。**（皮革版）**

大竹愼一著
おカネの法則 恐慌篇
本文四二八頁　定価一〇、七八〇円（〒六〇〇）

長期予測の的確さで定評のある著者が、次に来る大恐慌から〈会社〉と〈個人〉のおカネを守る法を緊急提言。恐慌時にどういうことが起こり得るか、その全貌と最悪シナリオに備える具体策をわかりやすく提示。**（オンデマンド）**

大竹愼一著
おカネの法則 デフレ篇
本文三九六頁　定価一〇、七八〇円（〒六〇〇）

世界で活躍するラツ腕ファンドマネージャーが、20年デフレを踏まえて【会社】と【個人】のカネづくりについて提言。「会社のおカネ6の法則」「個人資産11の法則」等、デフレ時に経営者が《取るべき行動》を説き明かす。

大竹愼一著
〈勝つ企業〉の条件
本文三四二頁　定価一〇、七八〇円（〒六〇〇）

すべての業界で、新・旧の入れ替え戦が始まっている。極端に「儲かる会社」と「ダメになる会社」の二極化が進む中、企業が勝ち残るための8つの条件を明快に提示。今後、継続的に儲かる経営のやり方を提言。

（オンデマンド）表示の書籍は簡易出版でのお届けになります。詳しくは「簡易出版サービス」をご覧ください。
（皮革版）表示の書籍は皮革装丁版がございます。詳しくは「皮革装丁携帯版シリーズ」をご覧ください。

人を育てる

酒井英之氏 *Sakai Hideyuki*
「経営課題の解決」と「次世代経営チーム育成」を同時に達成する仕組みを開発。先代が超えられなかった壁を打ち破り、最高益を達成する次世代経営チームを多数輩出。V字経営研究所 代表。

今村暁氏 *Imamura Satoru*
（一財）日本そうじ協会の理事長として、毎年、掃除大賞を開催。独自の「掃除道」と「習慣教育」のノウハウを、企業の環境整備活動を通じて社員教育に応用し、めざましい実績を残している。

東川鷹年氏 *Higashikawa Takatoshi*
画期的な人材育成システム〈自創経営〉を完成させた、日本で最も人事に精通する。その人柄と実力で絶大な信頼を得ている。

東川広伸氏 *Higashikawa Hironobu*
社員がイキイキと働き、目標を達成する仕組み《自創経営》を全国の中小企業に指導。わかりやすい指導にファンが多い。

酒井英之著
チームV字経営
本文四三六頁　定価一四、八五〇円（〒六〇〇）

社長が事業を後継者にバトンタッチするまでの間に、後継者を中心とする若手社員数名でチームを組み、チーム全員で会社が抱える経営課題を短期間に解決して足元を固め、そのうえで将来の繁栄の土台を築いていく実践プログラム。

今村 暁著
人が育って儲かる環境整備
本文三五二頁　定価一六、五〇〇円（〒六〇〇）

飲食・サービス・建設・メーカー・病院・金融機関・IT企業…導入100社以上の業績が急伸した、注目の〈掃除から始める今村式環境整備のやり方〉を初公開。「なんだ、掃除か」と侮れない、驚くべき5大効果を解き明かす。**（皮革版）**

東川鷹年著
社員がワクワクして仕事をする仕組み
本文四七〇頁　定価一六、五〇〇円（〒六〇〇）

社員53人の中小企業を社員1200名、大証一部上場の優良企業に成長させた立役者が、《社員がイキイキと仕事に取り組み、会社の目標達成に向けチャレンジするヒトの仕組み》を、初めて体系的に公開した注目の書。

東川鷹年著
社長が判断すべき重要人事
本文四七四頁　定価一三、二〇〇円（〒六〇〇）

社長にしか判断できない〈幹部・役員人事の決め方〉と〈幹部の育て方〉を様々な事例をあげながら、正しい判断基準を提示する書。さらに重要人事をスムーズにおこなうための〈採用・教育・昇格・昇進のやり方〉のノウハウも解説。**（皮革版のみ）**

東川広伸著
人生も仕事も愉しくできる人に成長しよう
本文二七〇頁　定価二、二〇〇円（〒六〇〇）

本書は社員がワクワクして仕事をする仕組みの〈自創式チャレンジシステム〉を初めて、社員向けに説いた待望の書。延べ数万人の人が仕事で使い、その成果が実証済みの〈ランクUPノート〉の活用法をわかりやすく解説。

東川広伸著
幹部の育て方スターターキット
定価一二、一〇〇円（〒六〇〇）

幹部育成に取り組む社長のために、ノウハウの要点を丁寧に解説。幹部の条件、人財育成を成功させる鉄則、中長期計画と連動した幹部育成計画づくりまでこの一冊でわかる。
CD（約五五分）、テキスト（二八ページ）、実習シート五枚

（皮革版）表示の書籍は皮革装丁版がございます。詳しくは「皮革装丁携帯版シリーズ」をご覧ください。

児玉光雄氏 *Kodama Mitsuo*

トッププロアスリートや経営者から指導依頼が殺到するメンタルトレーニングの第一人者。「右脳開発のカリスマ」と絶賛。

営業力強化

福永雅文氏 *Fukunaga Masafumi*

小が大に勝つ「弱者逆転」を使命とし、我が国の競争戦略のバイブルといわれるランチェスター戦略を伝道。NPOランチェスター協会常務理事・研修部長

田中道信氏 *Tanaka Michinobu*

リコー創業者・市村清氏のもとで最強の販売軍団を育てた立役者。「販売」を知り尽くしたコンサルタントとして活躍。

鳥居勝幸氏 *Torii Katsuyuki*

営業力強化のカリスマコンサルタント。大手企業から中小企業まで、250社延べ5万人を指導。氏が10年以上指導した会社は、のきなみ売上3倍増、売上倍増に貢献している。サイコム・ブレインズ会長。

児玉光雄著

天才社員の育て方

本文四一六頁　定価一六、五〇〇円（〒六〇〇）

スポーツ心理学の第一人者が、20年以上の研究を経て開発した独自の「右脳開発メソッド」を企業の人材育成に応用した注目の書。社長はじめ幹部社員の能力を格段に高める画期的手法をわかりやすく解説。

福永雅文著

小が大に勝つ逆転経営

【実録】弱者19社を業績向上させた、社長のためのランチェスター戦略

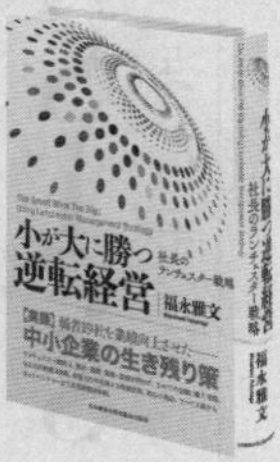

ITベンチャー、小売、メーカー、住宅、印刷、ネット通販、商社、保育園、保険代理店…著者が実際に手掛けた弱者19社の成功事例をあげて、小が大に勝つためにランチェスター戦略をどのように使うのかをわかりやすく解説。市場が縮小し、競争が激化する中でも、自らの会社を生き残らせるための「勝つための原理原則」を説いた社長必読の書。

本文四九六頁　定価一四、八五〇円（〒六〇〇）

田中道信著

社長がやるトップセールスの極意

本文四二〇頁　定価一〇、七八〇円（〒六〇〇）

かつてリコー創業者・市村清氏のもとでリコーの販売軍団を育て上げた著者が、この不況下で業績を短期的に回復させるための《社長のトップセールスのやり方》を具体実例をあげながら、わかりやすく明示する実務書。

鳥居勝幸著

社長が意図した売上計画を完全達成する6つのツボ

本文四三八頁　定価一六、五〇〇円（〒六〇〇）

社長が狙う困難な売上目標を百%達成させるための六つのツボとは…現有戦力だけで成果を最大化させる営業ノウハウ「HPC営業革新」を、特に社長と営業責任者のために初公開した実践指南書。（オンデマンド）

鳥居勝幸著

営業大全

【1巻マネジメント篇】【2巻新規開拓篇】【3巻既存顧客篇】

定価一六、五〇〇円（〒六〇〇）

これまで250社5万人を指導し、中堅・中小企業の売上倍増に貢献してきた著者が、多くの事例をあげて、経営者から営業パーソンまですぐに実践できて成果が上がる営業の強化策を提示。

（オンデマンド）表示の書籍は簡易出版でのお届けになります。詳しくは「簡易出版サービス」をご覧ください。

マーケティング

梅澤 伸嘉氏 *Umezawa Nobuyoshi*
30年以上の超ロングセラーを世界一多く生み出した商品開発のカリスマ。手がけた商品の多くがいまもトップシェアで売れ続ける。成功体験を体系化した独自の商品開発法を指導。

佐藤義典氏 *Sato Yoshinori*
業績を飛躍的に伸ばすマーケティングと競争戦略の達人。指導した企業を《戦略ＢＡＳｉＣＳ》を用いて高収益に導いている。

山田太郎氏 *Yamada Taro*
製造業専門コンサルティング会社ネクステック社を創業、3年半で東証マザーズ上場。中国アジア各国に積極展開し、日本企業の海外進出支援を行なう。

上妻英夫氏 *Kozuma Hideo*
第一線の経営情報提言家。マスコミの表面には決して出ない貴重なナマ情報に精通する社長の「知恵袋」的存在。

梅澤伸嘉・西野博道著　監修　橋本陽輔

2年で10億を突破！5年で100億円を超える！

一〇〇億マニュアル

【特典】売上が事前に予測できるシミュレーションソフト他16点

伝説のマーケッターの2人だけが知っていた《5年で売上100億円を超えるノウハウ》を初公開！これまで、ごく一部の一流外資系企業により長らく秘匿され、中小企業では知りえなかった画期的なマーケティング手法を中小企業で実践できるレベルまで内容を噛みくだき、難しい部分はマンガ化するなど、明日から実際に使える実践マニュアルの【永久保存版】

本文四八八頁　定価二一、四五〇円（〒六〇〇）

梅澤伸嘉 著

30年売れて儲かるロングセラーを意図してつくる仕組み

本文五一八頁　定価二〇、六八〇円（〒六〇〇）

世界一長寿商品を生み出したカリスマが、中小企業が確実にロングセラー商品をつくる画期的メソッドを公開。「消費者の深層心理から強いニーズを発掘し、大ヒットする新市場を生み出す」世界初の手法を解説した書。（皮革版のみ）

佐藤義典 著

戦略ＢＡＳｉＣＳ

本文五〇六頁　定価一六、五〇〇円（〒六〇〇）

指導先会社の業績を飛躍的に伸ばす「マーケティングと競争戦略の達人」が、実戦体験から編み出した5つの経営手法《戦略ＢＡＳｉＣＳ》を豊富な実例と、7枚の「実戦シート」で徹底解説した、経営者必読の書。（皮革版）

山田太郎著

アジアで儲けるには経営の発想を変えよ

本文四一六頁　定価一〇、七八〇円（〒六〇〇）

巨大市場となった東南アジアで、どこが商売がやりやすいか…アジアで儲けるための人間関係・カネ・交渉術など、経営の重要ポイントを多くの事例で説く。中小企業が小資金でアジアで稼ぐための待望の指南書。（皮革版）

上妻　英夫
リピート倍増研究会　編　【写真・図表五三〇点】

リピート倍増実例集

本文九六〇頁　定価三三、〇〇〇円（〒六〇〇）

新規客をどう確実にリピート客に変えていくか。メーカー、加工、小売、サービス…最新105社の成功実例を厳選収録。リピート倍増と売上増大の具体ノウハウ、ヒント、アイデアを満載した社長必読の実用資料集。

（皮革版）表示の書籍は皮革装丁版がございます。詳しくは「皮革装丁携帯版シリーズ」をご覧ください。

高島健一氏 *Takashima Kenichi*

日本屈指の、社長専門の新事業アドバイザー。次の成長事業やヒット商品を、誰よりも早く探し出すことで定評。

古田隆彦氏 *Furuta Takahiko*

人口変動に対応する成長戦略の第一人者。人口減少局面に必ず花開く新市場新事業を提示。現代社会研究所所長。

酒井光雄シリーズ

酒井光雄氏 *Sakai Mitsuo*

価値の低いものはいつの時代にも必ず価格競争に巻き込まれ、淘汰されていくとして、一貫して企業と商品の「価値づくり」を情熱的に指導する、注目のコンサルタント。

高島健一著
新しい儲け方のヒント
本文二六四頁　定価一二、〇〇〇円（〒六〇〇）

日本屈指の社長専門の新事業アドバイザーが、《新しい商売の儲け方》について、大胆に提言した注目の書。既存商売の5大障壁を突破する「ネット活用7つの新視点」と段違いの成長を実現する数々のヒントを提示。

古田隆彦著
人口減少逆転ビジネス
本文四六四頁　定価二三、〇〇〇円（〒六〇〇）

ついに始まった人口減少に社長としてどう対応していくか…減るから増える…15の新市場とビジネスチャンス、まだ気づかれていない12の新たな発展戦略を、直感的につかみとるビジュアル併用で明示。社長の儲けの発想書。

酒井光雄著
価値づくり進化経営
本文四九二頁　定価一六、五〇〇円（〒六〇〇）

利益を生む《11の進化策》を組み合わせ、既存の儲け方を飛躍的に進化させよ。「課金方法」「製品の用途」「顧客」「市場」…など、自社の旧態依然とした11の領域を進化させ、事業価値を飛躍的に高める法を明示した注目の書。

酒井光雄著
価格の決定権を持つ経営
本文四三二頁　定価一六、五〇〇円（〒六〇〇）

値決めの主導権をにぎり「適正な利益」をあげ続ける「23の事業戦略」を提示。「顧客が飛びつく価値づくり」「注文が繰り返す仕組み」…ブランド戦略の第一人者が、実践ノウハウを初めて公開した書。

酒井光雄著
中小企業が強いブランド力を持つ経営
本文四四八頁　定価一六、五〇〇円（〒六〇〇）

ブランド戦略の第一人者が、小さな企業でも強いブランド力を発揮できる「こだわり価値のつけ方」「感動・感激の売り方」など、自社商品・サービスを第一級のブランドへ高める〈20の戦略実務〉を初めて公開。**（皮革版）**

酒井光雄著
ストーリービジョンが経営を変える
本文三二〇頁　定価一六、五〇〇円（〒六〇〇）

世に名だたる企業や名経営者が、密かに活用してきた〈ストーリービジョン経営〉の全貌とは。ブランド戦略の第一人者が、従来の日本の経営スタイルを根底からくつがえす、画期的な経営手法を明快に提示する書。

（皮革版）表示の書籍は皮革装丁版がございます。詳しくは「皮革装丁携帯版シリーズ」をご覧ください。

モノづくり

飴 久晴氏 *Ame Hisaharu*
東証一部 コーセル創業者。一代で経常利益2割をあげつづける驚異の高収益会社を築く。外部環境の激変に即応する「ロバスト経営」を推進、名経営者として名高い。

柿内幸夫氏 *Kakiuchi Yukio*
高収益工場へ改革する改善コンサルタント。さまざまな中小メーカーの工場に深く入り込み、現場の人たちと一緒に悩み考えながら、改善を進める実践指導に絶大な信頼をよせられる。

西田順生氏 *Nishida Junsei*
粗利2倍は当たり前、利益を飛躍的に伸ばす収益改善コンサルタント。原価と値決めにメスを入れる「収益改善プログラム」で高収益企業を続出させている。

本郷孔洋氏 *Hongo Yoshihiro*
300人のスタッフを率い成長事業や注目市場の研究会を主宰、増益に直結した経営を指導する異色の公認会計士。

飴 久晴著
ロバスト経営
*ロバスト…外部環境の変化に即応する力・仕組み
本文三七六頁 定価一〇、七八〇円 (〒六〇〇)

電源スイッチメーカーのコーセル(東証一部)の創業者として一代で経常利益2割の高収益企業を築いた著者が、40数年の実戦体験から編み出した、外部環境の変化に対応し利益を上げ続ける〈ロバスト経営〉を初公開。

柿内幸夫著 新書サイズ
儲かるメーカー 改善の急所
本文二五六頁 定価一、九八〇円 (〒六〇〇)

メーカー指導35年の柿内幸夫氏が、改善ノウハウを1冊に集約。初心者からベテランまで学べるように、基本改善から、経営全般に関わる上級レベルの改善まで、難易度別に「ここがポイント」という急所をズバリ解説。

御沓佳美・柿内幸夫[共著]
最強のモノづくり
本文四五二頁 定価一六、五〇〇円 (〒六〇〇)

中国・アジアより良いものを安く速く造る!メーカー再生の名人が、世界と戦えるモノづくり〈多品種少量で利益を最大化する一気通貫法〉の全貌を、生産レベルを7段階に分けて、豊富な実例でわかりやすく解説。

柿内幸夫著 3社導入事例 DVD付
〈KZ法〉工場改善
本文三〇四頁 DVD付(約2時間) 定価三三、〇〇〇円

全社にヤル気を湧き起こし、最大の経営成果をあげる画期的な全社的改善《KZ法》の全貌を、映像資料とともにわかりやすく解説。これまで40社に導入、すべての会社で高い成果を挙げた改善ノウハウを提示。

西田順生 著
値決め経営
本文四一〇頁 定価一六、五〇〇円 (〒六〇〇)

儲けの9割は値決めで決まる! 粗利2倍は当たり前、利益を飛躍的に伸ばす収益改善コンサルタントの著者が〝原価と値決め〟にメスを入れ、本当に儲かっている1割の会社の値決めのノウハウを初公開。 (皮革版)

本郷孔洋著
営業利益2割の経営
本文四一八頁 定価一〇、七八〇円 (〒六〇〇)

旧来の業界常識を捨て、全ての業種で営業利益2割をあげる新たな成長モデルを提唱。小売・飲食・卸売業・加工業・不動産斡旋・広告業等の具体実例を挙げ、中小企業経営者のための増益策を明示した異色コンサルタント渾身の書。

(皮革版) 表示の書籍は皮革装丁版がございます。詳しくは「皮革装丁携帯版シリーズ」をご覧ください。

専門家の提言

福岡雄吉郎氏 *Fukuoka Yukichirou*
1000社以上の税務対策、資金繰り対策、高額退職金支給、株式承継などに携わり、若手ながらオーナー社長から高く評価されている。公認会計士。

鳥飼重和氏 *Torikai Shigekazu*
「企業が選ぶ弁護士ランキング」税務部門1位。3年間で、35事件中25件を勝訴。輝かしい実績をもつ。経営と法務を統合した戦略提案を指導。

西川盛朗氏 *Nishikawa Morio*
百年以上成長を続ける同族企業ジョンソン社の日本法人社長を経て、同族企業の持続的発展を支援するファミリービジネスコンサルタントとして活躍。

渡辺英幸氏 *Watanabe Eikou*
中小企業オーナー経営者の「知恵袋」として多くの優良企業を育てた名参謀。「共創と協働の収益モデル」を提唱。

清水龍瑩氏 *Shimizu Ryuei*
わが国の経営学における実証研究の第一人者。4万社の実態を調べ、社長に直接会い、企業の成長要因を体系化。

福岡雄吉郎 著
会社と社長の双方にお金を残す法
社長の賢い節税
〈社長必読〉対策しないと大損します。

法人税、所得税、贈与税、相続税…社長が賢い節税対策をとらずして、会社と社長の双方にお金を残すことはできない。本書は、著者が直接指導し大幅な節税に成功した35社の実例をあげながら、社長にしか判断できない、会社と社長双方にお金を残す具体的な方法を提示。専門用語は一切使わず、数字の苦手な人もスラスラと読める、目からウロコが落ちる実務書。

本文五二八頁　定価一四、八五〇円（〒六〇〇）

鳥飼重和著
慌てない・もめない・負けない経営
本文三五四頁　定価一四、八五〇円（〒六〇〇）

さまざまな経営トラブルから、会社と社長個人を守るために必要な「事前対応」と「事後対応」の実務を解説。読みすすめるうちに、自然と社長としての危機対応力が磨かれる。安全・安心の経営を実現するための社長必携の書。

西川盛朗著
長く繁栄する同族企業の条件
本文三八〇頁　定価一〇、七八〇円（〒六〇〇）

アメリカで百年以上繁栄を続ける同族企業ジョンソン社の日本法人社長を長く務めた著者が、同族企業の「脆さ」と「強さ」を踏まえて持続的に成長する仕組みを、日米欧20社以上の事例をあげて、明快に提示する書。**（皮革版）**

渡辺英幸著
ひと中心の経営へ
本文五七四頁　定価一〇、七八〇円（〒六〇〇）

成果主義は日本の経営になじまない。社員の働く喜びを増幅させ業績を伸ばす、ひと中心の「役割経営の仕組み」「仕入先・協力業者との共創」など、これからの中小オーナー経営者に重要な緊急課題を具体的に提示。**（皮革版）**

清水龍瑩著
社長業の鉄則
本文四三四頁　定価一〇、七八〇円（〒六〇〇）

若い頃に貧乏したり、落ちこぼれだった人の方が社長として大成するのはなぜか。実証研究の第一人者が4万社の成長実態と社長の言動を調べ、従来の経営学の常識を覆す「44の経営鉄則」に集約。**（オンデマンド）**

（オンデマンド）表示の書籍は簡易出版でのお届けになります。詳しくは「簡易出版サービス」をご覧ください。
（皮革版）表示の書籍は皮革装丁版がございます。詳しくは「皮革装丁携帯版シリーズ」をご覧ください。

賃金実務シリーズ

弥富拓海氏 *Yatomi Takumi*

創設者の故・弥富賢之氏の後を継いで、現在、同研究所所長。各企業の風土に合わせた懇切丁寧な指導に定評があり、講演会で人気を博している。

賃金管理研究所

わが国を代表する賃金コンサルタント機関。専門コンサルタントとして業績を伸ばす賃金制度の決定と運用について徹底した個別指導を行っている。

松本順市氏 *Matsumoto junichi*

15年間で1209社の企業の人事制度づくりを支援したダントツ日本一の指導実績を誇る人事コンサルタント。

弥富拓海／大槻幸雄著

社長・重役報酬の正しい決め方

本文三五六頁　定価一六、五〇〇円（〒六〇〇）

先行き不透明な時代における、社長・専務・常務・監査役等の報酬・賞与・退職慰労金その他の上手な決め方を明解に示す日本唯一の書。2011年度実態調査による〈役員報酬の最新動向〉全資料を巻末に折込添付。

賃金管理研究所編

給料の革新

本文五四四頁　定価一〇、七八〇円（〒六〇〇）

「給料と肩書き」を根本から見直すための書。給料が毎年自動的に膨らんでいく仕組みを根底からどう改めるか。競争原理の導入、責任等級制など、給料決定の新たな基準を提唱し大反響の書。

（オンデマンド）

賃金管理研究所編

処遇の革新

本文五二六頁　定価一〇、七八〇円（〒六〇〇）

「活力を生む処遇」を根本から変える…同年齢で3倍の差がつく新給料体系、貢献度賞与、執行役員制の活用、管理職の仕事力の評価、処遇肩書きの廃止、新たな年俸制など、各社に急務の処遇革新策を提言する書。**（オンデマンド）**

賃金管理研究所編

賃金制度の作り方 スターターキット

定価一二、一〇〇円（〒六〇〇）

当キットは、我社の確かな賃金制度を作る、見直す社長のために、ポイントとなる考え方と実務を、書籍・音声CD・作成フォーマットなどの教材を使ってわかりやすく解説。**【テキスト、CD、フォーマット、無料相談券付き】**

松本順市著

社員が成長し業績が向上する人事制度

年商3億の5K職場が年商175億円となった原動力！

「社員の定着」→「社員の成長」→「業績向上」→「賃金の上昇」という、経営の好循環を生み出す人事制度のつくり方をわかりやすく解説。経営者の人事の悩みを100%解消し、社員の不満を限りなくゼロにする—導入会社が「離職率がほぼゼロに」「売上が5倍に」「全社員が互いに助け合って成長した」「賞与10か月出せた」と絶賛！

本文四四八頁　定価一四、八五〇円（〒六〇〇）

（オンデマンド）表示の書籍は簡易出版でのお届けになります。詳しくは「簡易出版サービス」をご覧ください。

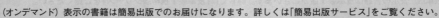

牟田學シリーズ

牟田　學 *Muta Gaku*

大学在学中より事業を興し、その経営手腕を見込まれ、倒産寸前の会社を任され、次々再建。自ら創業した5社の社長・会長・社主を兼務し、40年に及ぶ経営実務体験と骨太の経営思想をもとに経営指導を行なう。日本経営合理化協会会長。

日本経営合理化協会

昭和40年に設立以来、新規創造企業と中小企業セクターを主な会員とし、経営指導、経済動向等の変化へ対応する各種研究会、海外進出や事業提携の仲介、新しい商材の発掘、DVDやCD、経営者向け書籍、海外視察研修など様々な支援を提供。

牟田　學著

オーナー社長業

本文四三六頁　定価一〇、七八〇円（〒六〇〇）

オーナー社長だからできる、これからの時代対応のあり方、最重点戦略のたて方、必要資金の大きなとらえ方…。オーナー自身の人生計画、資産、家庭、死生観など、根本的な身の処し方と社長業の急所を明示。**（皮革版）**

牟田　學著

社長の売上戦略

本文五〇八頁　定価一〇、七八〇円（〒六〇〇）

社長のための売上増大戦略、売上を一気に伸ばす投網戦略、短期増客の具体策と最新手法…。数多くの成功事例を網羅して一冊に体系化、儲かる会社をつくる最強の売上戦略と手の打ち方を明快に説き明かす。**（皮革版）**

牟田學監修　熊谷聖一・作間信司・武井則夫・牟田太陽

事業発展計画書の作り方

本文 上巻四一六頁 下巻三九〇頁

定価三一、一八五円（〒六〇〇）

事業発展計画書こそ社長が幾代もの繁栄を築く魔法の書。増客・新事業・新商品・新市場の確保・売上利益の向上・銀行との太いパイプ・資産財産の形成…社長はどのように「計画書」を書き、全社員に指示するか明示。

牟田　學編

事業発展計画書実例集

メーカー、飲食、商社、卸、建設、サービス…様々な業種・規模の14社の実例を収録

優良企業14社の「社外秘」資料を特別公開

社長が自分の事業を繁栄発展させたいと強く願うなら「事業発展計画書」を作り、発表し、社員と一緒になって実現を目指すこと。本書に収録した14社の計画書は、指導先の中でも特に優秀なものを掲載。どれも社長の事業の繁栄を願う強い想いが込められている。計画書作成の模範となる他に類のない実例集。

本文一、一〇六頁　定価九〇、二〇〇円（〒六〇〇）

日本経営合理化協会編

事業発展計画書の作り方スターターキット

定価一二、一〇〇円（〒六〇〇）

戦略・戦術を社員の隅々まで浸透させる最強の武器「事業発展計画書」を、はじめて作る社長のために、ポイントとなる考え方と実務を、書籍・音声CD・作成フォーマットなどの教材を使ってわかりやすく解説している。

（皮革版）表示の書籍は皮革装丁版がございます。詳しくは「皮革装丁携帯版シリーズ」をご覧ください。

尾身幸次氏 *Omi Koji*

天風会最高顧問。元財務大臣。結核に倒れ苦しむ中、天風師の講演を聴き衝撃を受ける。教えに則り病を克服。自らの運命を切り拓く。

無能唱元シリーズ

無能唱元氏 *Munou Shougen*

多くの人々の心を自分の方へひきつけ、自分のことを好きにならせてしまう独自の「人蕩術（じんとうじゅつ）」を提唱。リーダー学の師として敬愛される存在。

成功哲学

鈴木敏文氏 *Suzuki Toshifumi*

日本の流通にイノベーションを巻き起こした我が国を代表する経営者。日本初のコンビニ「セブン-イレブン」を創設。業界の常識を覆す数々の挑戦に挑み、生活に欠かせない存在に進化させた。(元)セブン＆アイ・ホールディングス代表取締役会長兼CEO。

尾身幸次著

成功への実践

本文四八〇頁　定価一〇、七八〇円（〒六〇〇）

天風氏の葬儀で若手代表として棺をかついだ一人。天風会に入会以来53年間一日も欠かさず、天風師の教えを忠実に実践し自らの運命を切り拓いてきた著者が、天風哲学を人生に仕事に活かしきる要諦を説き明かす。**（皮革版）**

無能唱元著

【新装版】人蕩《ひとたら》し術《じゅつ》

本文四〇〇頁　定価一〇、七八〇円（〒六〇〇）

多くの人を魅きつけ、自分を好きにさせてしまう「人蕩術（じんとうじゅつ）」の全貌を説き明かした異色の成功哲学書。歴史上の人蕩しの天才たちの事例をあげながら、素晴らしい魅力の身につけ方を解説する書。

無能唱元著

【新装版】得する人

本文四三二頁　定価一〇、七八〇円（〒六〇〇）

人・仕事・財産・健康・愛…全てに恵まれる生き方を説く異彩の成功哲学。自分が思い描く事業の夢や願望を確実に達成し、人に好かれ、幸せな家族や友人に囲まれて、盛運な一生を送るアラヤシキとは。

無能唱元著

盛運の気

本文四三四頁　定価一〇、七八〇円（〒六〇〇）

経営者に必要な根源の力とは何か、その力の高め方とは…。事業の繁栄と盛運を支配する「社長の心の用い方」を旧来の「気学」とは異なる視点から、分かりやすく解き明かす話題の書。**（オンデマンド）**

鈴木敏文著／勝見　明構成

鈴木敏文の経営言行録

1　経営姿勢〈86項〉
2　マネジメント〈73項〉
3　仮説と検証の仕事術〈63項〉

（3冊セット　222項目）

43年間「変化への対応と基本の徹底」に挑んだ経営者・鈴木敏文氏が繰り返し繰り返し幹部・社員に語った言葉の中から、222項を厳選し、簡潔かつ明快な解説を加えた三冊セットの言行録。ひとつひとつの短い言葉から、経営者にとって大切な「リーダーシップ」「徹底させる力」「ブレない視点」「未来を起点にした発想」「仮説と検証」「お客様の心理」「挑戦する生き方」が浮き彫りに。

本文六七二頁　定価一四、八五〇円（〒六〇〇）

（オンデマンド）表示の書籍は簡易出版でのお届けになります。詳しくは「簡易出版サービス」をご覧ください。
（皮革版）表示の書籍は皮革装丁版がございます。詳しくは「皮革装丁携帯版シリーズ」をご覧ください。

石原慎太郎氏 *Ishihara Shintaro*
骨太の思想と行動力、抜群の決断力で、注目される政治家の一人。芥川賞作家。

小笠原清忠氏 *Ogasawara Kiyotada*
日本を代表する小笠原流礼法の正統継承者、三十一世宗家。上位者の礼法をリーダー層に説く。

オグ・マンディーノ氏 *Og Mandino*
アメリカで最も精神的影響力を与える作家の一人。保険会社の営業を経て出版社を経営。本書の大ヒットによって、一躍、人気作家に。一九二三年生まれ。

マーヴィン・トケイヤー氏 *Marvin Tokayer*
東京の日本ユダヤ教団の初代ラビとして十年間在日後、米国の名門ユダヤ人私立学校の校長へ。ユダヤ人の視点から展開する日本人論・教育論に定評。

石原慎太郎 著
真の指導者とは
本文四〇〇頁　定価一〇、七八〇円（〒六〇〇）

「いずこにぞ、真の指導者」…元都知事が日本の経営者のために初めて書き下ろした渾身の《指導者論》。指導者の清濁併せもつ人間味から運の強さまで、指導者としての物の考え方、身の処し方を説く。**（皮革版）**

小笠原清忠著
一流人の礼法
本文二四〇頁 カラー上製机上版・定価一六、五〇〇円（〒六〇〇）

八百年以上受け継がれてきた、日本を代表する小笠原流礼法の宗家が、あくまでリーダーのために、上位者としての《本物の礼法》を分かりやすく解説。国際的にも通用する一流のマナー所作を体得できる実用書。

オグ・マンディーノ著　稲盛和夫監修
地上最強の商人
本文四四二頁　定価一〇、七八〇円（〒六〇〇）

史上最強の商人となる秘訣を、アラブに伝わる十の巻物の寓話を通してわかりやすく説いた、今までにない経営者のための成功秘伝の書。世界二〇ヶ国で翻訳され三百万部を超える大ベストセラー書。無能唱元訳。

オグ・マンディーノ著　箱田忠昭訳
成功大学
本文七二〇頁　定価一〇、七八〇円（〒六〇〇）

世界の頂点を極めた大富豪、偉人、哲人三四人が、それぞれ珠玉の叡智を具体的に教授。経営者に必須の《不屈の精神》と《成功原則》を、体系的にわかりやすく一冊にまとめた、他に類のない究極の自己開発の書。**（皮革版）**

マーヴィン・トケイヤー著　加瀬英明訳
富と成功の秘訣
本文四五六頁　定価一〇、七八〇円（〒六〇〇）

なぜユダヤ人に大富豪が多いのか？　ユダヤ五千年の《7つの人生成功の秘訣》とそれらを脈々と伝えていく《ユダヤの教育》の真髄を解き明かす。事業家として大成功するための秘訣を子弟教育のあり方から示唆する書。

マーヴィン・トケイヤー著　加瀬英明訳
ユダヤ商法
本文四二八頁　定価一〇、七八〇円（〒六〇〇）

なぜユダヤ人は優秀な人材を生み続けるのか、その経済力はどこからくるのか。《逆境から富を興す》恐るべき力の正体と《最強の行動原理》を日本通トケイヤー氏と国際通加瀬氏の名コンビが解き明かした話題の書。

（皮革版） 表示の書籍は皮革装丁版がございます。詳しくは「皮革装丁携帯版シリーズ」をご覧ください。

西田文郎氏 *Nisida Fumio*

経営者に「大成功する脳の使い方」を指南する能力開発の第一人者。強運や人望など、経営者必携の資質を脳の仕組みから説き明かし、科学的に身につける独自のプログラムを開発。1949年東京生まれ。

上原春男氏 *Uehara Haruo*

企業経営に明るい異色の物理学者。「あらゆる成長物に共通する原理」を「創造の原理と成長の原理」に体系化。

井原隆一シリーズ

井原隆一氏 *Ihara Ryuichi*

20歳にして父親の莫大な借金を背負い、仕事から帰ると家業をこなし、寝る間も惜しんで借金完済。並はずれた向学心から独学で法律、経済、経営、宗教、歴史を修めた苦学力行の人。

著者のとりあげる中国故事は多くの社長の共感を呼び「帝王学」の師と慕われる。〇九年逝去。

西田文郎著

強運の法則

本文四一四頁　定価一六、五〇〇円（〒六〇〇）

多くの大成功者を生んだ強運開発のカリスマが、大事業を築いた名経営者に共通する【強運をつかむ8つの資質】を体系化。一部の限られた経営者だけに伝授してきた特別プログラムを初めて一般公開した書。

西田文郎著

人望の法則

本文四〇〇頁　定価一六、五〇〇円（〒六〇〇）

「あなたのためなら」「この人に一生ついていく」…周りの人すべてに愛され、信頼され、応援される「西田式人望開発法」を初公開。指導者に必須の「人望」を18のプログラムで習得する画期的成功指南書。

上原春男著

創造の原理

本文四五四頁　定価一〇、七八〇円（〒六〇〇）

名著「成長の原理」の第二弾。この不況期に驚異の成果をあげる「創造の威力」とは…。人生を創造にかけた体験を通し編み出した五つの原理を、企業の事例をまじえてわかりやすく解説。新たな収益源を創出する書。**（皮革版）**

井原隆一著

【新装版】社長の帝王学

本文五一九頁　定価一〇、七八〇円（〒六〇〇）

帝王学の師と慕われる著者が、時代を越えて生きる数々の経営哲理、歴史が残した故事至言を行動原理に、将としての器量、人心掌握など、社長に不可欠な識見と人格の磨き方を余す処なく示唆。

井原隆一著

【新装版】人の用い方

本文六一六頁　定価一〇、七八〇円（〒六〇〇）

いかに人を求めよく用いるか…全経営者が避けて通れない事業経営の大命題について、〝帝王学の師〟井原隆一氏が、自らの波乱に富んだ人生体験を踏まえて、厳しくも味わい深く説く。

井原隆一著

【新装版】危地突破の経営

本文四四〇頁　定価一〇、七八〇円（〒六〇〇）

いかなる逆境をも乗り越える経営者の勇気と知恵とは。未曾有の困難と大不況に何度も直面し、突破してきた著者が自身の決断と実践の支えとした中国三千年の叡智を自らの体験から説き明かす書。

（皮革版）表示の書籍は皮革装丁版がございます。詳しくは「皮革装丁携帯版シリーズ」をご覧ください。

■皮革装丁携帯版シリーズ

本パンフレットに（皮革版）表示のある書籍は、皮革装丁携帯版をご用意しております。多忙な社長にとって、出張先にも気軽に携帯できると好評です。高級本皮革を表紙に、特薄の高級辞書用紙を本文に使用し、全く同じ内容ながら軽くて、皮革装丁ならではの品格があります。

各冊ケース付

各冊 定価一三、二〇〇円（〒六〇〇）
☆印の書籍は定価二〇、六八〇円
◎印の書籍は定価一四、八五〇円
◇印の書籍は定価一八、七〇〇円
【社長の実務シリーズ】

ひと中心の経営へ　渡辺英幸
創造の原理　上原春男
社長の売上戦略　牟田　學
オーナー社長業　牟田　學
社長が判断すべき重要人事　東川鷹年
☆中小企業が強いブランド力を持つ経営　酒井光雄
長く繁栄する同族企業の条件　西川盛朗
連結バランスシートで会社を強くする　海生裕明
◎アジアで儲けるには経営の発想を変えよ　山田太郎
☆値決め経営　西田順生
☆経営のすべてを顧客視点で貫く《社長の最強武器》戦略BASiCS　佐藤義典
☆30年売れて儲かるロングセラーをつくる仕組み　梅澤伸嘉
◇人が育って儲かる環境整備　今村　暁

【成功哲学シリーズ】

成功の実現　中村天風
盛大な人生　中村天風
心に成功の炎を　中村天風
真の指導者とは　石原慎太郎
成功大学　オグ・マンディーノ
人生と財産　本多静六
成功への実践　尾身幸次

■特約書店のご案内

弊会出版物につきまして、手にとってご覧になりたい方やお急ぎのお客様のために、左記特約書店にてお取り扱い戴いております。なお各店の在庫スペースの制約上、すべての書籍をお取り扱い戴いている訳ではありません。お電話にて事前確認をお願いします。

〔札　幌〕	紀伊国屋書店	011(231)2131
	MARUZEN&ジュンク堂書店	011(223)1911
〔旭　川〕	ジュンク堂書店	0166(26)1120
〔弘　前〕	ジュンク堂書店	0172(34)3131
〔秋　田〕	ジュンク堂書店	018(884)1370
〔盛　岡〕	ジュンク堂書店	019(601)6161
〔仙　台〕	ジュンク堂書店	022(716)4511
	丸善	022(264)0151
〔前　橋〕	戸田書店	027(223)9011
〔新　潟〕	紀伊国屋書店	025(241)5281
	ジュンク堂書店	025(374)4411
〔千　葉〕	ジュンク堂柏モディ店	04(7168)0215
〔さいたま〕	ジュンク堂書店	048(640)3111
〔東　京〕	八重洲ブックセンター	03(3281)1811
	丸善丸の内店	03(5288)8881
〔秋葉原〕	有隣堂	03(5298)7474
〔日本橋〕	丸善日本橋店	03(6214)2001
〔有楽町〕	三省堂書店	03(5222)1200
〔日比谷〕	ジュンク堂書店	03(3502)2600
〔神　田〕	三省堂書店本店	03(3233)3312
〔新　宿〕	紀伊国屋書店本店	03(3354)0131
〔池　袋〕	旭屋書店	03(3986)0311
	ジュンク堂書店	03(5956)6111
〔渋　谷〕	MARUZEN&ジュンク堂書店	03(5456)2111
〔吉祥寺〕	ジュンク堂書店	0422(28)5333
〔多　摩〕	丸善	042(355)3220
〔川　崎〕	有隣堂アトレ川崎店	044(200)6831
	丸善ラゾーナ川崎店	044(520)1869
〔横　浜〕	有隣堂本店	045(261)1231
	有隣堂ルミネ横浜店	045(453)0811
	有隣堂横浜駅西口店	045(311)6265
	紀伊国屋書店	045(450)5901
〔厚　木〕	有隣堂	046(223)4111
〔藤　沢〕	ジュンク堂書店	0466(52)1211
	有隣堂	0466(26)1411
〔静　岡〕	MARUZEN&ジュンク堂書店	054(275)2777
〔甲　府〕	ジュンク堂書店	055(231)0606
〔松　本〕	丸善	0263(31)8171
〔名古屋〕	丸善	052(238)0320
	三省堂書店	052(566)6801
	ジュンク堂書店	052(589)6321
〔岐　阜〕	丸善	058(297)7008
〔四日市〕	丸善	059(359)2340
〔金　沢〕	紀伊国屋金沢大和店	076(220)1288
〔京　都〕	丸善	075(253)1599
〔大阪北区〕	紀伊国屋書店	06(6372)5821
	ジュンク堂大阪本店	06(4799)1090
	MARUZEN&ジュンク堂書店	06(6292)7383
	紀伊国屋グランフロント大阪店	06(7730)8451
〔大阪中央区〕	旭屋書店なんば店	06(6644)2551
	ジュンク堂灘波店	06(4396)4771
	紀伊国屋本町店	06(4705)4556
〔堺　〕	紀伊国屋書店	072(292)1631
〔阿倍野〕	ジュンク堂近鉄あべのハルカス店	06(6626)2151
〔神　戸〕	ジュンク堂三宮店	078(392)1001
	ジュンク堂三宮駅前店	078(252)0777
	紀伊国屋書店	078(265)1607
〔西　宮〕	ジュンク堂書店	0798(68)6300
〔姫　路〕	ジュンク堂書店	079(221)8280
〔岡　山〕	紀伊国屋書店	086(212)2551
〔広　島〕	紀伊国屋書店	082(225)3232
	ジュンク堂書店	082(568)3000
	丸善	082(504)6210
〔松　山〕	ジュンク堂書店	089(915)0075
〔徳　島〕	紀伊国屋書店	088(602)1611
〔福　岡〕	紀伊国屋書店本店	092(434)3100
	紀伊国屋久留米店	0942(45)7170
	丸善博多店	092(413)5401
	ジュンク堂福岡店	092(738)3322
〔鹿児島〕	ジュンク堂書店	099(216)8838
〔沖　縄〕	ジュンク堂書店	098(860)7175

書籍お申し込み要領

■書籍の価格について

本パンフレットの価格はすべて税込価格です。送料は一件につき一律600円。

ご購読後、万一、内容にご不満の場合は、いつでも返品を承ります。

■お申し込み／お問合せ先

ウェブサイトよりご注文いただくか、次ページのお申込書に、ご希望書籍名、冊数、送り先等をご記入の上、ＦＡＸにてお送り下さい。請求書・振込用紙同封のうえ、佐川急便で送らせていただきます。

代金は現品到着後、ご確認の上、お振込み下さい。

※弊社を個人名義にてご利用の方は、お支払い方法はクレジットカードまたは代金引換となります。（カード決済ご希望の場合は、下記サイトにてマイページ登録をお願いします）

日本経営合理化協会 出版局
東京都千代田区内神田1-3-3　〒101-0047　TEL03-3293-0041
FAX03-3293-8715

■簡易出版サービスについて

本案内に（オンデマンド）表示のある書籍は、在庫切れとなっておりますが、1冊ずつの受注生産（簡易印刷・簡易製本・ケース無し）でお届けできます。本文内容、活字の大きさは同じです。代金はパンフレットに表示した定価となります。なお１冊ずつの制作のため、ご注文からお届けまで約１週間かかります。

お申込は裏面申込書に、ご希望の書籍名と冊数をご記入下さい。

日本経営合理化協会
社長の経営セミナー・本・CD&DVDサイト

新刊書籍情報、出版物のまえがき・目次・著者紹介などがご覧いただけます。

マイページ登録をすることにより、会員価格でのご購入、カード・コンビニ決済の利用などが可能になります。

●新刊情報メール（無料）
お名前・Eメールアドレスを本サイトにてご登録ください。定期的に無料で、有益な経営情報をEメールにて配信します。
※登録の解除はいつでもご自由にできます。

http://www.jmca.jp
インターネットから簡単にご注文頂けます。

FAX用　書籍ご購読申込書

フリガナ 会社名		〒	－
所在地			
代表☎	（　　）　－	FAX	（　　）　－
E-mail	新刊案内をお送り致します（無料）		
フリガナ ご氏名	印	お役職	

※個人情報は第三者への譲渡・販売は一切致しません。　2011総

書籍名（皮革携帯版のある書籍で、携帯版をご希望の場合は、［皮革版］に○をつけてください。）	冊数
［皮革版］	
［皮革版］	
［皮革版］	
［皮革版］	
［皮革版］	

○お支払方法

下記、該当するものに（　　）内に○印をご記入ください。

（　　）①郵便振替または銀行振込

（　　）②代金引換払い
（送料の他、代引手数料300円を申し受けます）

※クレジットカード払い、コンビニ決済をご希望の方は、FAXではお申し込みいただけません。
恐れ入りますが、右記サイトよりマイページ登録後にご注文ください。

インターネット注文サイト
http://www.jmca.jp

※お届け先を変更する場合のみ、下記にご記入下さい。

お届け先
【ご住所】（〒　　－　　）
【お会社名】
【お名前】　　　　様　【TEL】（　　）　－

◎ご請求書の送付先／（　　）ご請求も上記お届け先に変更・（　　）登録の住所に別途ご請求
◎ギフト包装（※有料・プラス450円）の有無／ ギフト包装を（　　）する・（　　）しない

日本経営合理化協会　ご注文受付専用FAX ↓03-3293-8715↓

「度《ど》」というのは解決する、という意味です。いっさいの苦しみ、災難《さいなん》というものを、解決できたという解釈です。

つまり、最初の四つの言葉を私なりに訳すと、

「すべてをよく見、聞き、わかる菩薩《ぼさつ》様が、般若《はんにゃ》の知恵について深く研究しておりましたが、このたび、およそ、この世に存在するものはすべて、そもそも実体のないものだということを発見しまして、この考え方により、人間に生ずるいっさいの苦しみという問題を、一挙に解決することができました」とこうなります。

皆さん、もし「逆も真なり」ということが、ここで成り立つものなら、我々のいっさいの悩みや苦しみというものは、五官で感ずることが「空《くう》」だと理解できれば、すべてなくなってしまう、とこのようになるではありませんか。

「舎利子《しゃーりーしー》。色不異空《しきふーいーくう》。空不異色《くうふーいーしき》。色即是空《しきそくぜーくう》。空即是色《くうそくぜーしき》。受想行識《じゅーそうぎょうしき》。亦復如是《やくぶーにょーぜー》」

「舎利子《しゃりし》」というのは、お釈迦《しゃか》様の弟子の一人です。

舎利子は、知恵第一といわれた頭の良い人だったらしい。お釈迦様がお説教している時に、群衆のなかにいる一番頭の良い舎利子に呼びかけた。単に舎利子に言ったのではなくて、舎利子のまわりにいる群衆にも呼びかけているわけで、いうならば、ここは「皆さん」と言っ

てるわけです。

「色不異空《しきふいくう》」。色《しき》というものは空と異なるものではない。色とは目に見える色《いろ》、物質の色《いろ》のことで、「あらゆるもの」という意味です。目に見えるものは、色《いろ》や形《かたち》で見える。色や形のあるものは、本当は空体、実体のないもので、そこに存在していないということです。そんなことあるわけがない、そこにあるじゃないか、その人を殴《なぐ》れば痛いと言うじゃないか、空体が痛いと言うわけないじゃないか、と皆さんは思うでしょう。

　ところが、空《くう》も色《いろ》・形《かたち》のあるものと異なるものでないのだ。色・形であるものと異なるものでない。すなわち、色・形があるというもの自身が空体であって、空体と思われていることが、すなわち、物体である。有名な「色即是空《しきそくぜくう》。空即是色《くうそくぜしき》」のところです。

「受想行識《じゅそうぎょうしき》」とは、感覚を受けとること。

思う、行なう、考える、これらのことも「亦復如是《やくぶにょぜ》」、これまた同じことよ、といっている。すべてのことが空だと。

「皆さん、物体というものは、実は空体なのです。また空体というものも、実は物体なのです。つまり、物はそのまま空であり、空もまた、そのまま物である。そこにはいささかの相違もないのであります。また、私たちが、見たり聞いたり考えたりする、この体の働きも同じように空なのであります」

あらゆるものは空《くう》

「舎利子《しゃーりーしー》。是諸法空相《ぜーしょほうくうそう》。不生不滅《ふーしょうふーめつ》。不垢不浄《ふーくーふーじょう》。不増不減《ふーぞうふーげん》。是故空中《ぜーこーくうちゅう》。無色無受想行識《むーしきむーじゅーそうぎょうしき》。無眼耳鼻舌身意《むーげんにーびーぜつしんにー》。無色声香味触法《むーしきしょうこうみーそくほう》。無眼界乃至無意識界《むーげんかいないしーむーいーしきかい》。無無明亦無無明尽《むーむーみょうやくむーむーみょうじん》。乃至無老死《ないしーむーろうしー》。亦無老死尽《やくむーろうしーじん》。無苦集滅道《むーくーしゅうめつどう》。無智亦無得《むーちーやくむーとく》」

「舎利子《しゃりし》是《ぜ》諸法空相《しょほうくうそう》」。また舎利子がでてきます。だから、皆さん、という意味です。

このようにして、この宇宙において出現したすべては、空《くう》の形《かたち》なんだ、ということです。

「不生不滅《ふしょうふめつ》」。それは本来、生まれてくるものでもなければ、死んでいくものでもない。またきれいとか汚いとかいうものは、人間の迷いがそう感じさせるもので、本来、万物に、きれいとか汚いとか、その両方ともない。「不増不減《ふぞうふげん》」それはまた、増えも減りもしない。

「是故空中《ぜこくうちゅう》」。このように、すべては空のなかにある。

すべてが空だから、そこには「無色無受相行識《むしきむじゅそうぎょうしき》」となってくる。前のくり返しです。色も形もなければ、我々の受けとる感覚もない。

感覚もないから、目・耳・鼻・舌、こういったものがあると思うのは錯覚《さっかく》なのである。したがって、そこから生ずる色・声・臭・味・その他の五官によるものもすべて実体がない。

「無《む》眼界《げんかい》乃至《ないし》無《む》意《い》識界《しきかい》」も同じです。目で見える世界、また意識している世界、これはすべて無である。

「無《む》無明《むみょう》」また「無《む》無明尽《むみょうじん》」。すべて無なんだが、無ということが明らかなわけでもない。ここらへんにくると二重否定でよくわからなくなってきますね。すべてを否定してきたことも空《くう》だ、ということですね。懇切丁寧《こんせつていねい》に、否定のうえに、また否定しているわけです。ま、あえて訳せば「明らかでない、ということもなく、また、明らかでないことが無くなってしまうわけでもない」となりましょう。

「乃至《ないし》無《む》老死《ろうし》」。また、老いる、死ぬということもない。また老いる、死ぬということが尽きることもない、と次にいっている。「亦《やく》無《む》老死《ろうし》尽《じん》」と。

「無《む》苦集滅道《くしゅうめつどう》」。人間の苦しみや悩みというものは、四苦八苦というように、いろいろなものが全部集まっている。これらの苦の集まりというものは、それが減ったり、現れたりということもない。

「無《む》智《ち》亦《やく》無《む》得《とく》」。知恵もなければ、得することもない。手に入ることもない。ここらへんがよく誤解されるところで、般若心経《はんにゃしんぎょう》は無欲を説いているお経だ、と思う人がでてくる。

欲があるということも、欲がないということも両方否定していることに気がつかないんですね。欲がない、の片方だけにとらわれてしまう。

「皆さん、この世にある万物はすべて空《くう》なるものです。それは生じてきたものでなく、また無くなっていくものでもありません。それは汚いものでもなく、またきれいなものでもありません。増えたり減ったりするものでもありません。つまりは、すべて空のまっただなかにあるものであります。形なく考え行なうことなく、眼耳鼻などの器官なく、したがって、色や音や香りなどを感ずることもなく、景色もなければ、それを意識することもない。暗闇《くらやみ》もなく、またその暗闇がなくなったわけでもない。生物が老いたり死んだりすることもありません。またその老いたり死んだりすることが無くなったというわけでもない。苦しみも、それがやってくることもないし、またそれを無くす方法というものがあるわけでもない。何かを知ることもなく、何かを得るというわけでもない」

無上の知恵を得る

「以無所得故《いーむーしょーとくこー》。菩提薩埵《ぼーだいさったー》。依般若波羅蜜多故《えーはんにゃーはーらーみーたーこー》。心無罣礙《しんむーけいげー》。無罣礙故《むーけいげーこー》。無有恐怖《むーうーくーふー》。遠離一切《おんりーいっさい》顚倒夢想《てんどうむーそう》。究竟涅槃《くーぎょうねーはん》。三世諸仏《さんぜーしょーぶつ》。依般若波羅蜜多故《えーはんにゃーはーらーみーたーこー》。得阿耨多羅三藐三菩提《とくあーのくたーらーさんみゃくさんぼーだい》。故知般若《こーちーはんにゃー》波羅蜜多《はーらーみーたー》。是大神咒《ぜーだいじんしゅー》。是大明咒《ぜーだいみょうしゅー》。是無上咒《ぜーむーじょうしゅー》。是無等等咒《ぜーむーとうどうしゅー》。能除一切苦《のうじょーいっさいくー》。真実《しんじつ》不虚《ふーこー》」

「以無所得故《いむしょとくこ》」。何かを得るということがないから、「菩提薩埵《ぼだいさった》」（ボーディサットバ、菩薩《ぼさつ》のこと）。菩薩様は般若《はんにゃ》の知恵を得ました。ゆえに、「心無罣礙《しんむけいげ》」、心に障《さわ》るものがない。心のなかに何か障り、こだわり、イライラ、苦しみ、悩み、邪魔《じゃま》することも、恐怖心もない。

「罣《けい》」も「礙《げ》」も邪魔するという意味です。

「遠離一切顛倒夢想《おんりいっさいてんどうむそう》」といいますから、遠く離れてしまう。どこから遠く離れるかというと、一切顛倒夢想からであると。「顛倒《てんどう》」はひっくり返るという意味です。つまり、「顛倒夢想」は、ありえない夢のようなことを現実と考えている、現実にないことを考えているということ。

すなわち、我々はここに一つの真理というものがあって動かせないものだ、と思うのは、顛倒夢想である。錯覚《さっかく》であって、菩薩様は、こういうものから遠く離れているという意味ですね。

「究竟《くぎょう》」というのは、極《きわ》めるということですから、研究して明らかにしている。「涅槃《ねはん》」は、揺《ゆる》がざる安心、というように訳しておいてください。「ニルバーナ」というのが原名です。

すべての欲望の火を吹き消した状態という意味だそうです。

「何かを得るということがないから、菩薩《ぼさつ》たちは楽々と般若《はんにゃ》の知恵を用いて、心にかかる影もなく、恐れためらうことなく、一切の迷いから遠く離れ、大安心の境地にいたることができるのであります」

こうして大安心の境地にいたってしまう。そこで、「三世諸仏《さんぜしょぶつ》」、菩薩様を卒業して、一切の悟りを開いてしまった仏様。三世というのは、過去、現在、未来というように考えてください。

この三世諸仏は、般若の知恵を得て、「得阿耨多羅三藐三菩提《とくあのくたらさんみゃくさんぼだい》」、これも、サンスクリット語をそのまま音訳したものです。「アノクタラ」という言葉は、無上の、これ以上ないという意味で最高級の知恵を得ました。

「故知般若波羅蜜多《こちはんにゃはらみた》」なぜなら般若の知恵を用いたからなのです。そして、般若智を得るには、ここに一つの呪文の言葉があります。この呪文、マントラを唱えると、誰でも、最高の知恵を得ることができます。では、そのおまじないの言葉はどのようなものでしょう。

「是大神咒《ぜだいじんしゅ》」これすなわち、大神咒《だいじんしゅ》、というのですから、神様のおまじない、というわけです。

次に、「明咒《みょうしゅ》」効き目の明らかなるおまじない。

「無上咒《むじょうしゅ》」これ以上のものはない最高のおまじない。「無等等咒《むとうどうしゅ》」並べることのできないほどの価値の高いおまじない、ということですね。このおまじないは、「能除一切苦《のうじょいっさいく》」一切の苦しみをよくはらいのけてくれます。

「真実不虚《しんじつふこ》」。本当ですよ、嘘《うそ》じゃないですよ。くり返しくり返し、本当ですよ、といっているわけですね。

「そこで大勢の仏たちは、この般若《はんにゃ》の知恵をもって最上の悟りを得ることができたのです。

ここで皆さんに、この般若の知恵を身につけるための呪文を一つお教えしましょう。これは実に優れた効き目をあらわす最高の呪文であります。これを唱えれば、一切の苦しみから逃れることができるのです」

故説般若波羅蜜多咒《こーせつはんにゃーはーらーみーたーしゅー》。即説咒曰《そくせつしゅーわつ》。羯諦羯諦《ぎゃーてーぎゃーてー》。

波羅羯諦《はーらーぎゃーてい》。波羅僧羯諦《はらそーぎゃーてー》。菩提娑婆訶《ぼーじーそわかー》。般若心経《はんにゃーしんぎょう》。

「故説般若波羅蜜多咒《こせつはんにゃはらみったしゅ》」。なぜ、そんなに偉大なものになるかというと、〝般若波羅蜜多《はんにゃはらみった》〟という呪文を唱えるからである。

「即説《そくせつ》」、さあ、これからすぐに。「曰《わつ》」は曰《いわ》く、口で言うということです。さあ、レッツゴー、一緒に呪文を唱えてみましょう。

「羯諦羯諦《ぎゃていぎゃてい》」。サンスクリット語そのままのあて字で、ガーテーというのが元の発音です。これは「行く」という意味です。

英語での過去完了形に当たるそうです。つまり、行ってしまった。だから、行ってしまった、行ってしまったと、くり返し言っている。

「波羅《はら》」というのは、彼方《かなた》の岸ですから、波羅羯諦《はらぎゃてい》は、彼岸《ひがん》へ行ってしまった。「僧」という字は、「もう見事に」と意味を強める言葉です。したがって、波羅僧羯諦《はらそうぎゃてい》は、彼岸へもう見事に到達してしまった、という意味です。

ついでながら、ここを読むとき注意するところがあります。般若心経《はんにゃしんぎょう》の読み方は、一字一拍で唱えるのですが、「波羅」の部分は二字で一拍にするのです。また次の「娑婆訶《そわか》」のソワというのも二字で一拍にします。この二か所だけは、二字を一拍で唱えます。この点に注意してください。

「菩提娑婆訶《ぼじそわか》」。彼方へ行ってしまった者よ、菩提《ぼだい》、菩薩《ぼさつ》様よ（菩薩の本願という意味なのですが）菩薩の願いが達してしまった。

「娑婆訶《そわか》」は成就《じょうじゅ》という意味です。そして、最後に、「般若心経《はんにゃしんぎょう》」。

「さあ、さっそくこの呪文を唱えてみましょう。行こう。行こう。あの岸へ。共に行こうあの岸へ。悟りよ。幸せよ」と、私は訳しました。

ここまで、般若心経《はんにゃしんぎょう》を駆《か》け足で訳してきたわけですが、さて、この般若心経の真意に、どう触れていくか。

いろいろな触れ方がありますが、まず一番最初の四行から考えてみたいと思います。

空《くう》とは何か

「照見五蘊皆空《しょうけんごおんかいくう》、度《ど》一切《いっさい》苦厄《くやく》」であるならば、逆に、すべての苦厄《くやく》を解決したければ、物事を空《くう》と見ることができればよい、ということになります。生きてる間の苦しみや悩みは、すべてのものを空《くう》と見ることができるなら、全部解決できる、ということです。では、「空《くう》」とは一体何だろう、ということを、ここで研究してみたいと思います。

皆さん、空《くう》、とはこういうものだとすぐわかってしまい、わかってしまえば、あと一生の間悩まないかというと、そうはいかない。

空《くう》、ということを研究するために、たとえば禅宗のお坊さんは、十年、二〇年と坐禅しても、ちっとも悟ることができないほど厳しいものです。ところが一方、空《くう》とは何か、ということを見極めなくても、日常そのまま生活していて、楽々と人生を過ごしている人もいる。何はともあれ、空《くう》とは何だ、というには、いろいろな考え方があります。いろいろな角度からの入り方がある。

まず科学的に少しアプローチしてみましょう。

空《くう》と色《しき》ということを、今日でいう物理学で考えてみると、色《しき》を物体、空《くう》をエネルギー、といってます。エネルギーによって、物体が生じ、物体が消滅しても、物がなくなるのでなくて、エネルギーに姿が変わるだけである。すなわち、エネルギーが本体であるのか、物体が本体であるのかはわからない。これがぐるぐる回り、我々はそれが見えた、消えたといっているだけである、ということですね。今、エネルギー不滅論というのは物理学の常識といってもよい。ところが、一七〇〇年も昔に、このことをわかっていた人がインドにいたということです。

空《くう》を哲学のほうからみると、中国の陰陽学《いんようがく》、易経《えききょう》などで、無より有は生ず、という考え方がある。老子の言葉にもあります。人間に男と女があるように、万物には陰と陽がある。

存在するものには陰と陽があり、この陰と陽が合体すると、ひとつの完成があり、完成はただちに消滅につながる。消滅したものは完成を受けついで、次の二元的な発現、新たな陰と陽にわかれる、という見方があります。

この消えていて見えないときを「空《くう》」とし、見えるときを「色《しき》」とする。そうすると、これもまた、ぐるぐると回っていて、我々は体験させられているにすぎない。こういう考えもあるんです。

最近、私はこういう質問をうけました。アメーバがだんだんと複雑になって、より高等な生物になっていく。それは、確かに陽にむかって進んでいる。陰というのは衰退であり、死であるならば、発展は陽である。しかし、それは何らかの意識によって成されつつあることではないでしょうか。その意志を神の意志というのが一番簡単であるし、わかりやすい。

しかし私は宗教に逃げたくない。科学的な、良識的な意味で解決したいとこの人は言うんですね。

また次のような質問をうけたこともあります。人間を今日のこのようにまで発展させてきた、壮大なエネルギーとはどのようなものか。また輪廻《りんね》転生《てんせい》というものはありますか？　人間は死んでも霊となって、不滅なのでしょうか、それともなくなってしまうのでしょうかと、いろいろなことを質問されました。

皆さん、我々は誰でも次のような五つの疑問をもっていませんか。

(1)　時間の始めとはいつか
(2)　空間の果てとはどこか
(3)　我々にとって存在しているということはどういう理由からか
(4)　進化の意義は、意欲とはどんなことなのか
(5)　エネルギーの本質とは何か、空体でありながら力をもっているエネルギーの本質とは、どんなことなのか

この五つに加えて、生命はどこから来て、どこへ去るのか、それは無から発して、無に帰るのか、また消滅しない個体であるのか、すなわち、輪廻《りんね》転生《てんせい》というものはありうるのか。このすべてを、つねに疑問に思い、考えている人というのも、少ないでしょうが、人は誰でも一度はこれまでに、これらのいくつかは「考えてみれば不思議だなあ、一体、どうなんだろうか」と思ったはずです。

これらの疑問に、私はこう答えます。

「人間の肉体的制約下にある思考能力をもってしては、実証不能の世界にそれらは属している」ということです。これは早くいえば、「答えられない」ということです。

我々は、力をもっていない。ここが大事なことです。生きているということは、肉体的制約下のなかにあって、それの外の世界についての思考ができない。たとえていえば、我々は高い城壁のある刑務所に住んでいるのと同じで、生まれてから死ぬまで一歩も刑務所から出ないとします。井の中の蛙《かわず》といってもよい。そこのなかにいる限りにおいては、その外の世界について実証できないのです。それはあたりまえのことです。

楽に生きる方法

ところが、ここで、たとえば「神は存在する」という、我々の実証せざるものを存在すると言ったならば、それは我々の能力を超えて口にだした思いあがりの言葉だ、と思います。ところが、「神はいないのだ」と言っても同じ罪に陥《おちい》るのです。つまり、有る無いの決定するだけの能力を我々はもっていないのです。我々にできるのは推測だけです。

この推測をもって長い間あらゆる現象をみていると、エネルギーと物体の論理というのが仮説としてでてくるんです。

仮説として「色即是空《しきそくぜくう》」は成り立つ。ここらへんしか、手はないのです。

ところが、いま生きている状態で、都合の良い状態と不都合な状態があります。そのままポンと放り出されて、お腹《なか》がすけば苦しい、薄着で寒い所にいるのは寒い、貧乏であるのも辛い。いろいろな辛い事や不都合な状態、これらを解決して都合よく生きられると具合が非常にいい。我々は都合よく生きたいという欲求をもっているということは別に我々の住んでいる刑務所の外に出なくてもわかる。自明《じめい》の理です。

いや先生、とんでもない。人生はそんな楽なものじゃない。自分に都合よく生きたいなんて思わず、苦しみに耐えてこそ人生だ、なんてすぐ真顔でおっしゃる方がいます。しかし皆さん、よく考えてみると、人生を楽に生きたいからこそ、まず、その前に苦しみや辛いことをわざわざ求めているすがたが、そこにある。

「楽あれば苦あり。苦あれば楽あり」なんていう諺《ことわざ》があります。ところが、心をグレーにして明るい将来を望むことは間違いだ、ということは、これまでに私がくり返し、くり返し指摘してきたことですね。苦しい気分は、苦しい結果を生むんです。

では楽に生きる方法とはどうしたらよいか、ということになると、「色《しき》は何か、空《くう》は何か」をついにわかりえなくても、それを利用できればいいんです。

昔、ある人が発明王エジソンに、あなたは電灯とかいろいろ発明されていますが、電気とは一体何でしょうか？　と質問した。するとエジソンは即座にこう答えている。「わかりませんな」と。

現代の物理学でも電気の実体とは何か、わかっていない。在《あ》ることはわかるが、見ることはできないんです。ニクロム線に電気を通ずれば熱や光はでる。しかし、エジソンは本質はわからないと言ってます。我々は電気が非常に便利であることを知っている。電気の本体を見ることはできなくても、存在することを推測でき、その力を利用することを研究し、それによって利益を得ようとしています。ここが大事です。我々は、電気の実体を知らないながら、これをうまく使おうとする。輪廻《りんね》転生《てんせい》というものが果たしてあるかどうかわからない。神様がこの世に存在するかどうかわからない。

しかし、我々はそれをうまく使って利益があるようにしていきたい。自己に利益をもたらす、という生き方ですごしていけば、一生楽に暮らせる。そのためには、お金を儲けることも必要である。一方、お金儲けは必要でない、というタイプの人は安心を得ることもできる。それぞれの人に都合のいい生き方を発見できれば、その方策をとればいいんです。

日常の姿を思い返してみて、自分が不都合だと思っていることがあれば、それを拡大視してみる。このときに、「空観《くうがん》の空《くう》」を知り、それを体得するための修行をするということは、生きていくうえのいっさいの不都合をなくしていくうえで大きく役立つことです。

もう一人の自分

般若心経《はんにゃしんぎょう》では、一切皆空《くう》、すべてのものは空《くう》である、と説いているのですが、これは誤解しやすいことです。なぜなら、「色即是空《しきそくぜくう》」の空《くう》と、「一切皆空《くう》」の空《くう》はちょっと違うからです。

つまり、色《しき》と空《くう》、物体とエネルギーを別々に考えないで、単に一つのものだと考えることは、「一《いち》」に戻ることであるが、それは零化《ゼロ》（空化《くう》）といって、論理上、どうも具合が悪くなります。そこでインドから中国にもたらされたとき、これを「無」と表現したんです。その後、禅やその他のスタイルになると、これを「色《しき》に対して空《くう》」それを「空《くう》ずる」と表現している。ここにおける空《くう》ずるは、色《しき》と空《くう》の両方とも無しにするということです。一切皆空《くう》とは「色空《しきくう》の零化」のことなのです。そして、それが、禅の場合の「無」であるというんです。すなわち、一切皆空《くう》とは「無」ということです。

さて、一切皆空《くう》の理を悟れば、度《ど》一切苦厄《いっさいくやく》。すなわち人間のすべての苦しみはたちどころに消えてしまう。しかし、この般若心経の教えを行動のうえで実践するのは非常にむずかしい。この空《くう》を観《み》る「空観《くうがん》」の実践がなぜむずかしいのかというと、考えている自分の他に、その考えている自分を観察するもう一人の自分というものが要るからです。

逆にいうと、自分のいま考えている思考のあり方を、見張っているもう一人の自分というものが把握できれば、空観《くうがん》を体得できうるのです。そしてこの空観を体得できれば、度《ど》一切《いっさい》苦厄《くやく》、あらゆる苦しみは消滅してしまうわけです。

これはどういうことかというと、自分はいま何を考えているのか、ということを考えるわけです。

つまり、自分からもう一人の自分が脱《ぬ》け出て、自分の考えを観察することのできる人、がもう一人の自分というわけです。自分から自分が脱け出る、ということを、自分を解き放ち、脱出させるから「解脱《げだつ》」といいます。古来から、自分自身の思考状態を離れた観点から自分を見るという、解脱したもう一人の自分というものは、宇宙創世の根源的パワーと一致してくる。なぜなら、このような思考方法そのものが、宇宙そのままを存在させようとした一つの力だからです。

そして、自分の日常意識、あるいは客観的精神をみつめていると、そのとき初めてわかることが一つあります。

それは日常われわれが考える常識というもの、とくに分別力（比較分別する力）というものが、あまり大したものじゃない、ということです。たとえば、コーヒーを飲んで、おいしい、まずいと判断します。なぜおいしいとわかったかといえば、過去に飲んだコーヒーと比較しているからです。その平均値、おいしさはこれぐらいのものだ、と自分の記憶にある。その記憶のなかのコーヒーと比較分別して、おいしいとかまずいと判断しているわけです。

うまい、まずいの分別ぐらいなら、あまり害もありません。ところが、自分と相手の比較となると、危ない場合があるんです。たとえば同じ学校をでた会社の同僚で、あとで知ったら月給が自分より三千円高かった。これがわかった。大ショックです、なんてね。他人からみれば、三千円の差なんて大したことないじゃないか、と思うんですが、その人にとっては人生が引っくり返るほどのショックとなって、以来、赤提灯《あかちょうちん》で飲んだくれる人生がはじまるかもしれない。

我々は他人のことについては、ものすごくよく悟ってるんです。「わずか三千円のことで、あんなに荒れなくても」なんて、醒《さ》めた言い方をします。「あの人死んだよ」と言うと、「お気の毒だね。でも、生きているものは必ず死ぬ」なんてことを言うわけです。ところが、これがいざ自分のことになると、右往左往《うおうさおう》してしまう。

我々が無意識のうちに比較分別している、こういう知識というものから、解脱《げだつ》して宇宙意識に近づいていったところの、もう一人の自分から見ると、それは哀《あわ》れなほど、もろく、はかなく、卑小なものである、ということがわかってきます。

ところが、多くの世人は常識的な平均値をもって最上とし、その知識の力をもって、万物の物差しとしてすべての判断の基準にできると錯覚している。そして、「人間には絶対に人に譲《ゆず》れない一線がある」、「こればかりは死んでも放せないというその人自身の物差しがあるでしょう」などと、愚《おろ》かなことを言うにいたります。この人間的な知識、これを仏教では世間智《せけんち》といいます。これに反して、解脱《げだつ》した知恵を出世間智《しゅっせけんち》といいます。

ついでながら、出世というのは、本来は仏教の言葉であって、自分の身分や地位が上へ行くことを意味しているのではないんです。

世の中から出る、という意味なのです。すなわち、お坊さんになるということですね。お坊さんになるということは、意識の世界ではなく、身体のうえで解脱しようとしているわけです。

この人間智、世間智を絶対なものと信じている限り、その人にとって安らぎはありません。非常に断定的なことを言いますが、その人にとって常識であり、常識こそすべてを律し、世界を救えるものだと思っている意識がある限り、さまざまな不都合さを人生において体験するにいたります。

物差しを使う人

ところが、ここまでわかってくると、この世間智《せけんち》というものを、「なんだ、そんなくだらない知恵だったのか」と馬鹿にする人がでてくるかもしれません。これは誤解《ごかい》です。我々は、この肉体的制約下に生きている限り、比較分別の世間智を使わざるをえず、また、それを使わなければ生きていけないほど重要なものであることも間違いない。

大事なことは、「物差しを計る物差しはない」と知ることです。この物差しを使うのは自分です。

もし、自分が、その物差しになっていたならば、物差しをどうやって使うのでしょうか。その物差しの目盛りが間違っていたら、どうやって知ったらよいのでしょうか。ここは自分が物差しであることをやめて、物差しを使う人にならなければいけない。物差しを使う人になったとき、この物差しは非常に重要な道具となる。そして、この重要な道具のうまい使い方をできることになります。

このような物差しを使いうる人、つまり解脱《げだつ》した人になるためには、古来、仏教では二つの方法を選びました。それは他力本願と自力本願の二つです。

前章までに、この他力と自力の相違について多少ふれましたが、自力本願で解脱《げだつ》というと、一番最初にやることは、「我見《がけん》の排除《はいじょ》」といわれます。

我見とは、世間智《せけんち》のことです。自分はこう見るという知恵、解脱《げだつ》した自分ではない。もとの自分がこう見てる、という見方です。

解脱するには、この我見を排除する、つまり、世間智をどうしても空《くう》じなければならない、空観《くうがん》というものをぜひとも体得しなければならない。これが般若心経《はんにゃしんぎょう》に書かれている空《くう》です。

我見を空《くう》ずると、意識の深いところから宇宙の根源的パワーをともなった知恵というものがこんこんとわきだしてきます。自然にわいてくる。この自然にわいてくる力をつかめば、自然に健康になります。自然に運勢は上げ潮になって、その人が欲するとおり、お金も地位も、身分も上がってくるのです。

ところが、この自然にこんこんとわいてくる力を我々は抑《おさ》えてでないようにしている。そこで抑えているものを空《くう》ずる、空《くう》じたうえで何かを欲する、そうすると欲しいものが手に入る。

こうした都合のいい論理が成り立ってくるわけです。

ところが、我見を空《くう》ずる、というのは実に至難《しなん》の業《わざ》なんです。なぜならば、我見を空《くう》ずるための思考は、実に我見《がけん》自身をもって行なうからです。我見をもって我見を空《くう》ずる、これはむずかしい。そこに不可能さを見いだした歴代の教祖たちは、神仏に帰依《きえ》するという方法をまず考えだした。すなわち他力本願です。キリスト教もイスラム教も他力本願です。ほとんどの宗教は他力本願ですが、たった一つ、仏教のなかに禅というものが勃興《ぼっこう》しました。これが自力本願なんです。

他力本願は、自分以外の偉大なる物に全幅《ぜんぷく》の信頼をおいて、自分の我見をすべて捨ててしまう。アラーの神にすべて頼む、天なる父に頼めば間違いない、阿弥陀《あみだ》様におすがりすれば間違いない。そこに大勢の人が乗っかっていって大乗仏教が生まれました。彼岸《ひがん》に行くときに、自分で船を運転して行くのが自力本願、乗合船にのって、行く先を船長にまかせるのが、大乗仏教、すなわち他力本願です。船にのるとき、我見を捨ててしまうから、自分で操舵室《そうだしつ》へ行って「そこを目指していかなくてはだめじゃないか」と言ううちはまだ他力本願とはいえない。船長にまかせてしまう。行く先は極楽と書いてあるから、すべてまかせてのってしまう。

一方、自力本願の人はどうするのでしょう。

これは、瞑想《めいそう》によって、我見そのものの運動力（思考意識は頭脳の運動である）を弱めていく、という方法をとる。これが自力本願。

そして、この瞑想《めいそう》で、体を動かさずに死人の真似《まね》をしていると、だんだん死人のようになってくる。そのぐらいになると、我見《がけん》を働かせている意識も弱まってくる。我見を働かせている意識が弱まってくると、エネルギーの出口を締めつけている枠が弱くなる。そこで宇宙根源的パワーが流出してくる。勃然《ぼつぜん》として内部意識から宇宙的パワーが吹きだしてくることがある。突然、体の中に、心だけでなく血の中に何か噴出《ふんしゅつ》するようになり、「わかったぞ」というふうに叫んで、踊りだしたりする人がいる。それが禅でいう悟りなんです。色即是空《しきそくぜくう》。意識という空体から、色《しき》という肉体的な衝動《しょうどう》までおきてくる。空《くう》・色《しき》、それは同じものである。

自力と他力というものは、共に我見を弱めるか、あるいはいったん投げてしまうか、という違いだけで、とにかく、我見を捨てる、世間智《せけんち》を捨てる、常識智を捨てる、というところからはじまることが皆さんにおわかりになったと思います。

卑俗《ひぞく》的であることが大事

ところが、この自力にも他力にも欠点があります。

他力本願の欠点は何か。阿弥陀《あみだ》様にすべてをゆだねるわけですから、比較的容易に我見《がけん》を捨てることができます。しかしそれは、自分から離れて見る自分、解脱《げだつ》した真我《しんが》というものを見失うおそれがあることです。阿弥陀様と信者との間には、必ず和尚《おしょう》さんとか教祖様という指導者がいます。この教祖の言うことも唯々《いい》諾々《だくだく》と、全部従ってしまう。ここで自己性の喪失《そうしつ》ということがおこりやすい。そうなると、自己性がないから、何か他からきた、憑依《ひょうい》（キツネつき）など、霊がつくなどの現象で、「霊障《れいしょう》」なんて言いだすことがある。それもこれも、真我つまり解脱した自分がそこにないからです。

他力本願にはこの危険性が充分にあるから、優れた教祖を必要とする前提条件があるのです。ところが阿弥陀様や日蓮さんがいかに偉くても、今の世に生きていない。ですから、日蓮さんと信者の間に必ず別の指導者が必要となります。いわゆる新興宗教の会長などという人がこれにあたります。これらの指導者のもとで、神仏に絶対的信頼をおけるならいいが、自力以外の不可思議な力に恐れをもったり、霊障などというものにおびえはじめるのでは、極楽行きどころじゃありません。そもそも、おびえるという現象を真実の自己はもってません。真我がないからおびえるのであり、真なる自分があれば、恐れるものは何もないんです。

前にもふれましたが、お釈迦《しゃか》様は法句経《ほっくぎょう》の第一六〇番でこう言ってます。「己《おのれ》こそ己のよるべである。己をおいて、他のどこによるべがあろうか。よく整えられた己にこそ、またとなきよるべを得るであろう」と。

はっきり言って、自分を助けるのは「自分しかない」と言っているわけです。しかしながら、このような自分は我見《がけん》で物を考えている自分ではない。それは真なる我である。そして、こういう我にしか自分がたよるところはないんだ、ということです。

しかしながら、なお、自力本願にはやはり欠点がある。それは、なかなか我見が捨てられない、ということです。我見の力を弱めることはできても、真我《しんが》をつかむことが非常に難しい。世間智《せけんち》にとらわれている我見を捨てるために、瞑想《めいそう》してトランス状態になろうと思っても、なかなかそうならない。

仮に我見が弱まって、良いトランス状態になり、うつらうつらと寝てる状態になったとしても、そこで真我を把握するというもう一つの課題があります。真我がつかめないうちにトランス状態になると、そこで不思議な幻影がでてくる。目の前に大入道《おおにゅうどう》がでてきたりします。「この大入道をなんとかして頂けませんか、怖くてトランス状態に入るのは二度とご免です」などと私に言った人がいる。そこで私は「いいじゃないですか。その大入道をそこにいさせなさい」。すると「怖いんです」と言う。「その大入道《おおにゅうどう》はあなたに危害を加えにきますか？」「そういうことはありません」「なければ一緒に座っていらっしゃい」と私は言いました。ここで、幻影を見ると、他力本願での霊障《れいしょう》と同じようなことになってしまいます。

では、この両者、他力と自力の欠点を知りつつ、解脱《げだつ》あるいは安心の境地を得るには、どうしたらよいのでしょう？

結論からいうと自力でも他力でもいいんです。皆さんの好きなほうをやる。自分の趣味に合ったほうをやっていい。神様の好きな人は神様、仏様を信じられる人は仏様、神仏を信ずるに足りないと思ったら瞑想《めいそう》をやる。何でも良いのです。

先ほどのエジソンの言葉を思いだしてください。「電気とは何か？」「わかりません、しかし、これは大変便利なもので、使うと利益があるから、私は利益のためにいろいろ発明して、これを使おうと思う」。

電灯をつくって光をえ、電熱器をつくって熱をえ、電話をつくって音を伝える。このようなやり方で、皆さん、宇宙意識または真我《しんが》、または解脱というものを考えてみましょう。

もし、皆さんが我見《がけん》を捨て、内にふつふつとわきでる宇宙創世の根源的パワーを得て、それを利用して欲しい物を手に入れ、または安心の気持ちをえ、五体満足で健康に一生を過ごせるならば、私はそれで良いと思う。それ以上のもっと高邁《こうまい》なる境地の追求というものは、暇があったらおやりなさい。

しばしば私の説は人々に馬鹿にされます。たとえば、今、いろいろな団体があり、世の中を良くしようと思っている人たちが大勢いる。立派な哲学書を読み、一冊読み通すのに、ゆうに一か月かかるような難しい本を読んでいます。そして自分は高級だと思っている。それらの人々が時々私を招いてくれます。そこで私が「どうやったらお金が儲かるか」「人に好かれるか」などとやると、全員から軽蔑《けいべつ》のまなざしでみられる。でも、私は平気な顔で帰ってきてしまうんです。

彼らがあとで言うことはわかってます。「無能唱元の言うことは卑俗《ひぞく》的だ」。そう思われ、言われても、それはそれでいいんです。私はポピュラーであり、卑俗的であることが大切だと思っているからです。

般若《はんにゃ》の知恵

臨済禅《りんざいぜん》で、初心者に禅を説くための絵が、「十牛の図《じゅうぎゅうのず》」です。牛というのは、自分離れをした真我《しんが》、またはふつふつとわきでてきた宇宙意識、こういうものの知恵をたとえて言ったものです。

(1)　尋牛《じんぎゅう》　牛を尋《たず》ねて旅にでる。
(2)　見跡《けんせき》　牛のひづめの跡《あと》を発見する。
(3)　見牛《けんぎゅう》　二本の木のうしろに、牛のお尻と尻尾《しっぽ》を見つける。牛を発見した。
(4)　得牛《とくぎゅう》　牛を捕まえ、一生懸命ひっ張る。
(5)　牧牛《ぼくぎゅう》　牛を飼って馴《な》らす。
(6)　騎牛帰家《きぎゅうきか》　牛はだいぶ馴れ、夜、乗って家に帰ってきました。
(7)　忘牛存人《ぼうぎゅうそんにん》　家に帰ってくると、そこで悟りを忘れてしまう。真我《しんが》とは何だろう。
(8)　人牛倶忘《にんぎゅうぐぼう》　倶というのは共にという意味。人も牛も忘れてしまう。我見《がけん》も真我も、せんさくしなくなってしまう。自分で体得してしまったから考える必要がない。
(9)　返本還源《へんぽんげんげん》　尋牛《じんぎゅう》にでかける前の自分と同じ状態になる。同じような生活をしている。見たとこ同じ、ということです。柳は緑、花は紅、となると悠々《ゆうゆう》である。見たところは同じで全然違う。あらゆるものに不都合さがなくなっている。なんでも唯々諾々《いいだくだく》、観自在《かんじざい》、自在に物が見え、自在に事が行なえ、すべて都合がいい。きょうは天気がよい、爽《さわ》やかでうれしいな。きょうは雨、葉の緑が活き活きしてうれしいなあ。うれしいほうが都合が良ければ、全部うれしくしてしまう。自由自在になる。このような境地にあっても、その人は生きている人間ですから、お腹《なか》もすけば、年もとる。そして、死にます。ありのままになる。

(10)　入廛垂手《にってんすいしゅ》　布袋様《ほてい》の絵が画いてある。

布袋様は、中国の聖人です。いつもお腹をだしていて、一切合切《いっさいがっさい》の道具を袋に入れて、町のあちこち歩きまわる。今でいう浮浪者ですね。そして始終げらげら笑っている。回りに人が行くと、げらげら笑っている布袋様の笑いが移ってしまう。陰気で布袋様のところにやってきても、陽気が移ってうれしくなってしまう。

廛《てん》というのは、人の欲望が渦巻いている下町のことです。このような町から離れて出家のようなことをしない。世俗のことが嫌だと、永平寺に入ってしまうのでなく、逆に寺から出てきて、浮浪者のたまり場、山谷《さんや》みたいな所に出かけて行く。そこで救いの手を垂《た》れる。ここまできて初めて本物である、というのが入廛垂手。

これが十牛《じゅうぎゅう》の図の意味であり、これを自力でやるのが臨済《りんざい》のやり方です。

臨済宗では、我見《がけん》の弱まってきたところを見はからって、十牛の図を一つずつイメージし、そのイメージに自分の真我《しんが》が合わさっていって自分自身から離れていく。

さて皆さん。この空《くう》という問題は説いて、説きつくせるものではありません。

ただ、ここで知っていただきたいことは、自分を見張るもう一人の自分が存在し、その自分を自分でつかむことを、何とかやれないか、ということです。この、もう一人の自分を得さえすれば、初めて解決の道が開けるわけです。我見《がけん》のなかに自分がいる限り、「私がこんな嫌なことをあなたに言わなくてはならないのは、そもそもあなたがこう言ったからですよ」などという争いが始終おきてしまう。こういう人は「私がこうなったのも、その原因はあなたにある」というような被害者意識をもっていて、他人を攻撃し、その結果、自分の不都合を体験する人生になっている。

私は、本書でくり返しのべてきました。人は正義を主張しはじめた瞬間から、不幸がはじまると。そして、この言葉を誤解した人から「正義が不幸の原因になるとは何ということを言うんだ」などと攻撃されます。

皆さん、私が言う「何が正しく、何が正しくないのか、ということは一番大事なことではない」ということをぜひ覚えておいていただきたい。それよりも、幸福な生き方、というのが一番大切だと、私は考えます。それは都合のいい生き方であり、利益のある生き方であり、安心の得られる生き方、得する生き方です。人生に不都合を生じたとき、何かイライラを感じはじめたとき、この般若心経《はんにゃしんぎょう》を読んでください。くり返し、くり返し読んでいると我見《がけん》が弱められてくる。そして心の奥底から般若の、パーニャの知恵が生まれてくる。般若の知恵こそ、すべてを解決する最大のものである、ということを皆さんによく知っておいていただきたいのです。

〈**意訳**〉

般若心経

すべてをよく見、聞き、わかる菩薩《ぼさつ》様が、般若《はんにゃ》の知恵について深く研究しておりましたが、このたび、およそ、この世に存在するものはすべて、そもそもが実体のないものだということを発見しまして、この考え方により、人間に生ずるいっさいの苦しみという問題を、一挙に解決することができました。

皆さん！

物体というものは、実は空体なのです。また空体というものも、実は物体なのです。つまり、物はそのまま空であり、空もまたそのまま物である、そこにはいささかの相違もないのであります。また、私たちが、見たり、聞いたり、考えたりする、この身体の働きも同じように空なのであります。

皆さん！

この世にある万物はすべて空なるものです。それは生じてきたものでなく、また無くなっていくものでもありません。それは汚いものでもなく、またきれいなものでもありません。増えたり、減ったりするものでもありません。つまりは、すべて空のまっただなかにあるものであります。形なく考え行なうこともなく、眼耳鼻などの器官なく、したがって、色や音、香りなどを感ずることもなく、景色もなければそれを意識することもない。暗闇《くらやみ》もなく、またその暗闇がなくなったというわけでもない。生物が老いたり死んだりすることもありません。またその老いたり死んだりすることが無くなったというわけでもない。

苦しみも、それがやってくることもないし、またそれを無くす方法というものがあるわけでもない。何かを知ることもなく、何かを得るというわけでもない。

何かを得るということがないから、菩薩たちは楽々と般若《はんにゃ》の知恵を用いて、心にかかる影もなく、恐れためらうことなく、一切の迷いから遠く離れ、大安心の境地にいたることができるのであります。

そこで大勢の仏たちは、この般若の知恵をもって最上の悟りを得ることができたのです。

ここで、皆さんに、この般若《はんにゃ》の知恵を身につけるための呪文を一つお教えしましょう。これは実に優れた効き目をあらわす最高の呪文であります。これを唱えれば一切の苦しみから逃れることができるのです。さあ、さっそくこの呪文を唱えてみましょう。

「行こう。行こう。あの岸へ。共に行こうあの岸へ。悟りよ。幸せよ」

無能唱元・訳

三、真篇

ともすれば、われわれの自我は好悪《こうお》の山野に迷い、愛憎の大海に溺《おぼ》れる。

あなたは、これらの自我を超克《ちょうこく》し、しかも、その幻の世界に遊ぶことができるだろうか？

第一章　得する人

す。

好みの範囲が広がる

私が子供のころのことです。

毎夏、父は好んで水蜜桃《すいみつとう》を食べたものでしたが、そのおりに、よく父はこう言ったものです。

「ほんとに旨《うま》い桃というのは、ひと夏に一度か二度だなぁ」

ほんとうに旨い桃というのは、つまりこういうことなのです。水蜜桃は、よく熟すると、まずたっぷりとジュースを含み、次に、甘さが充分にいきわたります。旨さには、一に「やわらかさ」、二に「蜜の多さ」、三に「甘さ」と、この三拍子がそろったとき、「ほんとうに旨い桃」になる、と父は考えていたのです。

ところが、この三つの条件を満たす水蜜桃には、なかなかお目にかかれない。まず、熟しが足りなければ「やわらかさ」に欠けます。

また熟しても、水分が少ないこともあり、水分はあっても甘さに欠ける場合もあります。

確かに、父の言ったように、ひと夏で一、二回程度にしか、この三拍子そろった桃には、お目にかかれない、というところがあると、長《ちょう》じた後、私は水蜜桃を食べるごとに、父のこの言葉を思い出したものです。

ところが、あるとき、私の妻が、まだやや未熟と思われる水蜜桃《すいみつとう》の皮をむき、一口ぐらいに切ってくれたものを出してくれて、

「まだ少し固い桃というものも、おいしいものね」と言ったのです。

それを食べたとき、シャキッとした歯切れのよさ（それはややリンゴの歯ざわりと似《に》ていた）がひどく新鮮で、おいしく感じたものです。

それからの私は、未熟の桃も、完熟の桃も、両方それぞれに違ったおいしさを味わえるようになったのです。

もう一つの例話をお話したい。

私の目は一重瞼《ひとえまぶた》で小さいのです。子供のころから、私はこれに劣等感をもっていたようです。

白人は、黄色人種の目を「フィッシュ・アイ」と呼ぶそうです。これは魚の形をした目の形という意味らしいのですが、漫画には、日本人や中国人の目は細くつりあがった形に描かれてあります。

そんなこともあって、私は自分の細い目が嫌いで、女性も目の大きな人が好きなタイプだったのです。それで、かなりの美人でも、その女性の目が細かったら、私は全然興味を覚えな

かったものです。

二〇代の私は結構プレイ・ボーイを気どっておりまして、何人かの女性とデートしたものですが、そのとき、きまって好きになる女性のタイプは、目がぱっちりとして大きいことが条件でした。

ところが、ヨーロッパへ二回ほど旅行したころから、その好みに微妙《びみょう》な変化が生じてきたのです。

それは、決して今までの西洋的タイプが嫌いになったわけではなく、好みの枠《わく》が広がったとでもいいましょうか……。

日本的、それも古い、浮世絵的な女性にセックス・アピールを強く感じるようになったのです。目が細く、顔が細おもてで、口が小さく、乳房は小さく、腹は下腹がむっくりと肉がのって、というタイプに魅《ひ》かれるようになりました。ちなみに、これらは江戸時代の美人の条件だそうです。

さて、その後の、私の女性に対する好みの枠はいろいろなタイプへと広がっていったのです。長身で理知的なタイプ、小柄で可愛いタイプ、豊満な乳房の女、スリムな肢体《したい》の女、それぞれの女性が、それぞれに私の興味をそそるようになりました。

桃も女もそうですが、好みのタイプの拡大は、喜びの拡大でもあります。それは、おいしいものを味わうチャンスが増大することです。

好きなもの、おいしいと感ずるものが増えることは、人生に喜びが増えることでもあります。

そして、人生に喜びが増えるということは、そこに幸福の花が根をおろしつつあることではないでしょうか？

識閾《しきいき》（マージン）

コリン・ウィルソンは、現代のアメリカ作家です。作家であるからにはもちろん、小説を書いているのですが、それよりも、彼がエッセイ風の評論を通じて発表する、彼の思想に人気が高く、それも現代科学から未来への予測、それから、いわゆる「精神科学」と呼ばれる分野において非常に有名になっております。

「精神科学」という呼称はまだ確固とした市民権を得てはいないようですが、今日では、かなりの人々がこの名称について知っているようです。精神科学は、また「ニュー・サイエンス」という呼称とかなり近しい意味性にあるように思えます。

コリン・ウィルソンは、このニュー・サイエンスの輝かしき旗手として、若い読者層に非常に人気があるのだそうです。

このコリン・ウィルソンの著作のなかにある「識閾《しきいき》」（マージン）という言葉について、少々解説してみたいと思います。

「閾《いき》」とは「しきい」のことで、家の内外をくぎる横木で、入口の地面に置かれるものだそうです。この場合の「識閾」とは、外部からの刺激が五官を通じて体内に入ってくるとき、その感官の入口にある、いわば「意識の敷居《しきい》」ともいうべきものを表現しているのです。

これを、コリン・ウィルソンは、「否定的な刺激の内部侵入をさまたげる意識の敷居」という意味に用いております。

人の意識が活力に満ち、生き生きしているときは、多少の気にいらぬことがあっても、気にもかけないものです。これは、否定的な刺激に対応する識閾が高くなっており、それが入ってくるのを防いでいるからです。

ここで私は、中国古典のなかにある「余桃《よとう》を食《くら》わせる」という故事を思い出しました。

むかし、衛《えい》の国を霊公《れいこう》が治めていたときに、霊公が寵愛《ちょうあい》した弥子瑕《びしか》という美少年がおりました。

あるとき、霊公《れいこう》は弥子瑕《びしか》をつれて果樹園へ出かけました。弥子瑕がここで、桃を一つ取り、それを食べたところ、あまりにおいしいので、彼は半分の食い残しを霊公にすすめたのです。これを公は、とても喜んで、

「弥子瑕は君主思いだ。自分があまりにおいしいと思ったら、礼儀など忘れて、その残りをわしに食べさせようとしてくれた」と言って、いっそう弥子瑕を可愛がったのです。

だが年月がたち、弥子瑕の美しさもおとろえてくると、霊公の彼に対する興味はうすれてきました。

すると、弥子瑕のすることがすべて気にいらなくなってしまいます。そして、ある日、この桃のことを思い出して、こう言いました。

「弥子瑕は、かつて果樹園で、わしに食《くら》いかけの桃を食わせよった。まことに無礼な奴である」と言って、彼を処罰したというのです。これが、「余桃《よとう》」の故事として、よく知られた話です。

弥子瑕の行為は一つで、前にはほめられ、後には非難されました。同じことが、霊公にとって、前は愉快《ゆかい》であり、後は不快になったのです。

これは、弥子瑕《びしか》にまだ愛情を感じていたときは、霊公《れいこう》の気分はまことによろしく、無礼という刺激は、霊公の識閾《しきいき》でストップしてしまい、そこからなかに入らなかったわけです。つまり、マイナスに対する敷居《しきい》は高かったのです。

ところが後年、弥子瑕をうとましく思ってきた霊公の彼に対する識閾《しきいき》は非常に低くなってしまい、弥子瑕についての不快な刺激は、その敷居を容易にのり越えて、霊公の意識内に侵入するようになってしまったわけです。

この余桃《よとう》の故事は、対個人における場合の気分のあり方を示したものですが、この他に、相手が誰であろうと関係なく、自分の気分が落ちこんでしまっている場合もあります。

これをコリン・ウィルソンは「一種のたるみであり、帆船が帆をだらりと垂れて静止してしまう凪《なぎ》のような状態」にたとえております。

このような場合、人はあらゆる不快な刺激をやすやすと、しかもその不快さを増大させて、自分の内に受け入れてしまうのです。

それは、マイナスをストップするはずの敷居が非常に低下してしまったことによるわけです。

報酬漸減《ぜんげん》の法則

ところで、私は、この識閾《しきいき》を、プラスの刺激についても、同じようなことを想定できるのではないかと考えるのです。

すなわち、愉快《ゆかい》なことに対しても、それをストップしてしまう敷居《しきい》があるのではないか、と想定するのです。

数年前、私は山梨県のある山のふもとをタクシーで、山のほうへ登って行ったことがあります。おりから桃の花のシーズンで、白やピンクに彩《いろど》られた遠景は夢のようなおもむきがあり、それは素晴らしい光景でした。

思わず賛嘆《さんたん》して、私はタクシーの運転手に言いました。

「いやあ、桃の花がきれいですねえ!」

すると、彼は、

「そうですか。いや、私らは毎日見ているもので、あんまり感じないですがね」と言ったのです。

コリン・ウィルソンは、このような場合、「報酬漸減《ぜんげん》の法則」という術語を用いております。

これはどういうことかというと、たとえば、どんな良い景色でも、二回目、三回目となると、その感激度は薄れていってしまうということなのです。「報酬」とは、感激であり、それを肯定的な刺激として、内に迎えいれることを意味しております。

これは、肯定的な刺激に対して、敷居《しきい》がだんだんと高くなっていってしまうことではないでしょうか？

そこで、便宜《べんぎ》上、次のような考え方をしてみると、非常にわかりやすくなるのです。

つまり、入口は二つあるのです。その一は、不快な刺激を受けいれる否定的な入口です。その二は、愉快《ゆかい》な刺激を受けいれる肯定的な入口です。そして、この二つの入口には、それぞれの敷居があると考えるのです。

否定に対する敷居が高く、肯定に対する敷居が低いのは、もっとも望ましいあり方です。このような意識状態では、世界はつねにバラ色に輝き、その人の生活は喜びと感謝に満ちてくることでしょう。

これは、たとえば対人関係で、好きな人が多く、嫌いな人は少ない、という人がこれに当たります。そして、この反対が人間嫌いです。また、少数の自分の気にいった人々にだけ優しく、他の人々には苛酷《かこく》であるという人も、否定は受けいれ、肯定は容易に受けいれないというタイプです。

また、肯定の敷居《しきい》も否定の敷居も、共に高くなってしまって、いわゆる無感動・無感覚という感覚状態も考えられます。いわゆる自閉的症状がそれです。

また、乞食《こじき》や浮浪者なども、その傾向が非常に強くなり、こうなると、暑さ寒さに対しても感覚が鈍《にぶ》ってきて、真夏でもレインコートを着ていて平気だったりします。

老衰などで、無感動になってくるのも、二つの入口が共に敷居が高くなってきたことを示します。これが高じてしまうと、いわゆる「恍惚《こうこつ》の人」となってしまうわけです。

この逆に、肯定・否定の二つの入口の敷居が共に低くなってしまった場合も想定できます。

これは異常に感激反応度が高く、やたらに泣いたり笑ったりする、いわゆる狂躁《きょうそう》状態であり、躁《そう》うつ病の躁《そう》の状態がこれに当たります。

幕末の脱藩《だっぱん》浪士たちが、悲憤慷慨《ひふんこうがい》したり、放歌高吟《ほうかこうぎん》したりしたのもこの状態です。

幸福感度の高い人

ところで、この意識の敷居《しきい》の高さを、自分の思ったように、自由に調節できないものでしょうか？

もし、その高低を自由にコントロールできたら、それは実に素晴らしいことではありませんか？

なぜならば、それがコントロールできるということは、とりもなおさず、それは私たちの幸福度をコントロールできるということになるからです。

皆さん。ここが非常に大切なところです。

幸福とは、ものではなく、そのものの味なのです。すなわち、幸福とは「形あるもの」にあるのではなく「形ないもの」にあるのです。

「味わい」こそ、幸福感か不幸感のわかれ目です。そして、それはその人の日頃の心構えによって、より多くの幸福を味わいつつある人と、より不幸に苦しむ人との二者に分かれてしまうのです。

「幸福感覚度」の高い人もいれば、「不幸多感症」の人もおります。

そして、人生において、幸福であるか不幸であるかのわかれ目は、まさに肯定否定の二つの入口における敷居《しきい》を、自《みず》らコントロールできるか、できないかの一点にかかってくるのであります。

では、この二者の敷居の高さを、自らの力によってコントロールできるのでしょうか？

「できる」と私は断言します。

それは可能なのです。しかも、考え方によっては、とても容易にできるのです。

では、どのようにして？

それは、自分のなかの「すべてを全的《トータル》に見る目」が目覚めればよいのです。

では、すべてを全的に見る目とは、どのような目なのでしょうか？

それは、相対したテーマを、ありのままに見、その全体像を即時に理解することです。そして、そのような理解を得るためには、それを理解するときに、「あらゆる価値基準をそこに付加しない」ことが大切です。

すなわち、そこには、反省があってはならず、賞賛《しょうさん》もなく、非難があってもいけない。肯定もなく、否定もなく、ただありのままにそれを理解するのです。

例をあげてみましょう。

誰かがあなたを「嘘《うそ》つきだ」と言ったとします。

このとき、なぜ彼が自分を嘘《うそ》つきだと言ったかを、観察してみるのです。すると、彼は自分に対して怒っているのだということがわかります。では、その怒った原因は？　それは先日、彼との約束をたがえたからであり、また過去に、そのようなことがあったからです。すると「私は確かに嘘つきである」ということが理解されます。ここには何の作為《さくい》もありません。ただ、あるがままをそのとおりに理解しただけです。そして、それはそれで終りなのです。

このときに、その約束をたがえたのは、まことにやむをえなかったという事情をもってきたり、また、その約束がとるに足りぬ「小さなこと」という価値判断を付与したりすれば、それは、あるがままの上に何かをつけ足したということになります。そして、それは真の意味の理解ではなくなるのであります。

これはまた、誰かが「彼は卑劣《ひれつ》である」と言った場合も同じです。

なぜ、その人は「彼は卑劣だ」と言ったのだろうか？　とその問題を全的《トータル》に観察してみるのです。そして、たとえば、その人に、

「なぜ、あなたは、彼を卑劣だと言うのですか？」と尋《たず》ねてみるのです。すると、その人は、かくかくの理由でそう言うのだ、と言います。ここで、あなたは、なぜその人が「彼は卑劣

だ」と言ったのかを理解するのです。

そして、そこには、この意見が正当であるか、不当であるかの判断はなされていないことに注意してください。理解とは、その相対したものへの理解でしかないのです。それは「私は嘘《うそ》つきだ」と「彼は卑劣だ」は何の区別もない領域において観察され、理解されるのです。この意識の領域では、まだ「愛」も「憎しみ」も生じていないのです。「好き」と「嫌い」の感情はまだ登場してきていません。

皆さん。

このとき、あなたの意識は真に目覚めた状態にあるのです。このとき、あなたは絶対的な静寂《せいじゃく》、完全な平和な境地にあるのです。

そして、このときにこそ、生気《しょうき》エネルギー（「霊気」「生命エネルギー」などと、どう呼んでもいいのですが、以降はこの一語に要約して呼びます）は、この空白の容器（それは人間の心身です）にどんどんと注入されつつあるのです。

すなわち、理解とは平和そのものであり、そして平和とは、いかなる人為《じんい》的な欲望をもたない意識状態において行なわれるのです。そしてそれは、真の意味の瞑想《めいそう》状態であり、かつ完全に目覚めた意識状態でもあるのです。

二辺を往来する

理解の次に行動がおこります。

この行動とは体の行動だけではなく、心理的な動きも包括《ほうかつ》します。すなわち、理解が終ると、欲望が生じます。工夫や才覚がいっせいに働きだします。反省が生じ、軌道修正を企画します。あらゆるものに価値が付与され、あるものは非難されるのです。

これは戦いです。損を排除し、利益を追求する行動です。そしてそのゆえに、このときのこの意識状態は決して平和ではないのです。それは目的を求め、努力している姿であり、大きな興奮が働いているのです。

当然、この意識状態は、平和ではなく、理解もしておらず、静寂《せいじゃく》でも瞑想《めいそう》でもなく、そして次の点がもっとも大切ですが、生気《しょうき》エネルギーの体内注入はストップしているのです。のみならず、その生気エネルギーは、多量に消費されつつあるのです。

体の働きについては、休息と活動があるように、精神にも、その二つのものの交代がなければなりません。精神における二つのものとは、「目的の追求」と「目的の忘却《ぼうきゃく》」です。具体的にいうならば、「ビジネス」と「リクリエーション」です。そしてまたそれは「戦い」と「平和」でもあります。

平和とは求めることによって得られるものではありません。それは、求めることをやめることによって生ずるのです。すなわち、平和とは「諦観《たいかん》」によって生ずる心の世界なのです。そして、この心の世界は、当然、目に見える世界にも波及《はきゅう》します。

この平和である意識状態に入ることは、すべての人にとって、人生ではもっとも重要なことであると申せましょう。

なぜならば、この意識状態に長く入れないでいると、生気《しょうき》エネルギーは心身の内に枯渇《こかつ》してくるからです。

生気エネルギーが枯渇してくればどうなるのか？

うつ病になります。慢性《まんせい》の病気になります。突然死に襲《おそ》われます。人間関係が破壊《はかい》されます。仕事がうまくいかなくなります。犯罪者になります。自殺します。以上のような非運がこうして訪《おとず》れてくるのであります。

仏教では古来から、この平和な意識状態のことを「ニルバーナ」（涅槃《ねはん》）と呼びました。私たちは、ときおり、このニルバーナの意識状態にはいり、生気エネルギーをチャージしないと、人生が危なくなるのです。

「ニルバーナ」とは、人間の欲望の火が吹き消された状態という意味だそうです。ということは、それは諦観《たいかん》であり、瞑想《めいそう》であり、理解であり、覚醒《めざめ》であるわけです。

人間が生きているということは「二辺往来」をくり返すことです。すなわちそれは「有為《うい》」の世界と「無為《むい》」の世界とを、行ったり来たりすることです。

ところが、世の多くの人々は、この「無為」の世界の大切さに目覚めていないのです。

「有為」とは、「為《な》すところ有《あ》る」ということです。では何を為すのか？　それは目的あるいは理想を追求することです。ところで、追求されるものは未来のイメージとしてのものであり、現在には未《いま》だ存在しないものですから、それは幻想というものであり、そしてその努力は、「夢を追う」という行為です。

ですから、有為とは夢を見るという行為なのです。

「覚醒」とは、理想を追い求めている行為を「幻想を夢見ている」行為に他ならないということを発見することなのです。これが、いろは歌にいう「有為《うゐ》の奥山《おくやま》今日越《けふこ》えて、浅《あさ》き夢《ゆめ》見《み》じ、酔《ゑ》ひもせず」なのであります。

こうして、この「覚醒」を得た後、人は初めて、二つの世界への「二辺往来」を自由に行なえるようになるのです。

第二章　覚醒《めざめ》への第一歩

自燈明《じとうみょう》の人

「覚醒《めざめ》」とは、どういうことでしょうか？

この言葉を、英語では「エンライトメント」といっております。また、禅やヨガでいわれる「悟り」も、この覚醒の同義語です。

「エン」この接頭語は「何かの力を加える」という意味です。「ライト」は「光」のこと、それで「エンライト」とは「明かりを点ずる」すなわち「光明《こうみょう》を得る」という意味になります。「メント」はご承知のように、これを名詞化したものですから、エンライトメントとは「光明」と訳してよいでしょう。

これは仏教でいう「無明《むみょう》を脱して、光明の世界に入る」にぴったりの表現です。釈尊《しゃくそん》は、仏陀《ぶっだ》とは「自燈明《じとうみょう》」の人であるといわれました。「自燈明」とは、自分自身を光となして、世の一隅《いちぐう》を照らすことだと説かれたのです。

「覚醒」とは、光を得ること、そして、その光をもって、あらゆるものを照らし、すべてを瞬時に理解できるようになること、とこう解釈できるのではないでしょうか。

さて、ここで私はあなたに一つの疑問提起をしてみたいのです。

「このような『覚醒』とは、ごく普通の一般人にとって必要なものなのでしょうか？」

禅僧、ヨギスト、また古今《ここん》の賢人や祖師《そし》たちが求めんとして、会得してきたこの「覚醒《めざめ》」は、ごく限られた、いわば「精神的な世界」に生きる人たちのみの専有物（?）であり、日々を生業《せいぎょう》に追われるわれわれ俗人にとっては、あまり関係のないことのように思えるのではないでしょうか?

こういうことは、坊さんや哲学者などの特殊な人々にお任せしておけばよいことで、一般庶民にとって生きてゆくためには、あまり必要のない一種の「思考作業」にすぎない、とこんなふうに、あなたは漠然《ばくぜん》と思っていられるのではありませんか?

実は、かく申す私も長い間そんなふうに思っていたのです。

若い日、私は「悟り」とか「覚醒」などという言葉に対し、多分に疑惑《ぎわく》的でしたし、むしろ、嘲笑《ちょうしょう》的ですらあったようです。「役にもたたない、閑人《ひまじん》の思考作業」と、こんなふうにみていたのです。

人間にとってもっとも重要なのは「生産作業」つまり仕事であり、ただそれを消費している、いわゆる「むだ飯《めし》食い」の作業、それが「悟り」「覚醒」などという訳のわからないことを求めている行為である、とも思っていました。

いずれにしても、商売をしたり、会社に勤めたりしている一般社会人にとっては、無用無関係な思索《しさく》行為であると考えていたわけです。

ところが、二十六、七歳のころだったと思うのですが、ある日、食事のとき、ご飯にどうも味がない、ということに気がついたのです。白いご飯を噛《か》むと、何か虚《むな》しい味がして、ちっとも旨《うま》くないんです。

このころ、私はまだ新婚のころで、ワイフはなかなか料理が上手《じょうず》で、これは、友人たちもそう言ってくれるから間違いないと思うんですが、ひじきの煮つけとか、野菜の天ぷらとかの家庭料理は抜群《ばつぐん》に旨いのです。

この旨いはずの料理が旨く感じられない。これはどうもワイフに対して申し訳ないと思いました。

それは不味《まず》いというわけではなく、「味がない」という感じなので、何かこう虚しいという気分になっている。これが毎度、それも特に夕食の時に感じるのです。

これはいったいどういう訳か？

と、こう考えはじめたのが、そのきっかけでした。

今にして思えば、これは覚醒《めざめ》への第一歩である「自己内洞察《どうさつ》」という一種の思索《しさく》行為だったのです。

そのときに気がついたのは、ご飯《はん》に虚《むな》しい味を感じているのは、ご飯そのもの、つまり料理の味つけにその原因があるのではなく、私の内側にある「味覚」そのものに虚しさがあるからだ、ということでした。すなわち、虚しさは外にあったのではなく、内にあったのだということに気づいたのです。

「味覚」は、五感という知覚のうちの一つです。そして、この味覚が虚しさを覚えていることは、他の知覚とも連動していて、知覚そのものだけではなく、体じゅうの感覚に虚しさがあるのだということもわかってきました。

たとえば、体の感覚ですが、何となく体のなかが、スカスカして空虚な感じがあるのです。「からだのなかを風が吹く」といったような詩を読んだ記憶がありますが、まさにそんなような感じが自分にあるのです。それは、たましいの気がぬけたような感じでした。

たましいの遍歴《へんれき》

そして、このころより、私の「たましいの遍歴《へんれき》」がはじまったのです。

それは、生活費を稼《かせ》ぎ、生活を豊かにするという意識とは別に、私のなかに活動しているもう一つの意識となったのであります。すなわち、日常意識と並行して、いつも、私の意識

にこびりついて離れなかったのは、
「この虚《むな》しさとは、なんだろう?」という疑問だったのです。
ずいぶんと後になって、これが「内観行《ないかんぎょう》」という、いわば瞑想《めいそう》の一つの形態であるという
ことを知りましたが、当時は、そんなことは何もわからずに、自分の内なるこの意識を、じっ
と見つめつづけていたのです。
当時、私は食べるには困ってはいなかったし、自分の持ち家に住んでおり、妻もいて、不
自由ということは感じなかったのです。好きなギターをいつも弾《ひ》けて、友達も何人かおり、
よく一緒に飲みに行ったりしていたものです。
仕事上の失敗ということもなかったし、体はいたって丈夫でした。
そして、昼間の生活のなかでは、その虚しさというものは殆《ほとん》ど感じてはいなかったのです。
ところが、夕食のとき、白いご飯《はん》を口に入れたとき、この虚しい気持ちが、ふっと起きてく
るのです。それから、夜、眠る前も同じような気分になることもありました。
「何かもの足りないのだろうか?」と考えたりします。しかし、何が不足なのかもよくわ
からないのです。そうしているとき、いわゆる「アンニュイ」というのでしょうか、何か
怠惰《たいだ》な、体のなかから力がぬけていってしまったような、憂《ゆう》うつな気分に陥《おちい》っていたもので

した。

こうして、この疑問が解《と》けないまま、十年近くの歳月が過ぎてしまったのです。世の人の常のごとく、私もその間いろいろの経験をしました。失意の時もありましたし、得意の時もありました。恥《は》ずかしい思いをしたこともあれば、卑劣《ひれつ》なことをした自分に自己嫌悪《けんお》を感じたこともありましたし、ささやかながら何かの成功をいくつか得て、人々から賞賛《しょうさん》されたこともありました。

しかし、その間、あのもやもやしたような不満感はいつも自分の意識のなかから去ることはなかったのです。もちろん、四六時中《しろくじちゅう》その虚《むな》しい感じに占められていたわけではありませんが、折りにふれては、ふっと頭をもたげてくる何となく憂うつな感情だったのです。

ある意味では、軽いうつ病にかかっていたのかもしれません。

しかし、この同じ歳月の間、私は大勢の人々の幸不幸のありさまも見てきました。そして、だんだんと、その幸不幸の原因というものが見えてきてもいたのです。

こうした日々のある日、仏教の唯識論《ゆいしきろん》にある「阿頼耶識《アラヤシキ》」について知り、それについての仏典をいくつか読み、思索《しさく》しているうちに、人生におけるさまざまな体験というものは、深層意識アラヤに熏習《くんじゅう》(インプット)されたるところの記憶にその原因があるということに気がついたのでした。

そして、その記憶づけをするものは、余人《よじん》ではなく、実におのれ自身の意識行為によるものだ、ということを私は発見し、それを、「因依唯識《いんいゆいしき》」の悟り、と名づけたのです。これは、人間の体験することはすべて、あらかじめ自分が何かを意識することによって、それが深層意識アラヤにインプットされ、アラヤの内で業《ごう》として熟成され、そして熟成され終ったとき、それが外部に出現してきて、その当事者がそれを体験したものである、という考え方です。

そして、この考え方が、より明確になっていくうちに、あらゆることが非常にはっきりと見え、かつ理解されはじめたのです。

虚《むな》しさの正体

ものごとがはっきりと見え、その原因や理由というものが即座に理解されることが多くなってくるということは、あたかも鳥が大空から人間界を広く見わたすような気持ちがするものです。

ものごとを「全的《トータル》」に見れるということは、上空から見た下界のなかに、自分も含めて見えるということです。

そして、このコツをいったん覚えると、それからは、必要とあれば、そういう視界をいつでも、自分の意識内に設定できるようになるものです。

奇妙なことに、このような「見方」と「理解」というものができるようになるにつれて、それまでずっと離れなかったあの「虚《むな》しさ」の感覚が、私の意識からだんだんと消えていったのです。つまり、「虚しさ」の正体が何であるか、まだわからないうちに、それは消滅していったわけです。

そして、ある日、突然に私はその正体がわかったのであります。

「虚しさ」の正体、その原因は、「生命エネルギーの枯渇《こかつ》現象」だったのです。生命エネルギー、それは、一種の精神的エネルギーであると同時に肉体的エネルギーでもあります。すなわち、我々を生かし、その生命状態を保持しつづけさせている力です。心臓を一分間に約七十五回搏動《はくどう》させ、体温を約三十六度に保たせているところのある意識です。

これは、我々の知恵が操作しているものではなく、すなわち、人智を越えたある力でもあります。それは、名前のつけようもないものですが、あえてこれに「宇宙意識」という呼び名をつけてみると理解しやすくなります。

この宇宙意識のエネルギーが過不足なく私たちの体内に注入され、体内にいきわたっているかぎり、私たちの気分は生き生きとした充足感を覚えていられるのですが、何らかの理由で、そのエネルギーの注入口がせばめられると、体内の気力が低下してきてしまうわけなのです。

これが、私の「虚《むな》しさ」の気分の生じた原因なのです。

では、このエネルギーの注入口がせばまるというのは、どういう理由でそうなるのでしょうか？

それは、仏教にこう説かれております。すなわち、それは「無明《むみょう》」によるものだと……。

無明とは、ものごとがはっきりと見えないということです。すなわち、明晰《めいせき》な目と頭脳をもって、ものごとを即座に、全的《トータル》に理解できない状態ということです。

ものごとが、このように理解できないというのは鳥瞰図《ちょうかんず》的に大空から下界を見おろすことができないからです。そしてそれは、見る者が、まだ自分の内におり、自分のなかから外界のものごとを見ている状態です。

すなわち、自己中心的な見方をしているのです。

大空から見おろすというのは、自分のなかから真の自分が抜けだして、すなわち解脱《げだつ》して、すべての事物を公平に見てとるということです。

自分のなかからのみ、外界を見ているというのは、非常に偏狭《へんきょう》な視野のみしか見れないということです。そして、どうしても、ものごとの全体像というものが把握《はあく》できないのです。そうなると、勢い、ものごとの理解ということはむずかしくなってきます。すると、何か「せいせいとしない」「もやもやとしたような」気分になってくるのです。それは一種の欲求不満の感情とも似《に》ております。

このようになると、エネルギーの注入口はせばまり、気力というものは低下してくるのです。気分は憂《ゆう》うつになり、虚《むな》しいような感じがしたり、イライラしたりするようになります。

自分の内に自分がこもって、そこより外界を見ていることは、大地の穴より外をうかがい見ているようなものです。

無明《むみょう》とはそういうことです。すべてが「明《あき》らかでない」ために、どうもすっきりとしないのです。すると、不機嫌になってきます。そして、このイライラのために、攻撃的になります。攻撃すれば、この不快さが晴れるような気がするからです。

この攻撃は外へむかえば、他者攻撃となり、内にむかえば自己攻撃となります。前者は、いじわるやいじめになり、後者は精神病になったり、そのはなはだしいものは自殺にまでいたる場合もあります。

幸福感はなぜ得られたか

ひとたび覚醒《めざめ》（悟り）に達しえられたとしても、その人の外見が著《いちじる》しく変わって見えるというわけではありません。

性格が変化したり、人格が向上したりするということでもありません。

そういうことも、たまにはあるかもしれませんが、それはいわば、覚醒にともなって、副次的に生じたことなのです。

悟ったら、人格が向上して、立派な人がらになったなどというより、異なった意味のことが、彼の内面に生じるのです。それは、霊的なエネルギーが、彼のなかに溢《あふ》れだしてくるということです。そして、そのようなエネルギーを得ることが、最初の「覚醒へいたらん」とする目的なのです。

視界が開けると、明るく陽気になってくるのです。生き生きとした力を、内部に感じはじめるのです。

外見的には、その人は別に以前と変化したようには見受けられないことが多いのです。いや、それどころか、以前より、愚《おろ》かになったように見えることもしばしばあります。

彼の欠点は、改まるどころか、前よりひどくなることさえあります。もっとも、そういう場合の欠点とは、実質的な意味で見るとき、人畜無害の類《たぐい》であることが多いのですが……。

覚醒《めざめ》の以後、彼の得るものは、一口《ひとくち》にいえば、「幸福感」なのです。では、その幸福感はなぜ得られたのか？

それは、「正気エネルギー」「霊気」「生命エネルギー」「純粋性意識」「般若《はんにゃ》の力」と名前は何でもいいのですが、要するに、私たちをこの世に出現させ、その命を保持させている力が、邪魔《じゃま》されることなく、体内に溢《あふ》れでてきたからなのです。

覚醒《めざめ》とは、この「生気エネルギー」を、体内に大きく取り入れることにほかなりません。

もちろん、「覚醒《めざめ》」については、この他にもいくつかの定義づけはできます。でも、私は「覚醒《めざめ》」を、一つの生理現象的な面から、まず捕《とら》えてみたかったのです。

正気になる

ここで本章の冒頭の疑問にもう一度もどってみましょう。「覚醒《めざめ》」とは、いったいどんなことなのでしょうか？　そして、それは一般の人にとって果たして本当に必要なことなのでしょうか？

その答えを、ごくわかりやすくいうと、次のようになるでしょう。「覚醒《めざめ》」とは、人間が「正気《しょうき》」になることなのです。それは頭脳の働きが明晰《めいせき》になってゆくことです。（といっても、それは知識や教養の多寡《たか》には関係ありません）

そして、この「覚醒《めざめ》」と反対の極にあるものが「狂気」なのです。すなわち、「覚醒《めざめ》」を求めるとは、「狂気」から遠ざかるという意識行為に他ならないのであります。

無明《むみょう》のゆえに、生気《しょうき》エネルギー（それは精神の栄養物です）が、どんどんと枯渇《こかつ》してくると、気がおかしくなってくるのです。気がおかしくなってくると、たとえ精神病にならなくても、体の病気になったり、人間関係が破壊《はかい》されたり、仕事に失敗したりするようなことが多発してきます。すなわち、人生にいろいろの不都合が生じてくるのです。

この無明を解脱《げだつ》し、ついに「覚醒《めざめ》」にいたるということは、それで「超正気」にいたったたということなのです。

この意味では、世の一般の人々は、殆《ほとん》どの場合、「狂気への前症候群」のなかにあるといえるのではないでしょうか？

これらの人々は、事業に成功したり、立派な人物になろうという努力はするでしょうが、「正気《しょうき》になろう」というようなことは殆《ほとん》ど考えることはないでしょう。なぜならば、それらの人々は、自分が狂気の前症候群のなかにあるなどとは考えてもいないからです。

そして、何かうまくいかないことが生じたりすると、それをきっかけにして、急に生気《しょうき》エネルギーが減りはじめるのです。すると、何か、もやもやとした虚《むな》しい感じが生じてくる。これを私は「無明感《むみょうかん》」と名づけております。

この「無明感」というものが、世にいう不幸感なのです。そして、人生の不幸とは、とりもなおさず、この「不幸感」のなかにおぼれている人のことなのであります。

では、この無明感を脱して、覚醒《めざめ》へむかうためには、具体的にいって、どうすれば良いのでしょうか？

それには、まず「自己内洞察《どうさつ》」という意識行為を行なって、自分のなかにある「わたし」という感覚を見い出してみることです。

では、この「わたし」の発見については、次章から詳《くわ》しくのべてゆくことにいたしましょう。

第三章　私の中の「わたし」の発見

「わたし」という感覚

私のなかには「わたし」がおります。

しかも、その「わたし」は一人だけではありません。何人もいるのです。いや、考えようによっては、何千人、何万人もいて、それは無限の人類の心とつながりをもっているようでもあります。

それは、私のなかの他人の「わたし」であるともいえます。

人々は、この「わたし」の存在に気がつかないために、いろいろな悩みや苦しみを味わっているようにも思えます。

多くの人が、その存在に気がつかないこの「わたし」というものは、奇妙なことに、一つの感覚でもあるのです。「わたし」という感覚は、いわば「自己存在感」ともいえるのですが、この感じをしっかりともちながらも、人々はどうもその存在に気がついていないようなところがあるわけです。

仏教のほうでは、これを「末那識《マナシキ》」と呼んでおります。「マナ」とは、自己人格を指しており、「識《しき》」というのは意識のことですから、これは「自分という感覚意識」と訳すことができましょう。

英語のほうでは「セルフ・アイデンティティ」という言葉があります。これは「自己基体」とでも訳すべきでしょうか。要するに「自分がここにあるという根源的感覚」であるといえましょう。

人間が、喜びや悲しみを味わっているというのは、この「わたし」なのですが、これが悩みや苦しみとなったとき、その苦しみが案外「わたし」が自家製造したものであることに、殆《ほとん》どの人が気がついていないのです。すなわち、その苦しみには実体がなく、「わたし」の作りあげた「幻想」にすぎないことが非常に多いのであります。

そして、人々はもがき苦しみ、その不幸感のなかから脱しようと、さまざまな工夫を試みるのですが、これがどうもうまくいかないのです。

なぜうまくいかないかというと、それは「わたし」という、その苦しみを味わっている実体に目をむけないからです。そして、その苦しみの本質を理解しようとしないからです。

そのためには「自己内洞察《どうさつ》」という意識行為が必要となります。これは、要するに自分の意識状態をよく観察してみるということです。

すると、この「わたし」というものが見えてくるのです。この「わたし」というものの存在に気がつく。気がついて、つぎにこれをコントロールすれば、この時はじめて、さまざまな苦しみを脱することができる。これを仏教のほうでは「解脱《げだつ》」といいます。「解脱」というのは、不幸感から抜けだしたことですが、このとき、この不幸の実体が自《みずか》らの描いた「幻想」であったことが、はじめて理解されるのです。それはなぜかというと、それを醒《さ》めた目で見るからです。すなわち、それは覚醒《かくせい》した意識状態なのです。

誰もが知っている「いろは」のなかには、この意味がはっきりと書かれてあります。これは弘法大師《こうぼうだいし》の教えだといわれております。人々はこれを読み、これを暗記してはいても、この意味を理解している人は、まことに少ないといえましょう。

「有為《うゐ》の奥山《おくやま》、今日越《けふこ》えて、浅《あさ》き夢《ゆめ》見《み》じ、酔《ゑ》ひもせず」

「有為」というのは、「なすことある」ということ、つまり人間の知恵才覚の働きのことです。これが実体のない世界を夢で見て、酒に酔っ払っているような状態である、といっているのです。

要するにそれは「幻想の世界」であるといっているわけです。「奥山を越える」というのはまさにこの「幻想界」より解脱することをいい表しているのです。

「幻想」を幻想と知ったとき、その人の意識には不思議な状態が生じます。それは、それまで悩んでいた問題が、解決されるのではなく、問題そのものが消滅してしまう、といったことが起きてくるのです。

そのときに、その人は「何でこんなバカバカしいことに悩んでいたのだろう」などと言って、笑いだしたりすることがよくあります。

これが覚醒《かくせい》した状態なのです。そして、その覚醒は、まず「わたし」の発見からはじまるのであります。

二人の「わたし」

これはまったく私の独断意見でありますが、私はときおり、「精神病者には、ひそかに気の狂った状態を演出している自分がある」のではないか、と疑《うたぐ》ってしまうことが、よくあります。

もちろん、私は精神病医でもなく、精神分析の専門家でもありませんが、しばしば、うつ病の人の祖談を受けたり、また家族の人の精神病についての質問を受けたりしております。そして、幾多《いくた》の症例に接し、自分なりのアドバイスをしているうちに、前述のような疑惑をもちはじめたのです。

そして、ついに次のような結論をたてるにいたったのであります。それは、

「気が狂った状態とは、心のなかの『わたし』が二つに分裂して、一人のわたしが他の一人のわたしに催眠《さいみん》術をかけ、それがかかったあと、最初のわたしが眠ってしまった状態である」というのであります。

これを言いかえれば、心のなかに催眠術の施術者《せじゅつしゃ》と被術者《ひじゅつしゃ》が発生し、施術者が被術者に、ある暗示を与え、そして後者がその暗示にかかると前者は眠ったか気絶したような状態になったもの、と表現できるでしょう。

「キツネつき」という一種の精神病が、しばしば山村のへき地に見られたのは、そう昔のことではありません。

いや、現在でも、ごくたまに、この種の現象が新聞などで報道されることもありますから、すっかり途絶《とぜつ》してしまったものではないでしょう。

この「キツネつき」は、正確には「憑依現象《ひょういげんしょう》」と呼ばれるもので、自分の体内に他の何かの霊がとりつく、つまり住むという意味で、外国にも例があります。ただ、キツネがつくという現象は日本のみに見受けられることで、外国では、悪霊とか死霊などで、人間の霊が多いのです。

私がキツネつきが一種の精神病であるというのは、それが日本だけに生じた憑依現象《ひょういげんしょう》（といわれるもの）だからです。すなわち、それは他の霊が憑依したものなどではなく、自分がかけた暗示に、自分がかかってしまった状態と思われるからです。

もし本当に、キツネの霊が人にとりつくものなら、ヨーロッパやアメリカにもキツネはいるのですから、それらの国の人にもとりつくはずです。ところが、彼らはキツネに対して、日本人のような神秘的な恐れという感情をもっておりません。だから、キツネは恐いものとしての暗示のテーマにはならないのです。

民話というものは、幼時のころに聞かされ、潜在意識に沈むと、それはその人の一生に何かと影響を与える素材となるものです。ユングはそれを「集合的無意識」と呼びました。

キツネつきにかかったものは、この民話のもつ暗示にかかったものといえます。それはある種の精神的圧迫下において、その圧迫感を回避《かいひ》するため、狂人をよそおうために生じた精神病の一つのかたちです。

「よそおう」と私は申しました。それは「ふり」をするという意味です。しかし、これは通常いわれるところの「よそおう」とは異なります。

普通いわれるそれは、施術者《せじゅつしゃ》である「わたし」が、目ざめた状態でいることです。ですから、本心は狂っていないといわれる状態です。

しかし、キツネつきとは、暗示を施《ほどこ》したのち、前者の「わたし」は眠ってしまった、すなわち、どこかへ退場してしまった状態であり、あとの舞台に残ったのは、キツネつきの演技をする後者の「わたし」のみとなるのです。

第三の「わたし」

私たちが、日常生活で他人と接触《せっしょく》し、そして自分自身の姿として見せている意識状態はまさに「被術者《ひじゅつしゃ》としてのわたし」にあるわけがこれでおわかりになったことと思います。

人々は、部分としてのこの「わたし」を、トータルの私として受け入れ、人格のすべてとして意識のコミュニケーションを図っているわけです。

しかし、この被術者《ひじゅつしゃ》としてのわたしは、極端《きょくたん》な言い方をすれば、「かいらい」つまり「あやつり人形」なのであり、それを動かしている黒幕としての施術者《せじゅつしゃ》としてのわたしが背後にいます。そして当然この「わたし」は、人々の目の前に登場はしていないのです。

この関係は、映画製作の場合にたとえることができます。すなわち、施術者としての「わたし」はディレクターであり、被術者としての「わたし」のほうは俳優にあたるわけです。

ところがここで「第三のわたし」というものが考えられるのです。それは「プロデューサーとしてのわたし」です。

これはつまり、ディレクターにむかって命令をする立場にあるものです。このプロデューサーの命令で、ディレクターは現場から退場して眠りこんでしまうのだと考えることができます。

そこでこの「第三のわたし」こそ、その人の本意あるいは本心を発揮する根源のように考えられるのですが、実はこのプロデューサーにしても、他の何人かのスポンサーによって影響を受けているかもしれず、あるいは俳優としてのわたしが美しい女優であったりして、プロデューサーと愛人関係にあったりすれば、この女優の意向も迎え入れねばならなくなるかもしれません。要するに、このプロデューサーも、いく人もの他の「わたし」からの願望や拒否を考慮しなければならない立場にあるのです。

こう考えてくると、私一個人のなかにある「わたし」というものは、ただの一人であると思うのは大間違いで、何人もの「わたし」がからみ合って、一個の人格を合成していることがわかってきます。そして、どの「わたし」をとっても、この「わたし」こそが、本体としての「わたし」とか、核心としての「わたし」とかいえず、この意味では本心というものがどこにあるのかという問いに対する返答はないように思えます。

とはいえ、これらのいく人もの「わたし」が雑然として寄り集まっているというわけでもありません。そこには一つの秩序のようなもの、代表的有力者としての数人の「わたし」があり、それが「俳優」「ディレクター」「プロデューサー」にあたるわけです。

今、わたしは何を望んでいるのか

瞑想《めいそう》などをして、自分の意識のあり方を観察することを「自己内洞察《どうさつ》」と申しますが、この洞察を行なっているのは、どの「わたし」なのでしょうか？

この自己内洞察とは、いくつもの「わたし」の動きを観察するわけですから、どの「わたし」からも離れた存在であり、かつ独立した存在としての「わたし」でなければならないことになります。

ではそんな「わたし」とは、どのような「わたし」であるかというと、どうもそのような役職を担当している「わたし」というものは見当たらない（？）のです。

しかし、自己内洞察は確かに可能であり、過去幾多の聖賢《せいけん》がその行為を通じて、いわゆる悟りとよばれる心境に達しえたのです。

私たちは、たとえ古今《ここん》の聖賢にはおよびえないとしても、この自己内洞察《どうさつ》を行なうことはできるはずです。

そこで自己内洞察を行なうのは、どの「わたし」なのか？　その詮索《せんさく》はさておいても、「今、私は何を考えているのだろう」とか、「今、私は何を望んでいるのだろうか？」と自分の意識の動きに注意することは、誰にもできるはずです。そして、この簡単な意識行為が、すなわち「自己内洞察」なのです。もちろん、それはそんなにむずかしいことではありません。

ここで、洞察される側の「わたし」について少々考えてみましょう。

それは「行動する意識」つまり、外界に接し、交渉し、対応する意識で、前述した「わたし」でいうならば、「俳優としてのわたし」にあたるわけです。

そして、世の中の人々が接し、対応するのは、この「俳優としてのわたし」に対してであり、かつ、人々はこの「わたし」をもってあなたの全人格であると信じているわけです。

しかし、今までにのべましたように、この「俳優としてのわたし」の背後には無数の「わたし」があり、そして、これらの「わたし」が「俳優としてのわたし」に、直接的あるいは間接的に、さまざまな暗示を与えているわけです。

そしてその暗示のどれかが「俳優としてのわたし」に強い影響を与えると、それがこの「わたし」の一部となって、そこに組み込まれてしまうことになります。

これをかりに「染《そ》めつけ」という術語《じゅつご》をもって説明してみましょう。

意識への染《そ》めつけ

ウグイスはホーホケキョウと、小鳥の鳴き声としてはなかなかまとまりのある鳴き方をするものです。

しかし、私は山が好きで、よく山歩きするので知っているのですが、ホーホケキョウとワンフレーズを見事に鳴くウグイスは少ないのです。たいていは、ケキョケキョとか、ホーケキョとか、ホーだけとか、いろいろ中途半端な鳴き方がとても多いのです。

ところで、このウグイスの鳴き声というものは、学習によって覚えるものだそうで、親や先輩の鳴き方を真似《まね》することによって、若いウグイスは、ちゃんとしたワンフレーズを習得するのだ、ということを伝え聞いたことがあります。

それで昔は、正確に鳴けるウグイスをもっていて、それを先生にして、他のウグイスを飼っている人の家に出向き、鳴き方を教えさせる商売があったそうです。若いウグイスが先生ウグイスの鳴き方を一心に聞いては、それを真似《まね》て発声しようとする。多分、春の陽《ひ》ざしのあたる縁側で、その教授は行なわれたのでしょう。まことにのどかな風景ではあります。

これは、若いウグイスの記憶装置ともいえる部分に、その鳴き方が「染《そ》めつけられた」ものと表現することができましょう。

いわゆる、パブロフの犬の唾液《だえき》の実験による「条件反射」も、こういったことと同類のことでしょう。

また、ドモリの真似をしていたら、本当のドモリになってしまったという例も、これに該当《がいとう》するものでしょう。

いずれにしても、最初にある条件が受け入れられると、それが固定化し、ついで、その条件を与えた側のものが退場してしまった後、その条件が固定観念の一部として、受け入れたもののなかに生きつづけるという現象を示しているのであります。

この条件を、自分で自分に与える場合があります。すなわち、自分自身で自分に「染《そ》めつけ」を行なってしまうのです。

そして、この行為が高ずることによって、気が狂っていってしまうのであります。

もちろん、梅毒だとか、他の病原菌などにより、脳細胞が破壊《はかい》されて、気がおかしくなってしまう場合もあります。

しかし、現代では、狂人の死後、解剖《かいぼう》をしてみても、脳細胞には何の障害のあとも認められないケースというのが、圧倒的に多いのだそうであります。

そこで、肉体的には何の異常も認められないケース（少なくとも外見的には）の精神病者はどうも意識の働きそのものを、あえて狂わしている「意志」というようなものが存在するのではあるまいか、と私は考えるようになったのです。

S子さんは女子高生で、二年生のとき、神経症という名目で休学しました。

そこのM高校は、かなりの名門校で、中学時代に平凡な成績だったS子さんが、ここに入学できたのは非常な好運だったと当初は家族たちも喜んだのでしたが、逆にそれが不幸のきっかけになってしまったのです。

というのは、その後、S子さんの学習能力では、同級生についてゆけなくなってしまったからです。特に、二年生になってから、成績がひどく低下し、代数や幾何《きか》などは、まったく皆《みんな》についてゆけなくなってしまいました。

ここで、担任のまだ若い女教師が、教員室へS子さんを呼んで注意したのですが、このときに、この女教師が見せた露骨《ろこつ》な軽蔑《けいべつ》的態度に、S子さんは強い衝撃《しょうげき》を受けたのでした。とくに、この女教師のうかべた嘲笑《ちょうしょう》的な（とS子さんは感じた）笑いに、耐えがたい心の痛みを覚えたのです。

人間は自己劣等意識を覚えたとき、つよい危機感に襲《おそ》われます。それは自我を喪失《そうしつ》するかもしれないという恐れです。ここで、しばしば、人間は他者攻撃的になることがあります。それは、他人に不快な刺激を与え、それによって、相手にいささかでも混乱が生じれば、そのとき、ひそかな優越感を得るからです。

S子さんは授業中に、その女教師と視線があうと、奇妙なうす笑いをうかべました。そのとき、あきらかに女教師には、ギョッとしたようなおびえの表情が見られたのです。

S子さんは、ここでわずかですが「ある種の優越」を感じたわけです。その後も、このうす笑いは、その女教師にむけられ、ついにその女教師はS子さんとはいっさい目をあわせなくなりました。

S子さんにとっては、このうす笑いは復讐《ふくしゅう》でした。つまり、女教師から受けた嘲笑《ちょうしょう》に対しての仕返しだったのです。

しかし、学習能力はまったく低下し、S子さんは絶望的にもなっていました。そこで、相談係の男の先生に呼ばれ、特別室で相談を受けることになったのです。

このときに、どうしてこんなに成績が落ち込んでしまったのか？　という質問に対し、S子さんは、

「隣《となり》の家に大学生がいて、夜、私が勉強していると、電波を送ってきて、私の頭のなかを乱すのです」と言ったのです。

このときも、この男性教師の顔には一瞬狼狽《ろうばい》の色が走りました。

職員会議が開かれ、S子さんの家族は呼びつけられ、

「一度、精神病医にみてもらいなさい」と言われて、休学となった次第です。

その後、S子さんのこの状態は進行し、誰々は自分の悪口を言って、それを電波にして自分のところに飛ばしているなどと口走るようになり、日常の家事や数の計算までできなくなって、ついに精神病院へ入院させられてしまったのであります。

この例でみられるのは、S子さんの当初の目的は、憎《にく》い相手に対する威嚇《いかく》であったのですが、この「演技」は、くり返されるうちに、役者としての「わたし」に染《そ》めつけられてゆき、ついに、その演技をふりつけたディレクターは退場してしまい、役者のみが、その役の人物（こ

の場合は狂気の役）になりきってしまい、自分をとりまく社会全部に対して、狂人として接するようになってしまったことを示すものだと、私は考えるのです。

前述した、昔のキツネつきの状態も、S子さんの場合と匹敵《ひってき》するものと思われます。

すなわち、狂人には「狂うことによって得られる利益性がある」と考えられるのです。その利益性とは「優越の快感」です。すなわち、人が自分を気味《きみ》わるがり、恐れを感ずるならば、低下させられていた自己重要感に力を補充できるのです。

キツネつきになるような人物は、概《がい》して、被圧迫下にあるような人々だったと思います。たとえば、この少女などがそうですが、心理的に抑圧された人間関係にあった場合、自己重要感における衝動的欲求から、彼女のなかのディレクターにあたる「わたし」が、俳優の「わたし」に、キツネの演技をふりつけるわけです。

そして、ディレクターは退場してしまう。

すると、周囲の人々は、彼女がキツネつきだと騒《さわ》ぎはじめる。これがエスカレートしてゆくと、俳優であるところの彼女の「わたし」も、ついに自分はキツネつきだと信じてしまうのであります。

こうなると、最初「利益性」を考えたディレクターなる「わたし」は完全に退場してしまっておりますから、役者としての「わたし」は、キツネつきである自分が、自分の全人格だと思い、それ以後は、キツネつき以外の生き方というのは考えられなくなってしまうのであります。

このキツネつきという狂気のパターンは、前述したS子さんの例にも見られるとおり、現代でも、形態はかわっても、しばしば見られる精神病の一つのタイプであります。

優越を求める「わたし」

現代では「そううつ病」という一種の神経症があって、「そう」では舞いあがり、「うつ」では沈みこんでしまうというくり返しを行なっている例がかなり多いそうです。「そう」のときには、どんどん株を買ったり、高額な買い物をしたりして、家人に迷惑《めいわく》をかけ、「うつ」になると、家から外へ出ることも恐くてできなくなってしまう、という極端《きょくたん》なくり返しをしている、ある有名な作家もいるといいます。

狂人より軽症なのが「神経症」だとすると、それより軽い「前神経症」といったものがあるのではないでしょうか？

それは、いわゆる「偉い人」になりたいという願望に捕われている人々です。この場合の「偉い」とは、人間的に立派という意味ではありません。そういう意味での偉い人なら、収入の多寡《たか》や地位の高低に関係なく存在するはずですが、多くの人々は、そういう「偉さ」に対しては魅力を覚えておりません。彼らのいう「偉い人」とは、無論、社会的地位の高い人を意味しております。

この意味における「立派な人」「ひとかどの人物」になろうとして、人々は途方もないほどのエネルギーを消費します。それは、前述したように、「優越」を求める行為であり、自己重要感という衝動に身をまかせきった姿です。

意識が優越への衝動のなかにあるとき、そこには決して「平和」はありません。

このことは明白なことであり、かつ、このことを理解することは、人生において、もっとも大切なことなのですが、多くの世人は、これに気がついてはいないのです。

そこには一種の充実感はあるかもしれません。しかし「静寂《せいじゃく》」はないのです。そして、平和は静寂な心のなかにこそ生まれてくるものなのです。

目標をめざし、競争心に燃えているとき、そこには興奮はありますが、安らぎはありません。安らぎは、興奮が静まったときに訪《おとず》れるものです。そして、その興奮状態がエスカレートして、喧騒《けんそう》状態にまでなったとき、それは神経症への徴候《ちょうこう》が現れはじめたことを意味しています。

目標をめざしているのは「わたし」です。この「わたし」が優越を求めるのです。そして、目標が意識より去るとき、この「わたし」も消え去り、そして安らぎが訪れるのです。ですから、真の安らぎのなかには「わたし」はないのであります。

この「わたし」が心に生じるのは、優越への衝動がおきた場合ばかりとは限りません。それは、「現在の何かを未来においても得よう」という欲求のおきたときに生じてくるものなのです。つまり、その欲求をおこすものは「わたし」だからです。

十年以上も昔になりますが、私は飛騨《ひだ》の上宝村《かみたから》の本郷《ほんごう》というところに行ったことがあります。夏の夕暮れに、草に座して、北アルプス連峰を眺《なが》めていました。夕陽を浴びて輝いている山の峰々は圧巻《あっかん》であり、私はその神秘的な光景にうたれて、しばらくは酔ったように見つめていました。

明らかに、そこには「わたし」はなかったのです。山はあり、私がそこにいたことは事実なのですが、しかしそこには「わたし」はありませんでした。

だが、このとき、私はこんな素晴らしい景色は写真にとっておきたいと、ふと思ったのです。一瞬、ちらっと私は宿へもどって、カメラを持ってこようか、と思ったのです。

この瞬間、私の心のなかには「わたし」が生じたのです。

おわかりでしょうか？

現在のこの素晴らしさを、未来にまで続行させたいと思った者、それは「わたし」であり、私の欲求なのです。

アルプスの峰々の美しさに酔っていたとき、私には欲求がなかったはずです。そして、欲求がなかったとき、これを求める人としての「わたし」もそこになかったのです。

私は見ており、アルプスは見られていました。それは一体となり、私は楽しんでいるばかりでした。私はアルプスを、どうこうしようとか、山の形を少し変えようとか、色彩の調子を少し変化させようとかいう意欲は当然ながらいっさいありませんでした。

すべてをあるがままに受け入れ、そして、それを受け入れているなどという意識はなく、私はただうっとりとしていただけだったのです。そして、陽《ひ》はいつの間にか西に沈み、夕闇がしのびよってきていました。

私は「時の流れ」さえ意識しておりませんでした。現在の時間の経過を意識しておらず、そして、ここが重大な意味のあるところですが、未来の時間も意識のなかに入っていませんでした。ただ、ちょっとの間、その未来の時間が侵入はしたのですが。

その「未来の時間の侵入」とは、アルプスのその光景を写真にとろうか、と思ったことです。その美しい景色を、未来にまで延長させたいと欲したとき、それを欲する「わたし」が、私の意識のなかに登場してきたのです。

しかし、その一瞬の「私心」もそれに気がついた私は、すぐそれを去らしめました。そして無私となった私はそれを再び心から楽しむことができたのであります。

理想と平和は相反《あいはん》する

皆さん、次の事実にぜひとも目を開いて注目して、理解してほしいのです。

それは、

「理想と平和は相反《あいはん》するものである」ということです。理想とは求めることであり、平和とは捨てることなのです。

世の中の殆《ほとん》どの人は、この点について盲目となっています。彼らは、理想も平和も一緒くたのように考えています。だから、

「努力して、平和をかちとろう」などという混乱したことを言うのです。

「努力」とは何でしょうか？

それは、こういうことなのです。あなたは何か理想をたてます。すると当然その理想は未来にイメージとして存在することになります。そして、現在のあなたはまだその理想を得ていません。そして、未来のその理想へ近づかんという行動を開始します。これが「努力」なのです。

ですから、現在のあるがままのものをそのままに受け入れたくない、と思ったとき、未来の改良されたイメージにむかっての欲望が生じるのです。そして、この欲望が同時に「わたし」を生みだします。

だから、意識に時間がもちこまれたとき、それは明らかに「自己中心的」な思考にならざるをえないのです。

だから、思考が未来について（それはしばしば理想というものです）思いをめぐらしているとき、そこには「静寂《せいじゃく》」や「平和」はないのです。

過去も、意識のなかに登場する時間の一つです。我々は、過去に悔《く》やむことや、不快であったことを未来において打ち消そうと願い、そう努力するのです。また、逆に、過去に楽しかったこと、快《こころよ》かったことを、再び未来で得ようと願いもします。

すなわち、過去は未来に投影《とうえい》されるのです。そして、現在がその投影に介入するときに発揮《はっき》されるのが「努力」なのです。

そして、その努力は、しばしば「戦い」という形をとって、その姿を現します。言いかえれば、理想こそが、戦いの根源的パワーなのです。

そして、理想が捨てられたとき、即時に、そこに平和は訪《おとず》れるのであります。ですから、努力のすえに平和は得られるものというのは大きな錯覚《さっかく》です。それは、平和を理想や他の目的などというものと混同してしまっているのです。

釈尊《しゃくそん》の説かれた教えの基本は「諦観《たいかん》」でした。諦観とは要するに「あきらめ」です。この「あきらめ」こそが、「涅槃《ねはん》」すなわち、「絶対的な平和な境地」であり、これが悟りを得た者の姿である、といっているのであります。

皆さん。私は前に、覚醒《めざめ》への第一歩は「自己内洞察《どうさつ》」にあると申しました。

ここで私はこう言いたいのです。

覚醒《めざめ》への第二歩は「平和は諦観によって生ずる」ということを知ることだ、と。

これは換言すれば、あらゆる自己中心的な欲望から、自分を解放するという意味であります。

第四章　真実在を見つめる

真なる「理解」

では、ここで、覚醒《めざめ》への第三歩ともいえることについてのべてみたいと思います。

覚醒《めざめ》への第三歩とは「理解」ということです。この場合における「理解」とは、あらゆる知識や観念などから自由である意識状態において行なわれる理解のことであり、そしてその理解が行なわれている瞬間には、いかなる価値観もそこにさしはさまれていないということなのです。

このような意味で使われるには、「理解」という言葉は、どうも不完全なように、私は感じられてなりません。

それは一言でいえば、「わかる」ということなのですが、これを漢字にあてはめると、「分る」「判る」「解る」などとなりましょうが、どうも前記の意味するところにぴったりとこないのです。

そこで、理解という言葉ですが、これも「理を解する」という意味で用いると、前記の「あらゆる観念から解放された」「あらゆる価値観をさしはさまない」といった自由性からは、はずれてしまうように思われます。なぜならば、「理」には、原理、公理などの言葉がありますが、いずれも事を秩序だてるものであり、ある種の拘束《こうそく》を意味するものだからです。

しかし、考えられる言葉では、「理解」以上に「わかる」（前記の意味としての）を表現する言葉が見当たらないので、やむをえず、この「理解」を用いることにしておきます。

ある意味では、これは古人の用いた「悟る」という言葉が、同じように用いられてもよいのかもしれません。

ところで、このような意味における「理解」の仕方や、また前章でのべました、「意識上に時間をもちこまないこと」などについて、非常に克明《こくめい》に説いた、おそらく歴史上で最初の人物について、ここで紹介してみたいのです。

その人の名は、「J・クリシュナムルティ」といい、インドの大思想家であります。

クリシュナムルティとは、一言でいえば、「孤高《ここう》の大哲人」とでも呼ぶべきでしょう。数年前に、九〇余歳で亡くなりました。

この人は、その一生を「人間の覚醒《めざめ》」について説きつづけた人です。あらゆる組織や団体に属することのない完全な一個の自由人として、世界各地を訪《おとず》れ、「人間の覚醒《めざめ》」について説いて回りました。

私が、このクリシュナムルティの説いた「覚醒《めざめ》」に驚嘆《きょうたん》したのは、古来から、あらゆる祖師や導師が、それを「言葉をもって説きえないもの」「体験する以外に方法はないもの」として、より神秘的な彼方《かなた》に押しやってしまったものを、あえて言語を用いて、具体的な意味とその方法について、明快にのべたことなのです。

しかし、それを理解できた人々は、ほんとうに少なかったことも事実であります。おそらく、彼の教説を聞いた人は、世界中で数百万というでしょうが、殆《ほとん》どの人は理解できなかったと、これはクリシュナムルティ自身が言っていることです。

では、彼の言っていることは、そんなに難解な哲学なのでしょうか？

否《いな》、と私は思います。彼の言っていることは、その内容は単純明快なものです。そして、その方法は何人《なんぴと》にでも実践可能なものでもあります。

では、なぜ世の多くの人は、それを理解しえないのでしょうか？

その理由は、彼の説くところが、あまりに常識からはずれている教説だからです。すなわち、今までの人類の歴史にはなかった考え方なのです。だから、今までの過去の知識をもっては、理解しえないのであります。

では、その一例を、彼の教説から紹介してみましょう。

修行とは？

「いわゆる修行というものによって、悟りにいたるということは決してありえない」と、クリシュナムルティは言うのです。

修行とは何でしょうか？　それは、たとえば「読経《どきょう》」であり「坐禅」です。また、ある宗派独特の「礼拝《らいはい》」の仕方や、「儀式」の行ない方です。また、集団生活をし、一定の時間割りで行動することです。

こういう修行をする人々は、多くの場合その方法によって悟りに到達しようとしているわけです。そして、世界中には、これらの方法を用いている宗教があります。キリスト教もイスラム教も仏教も、すべてその例外ではありません。

ところが、クリシュナムルティは、真っ向から、それらを否定しているのです。これではまさに、「世界を敵として」ということになってしまうではありませんか。

では、なぜ、いわゆる修行というものでは、悟りを得ることはできないと彼は言うのでしょうか？

たとえば「呪文《じゅもん》」ということについて考えてみましょう。

ある短いフレーズの言葉を数十回、数百回、数子回唱えつづけたとすると、その人の意識状態はどうなるのでしょうか？

「それは鈍磨《どんま》してくるのです」とクリシュナムルティは、いとも無造作に言ってのけたのです。

確かに、同じ一句を途方もない回数でくり返していると、意識は普通の活動状態でなくなってきます。それは一種の恍惚感《こうこつかん》さえ生じてくることがあります。

「この感覚を一種の法悦《ほうえつ》のように錯覚《さっかく》する人々がいます。しかし、これは、たんに一種の催眠《さいみん》状態に入っただけで、頭脳の働きは決して明晰《めいせき》に澄みかえっていったものではありません。

言いかえれば、これは本来、にぶかった頭脳の働きが一層にぶくなったことに他なりません」と……。

私はクリシュナムルティのこの言葉に驚倒《きょうとう》しました。なぜなら、私は自分の体験上、この言葉にまったく同意せざるをえなかったからです。

たとえば、坐禅は足が痛くて、三〇分も越えると苦痛になってきます。一時間ともなれば、もう悟りもクソもない、頭がガンガンしてくるのです。

しかし、三年もやっていると、次第にそれに慣れて、苦痛も少なくなってきます。そして、心も安らかになってきます。ボーッとした眠気《ねむけ》ももよおしてきます。すると、警策《きょうさく》でバシンと肩を撲《なぐ》られ、目がさめます。

しかし、しかしです。悟りという欣喜雀躍《きんきじゃくやく》という気分はいっこうに訪《おとず》れないのです。古人は、大悟《たいご》の瞬間は、手の舞い、足の踏むところもわからぬくらいの喜びに浸《ひた》るとのべているのですが……。

そう思って、禅書に記されてあった古人の悟った瞬間の情景を思い出してみると、いずれも、坐禅中に悟ったという記述はないのです。読経《どきょう》中にもありません。念仏や題目を唱えている最中にもありません。

では、どういう場合に悟ったかというと、一語で要約すれば、「リラックスしている時」なのです。心がフッと空虚《くうきょ》になった時なのです。

たとえば、庭を掃除していて、竹ぼうきではねた小石が竹の幹にカチンと当たった時とか、鐘の音がゴーンときこえた時とか、ローソクのあかりが、横からフッと吹き消された時とか、托鉢《たくはつ》中、竹ぼうきで頭を殴《なぐ》られて昏倒《こんとう》した時とか、要するに、一心に何かに精神を集中していた時ではない、むしろその反対の場合において、突然、悟ったということになっております。

これについて、ある禅者は、苦しい修行があったからこそ、その後のリラックスした状態が生じ、そしてそこに悟りが得られたのだ、といいます。

臨済宗《りんざいしゅう》では、これを「大疑団《だいぎだん》の後に大悟《たいご》あり」といっており、いわゆる公案という答えのない謎《なぞ》を与えて、苦しませるという方法をとっております。

しかし、覚醒《めざめ》のために、この苦しみ、すなわちそれは同じ行為を途方もない回数でくり返すことですが、このようなことが、必ずしも必要なのでしょうか？

私の考えるところでは、悟りの体験にいたった僧侶というものは、本当に僅《わず》かなものではないか、と思うのです。そして、ほとんどの僧侶は、ただ苦しいばかりの修行をくり返し、覚醒《めざめ》の喜びなど体験しないまま、その一生を終えてしまうのではないでしょうか。

一つ、ここに明白な事実があります。それは「くり返された行為は、その人の意識を機械化する」ということです。

読経《どきょう》がそらんじられ、坐禅が肉体的に苦痛でなくなってゆくとき、コンピュータにそれがインプットされたように、その人は機械化してゆくのです。

そして、その機械化してゆくという意味は、生き生きとした直観に満ちた、人間の叡智《えいち》というものが摩滅《まめつ》していってしまうことに他ならないのではないでしょうか？

間接的な効用

では、いにしえの幾多の聖哲は、なぜ、いろいろな修行をつんだのでしょうか？

また、このような、人間の精神の働きを、生き生きとした自由なものから、硬直化した機械的なものにしてしまう修行というものに、どんな効用があるのでしょうか？

考えられることが一つあります。

それは「間接的な効用」ということです。修行には、悟りを得るための「直接的な効用」はなく、かえってその人の精神活動を昏迷《こんめい》におとしいれてしまうことは、すでにのべたとおりです。

しかし、この昏迷の内にある人、その人の精神がその重圧を逃れて、光明の世界へ脱出したいという意欲は、ますます高まるのです。それは、暗く長いトンネルの中をさまようようなものにたとえられます。そのトンネルを抜けでたとき、その人は、なんと明るく輝く世界を目にすることでしょうか？

これは前述したように、禅の臨済宗《りんざいしゅう》でも、「大疑団《だいぎだん》の後に大悟《たいご》あり」とのべていることと同じです。

とすると、修行とは「大疑《だいぎ》」すなわち「うたがうこと」「迷うこと」のくり返しなのでしょうか？

言いかえれば、それは苦しみのくり返しにすぎないといえるのではないでしょうか？

しかし、私がこれを、悟りを得るための「間接的な効用」というのは、少なくとも、この修行下にあるとき、人の精神は「求道《ぐどう》」の内にあると考えられるからです。

私が本篇の冒頭でのべたことですが、世間の一般の人々は、「覚醒《めざめ》」とか「悟り」などということは、自分とはまったく無縁のことであると考えていて、しかもそのうちの多くの人々はさまざまな不幸感の内に悩んでいるものです。

そして、そのなかのある人々は、その不幸感より抜けだそうとして、ある種の修行に入るのです。そして、この修行が迷妄《めいもう》のトンネルなのです。

しかし、その修行を教える側の導師たちはそうは言いません。彼らは多くの場合「この修行こそが悟り（あるいは解脱《げだつ》、あるいは救い）なのである」と言うのです。こうして、あまりにも多くの人々（それは途方もない数の人々です）が、迷いの真っただ中に陥《おちい》ります。そして、「わたし」の宗教、「わたし」の神のために、「わたし」以外の他の人々を攻撃するにいたり、さらにエスカレートすれば、他の人々を殺戮《さつりく》するにさえいたってしまうのです。

これが過去から現在までの世界中の宗教の姿ではありませんか？

いろいろな宗教にある人々は、「わたし」の神、「わたし」の仏、と言うのです。そして、それを「真理」と信じるのです。

すなわち、「わたし」が在《あ》る、ということは、必然的に「あなた」や「かれら」が生じることです。

そして、「わたし」「我」は「他」に相対して生ぜざるをえないのです。

かくて、比較、対立の観念は生まれ、必然的に「他」の非真理を生ぜずにはいません。

これは過去数千年来、世界の歴史において、くり返されてきたことです。
それは自己主張から、彼我《ひが》の争いにまで発展していき、ついには殺戮《さつりく》にまでいたるのであります。

覚醒《めざめ》の瞬間

皆さん。

「悟る」とは要するに「わかる」ということにすぎない、のではないでしょうか？

それは、表現不完全な言葉であるとしても、「理解」といってもよいのではないでしょうか？

そして、その「理解」とは、かつての知識（それは常識と呼ばれるものですが）が、古いぬけ殻《がら》として、脱ぎさられた瞬間に生じたものであり、つまりは、それは「覚醒《めざめ》」です。

ですから、「悟り」はイコール「理解」であり、かつ「理解」はイコール「覚醒《めざめ》」なのです。

すなわち、「悟り」も「理解」も「覚醒《めざめ》」も等しいものといえるものです。

そして、この覚醒《めざめ》の瞬間にこそ、至福の喜びが全身にみなぎるのです。つまり、「覚醒《めざめ》」は喜び、あるいは幸せの同義語でもあるのです。


では、真の理解とは、古い殻を脱ぎすてたときに生ずるものだとしても、その古いぬけ殻とは、具体的にいって、どういうものなのでしょうか?

それは、くり返しのべられました「わたし」という意識がそれに当たるのです。「わたし」とは、ある欲求が生じたとき、それを生じさせたもととして、欲求の対象とともに同時に発生するのです。そして、この「わたし」から外界を見るとき、それはすべて「自己中心的」な見方とならざるをえないのです。「わたし」は比較し、価値づけや非難を行ないます。そして、それらの意識活動は、自己利益を基盤として働かざるをえないのです。

「わたし」は理想を設定し、目標を定め、それにむかっての努力を惜《お》しみません。

「わたし」は権力を求めて覇者《はしゃ》になることを望むか、あるいは無欲清廉《せいれん》を自《みずか》らに課し、聖人として人々から仰《あお》ぎ見られたいという衝動にかられます。いずれにしても、ひとかどの人物になりたいと願う、その衝動の持ち主は「わたし」です。

修行とは努力です。そして、その努力とは「悟り」を求めてのことです。この場合、「悟り」は理想あるいは目的です。目的を求めるものはつまり「わたし」です。

この「わたし」が古いぬけ殻《がら》なのです。ですから、未来において何かを得ようと願っている限りにおいて、その人は依然として、その古いぬけ殻のなかにとどまっているのです。

ところで、ある禅師が竹ぼうきで庭を掃《は》いているときに悟った、というのは、そのときに、彼の意識のなかには「わたし」が消滅していたということなのです。彼の竹ぼうきではねた小石が竹林の一本の竹の幹にあたり、カチンと音をたてたとき、突然、彼は大悟《たいご》したといわれていますが、このときの彼は完全にリラックスしていて、しかも、彼の意識には「わたし」がなかった。そして、ここが最も重大なところですが、その「わたし」が自分の意識の内にないことに、彼は気がついたのです。

この「気づき」こそ「覚醒《めざめ》」なのです。

そして、このときのリラックスは、決してぼんやりとした意識状態ではなく、頭脳は非常に明晰《めいせき》な状態で働いていたのであります。

自分のなかに「わたし」がないことに気がついた瞬間こそ「覚醒《めざめ》」なのであり、そして、その「わたし」のない状態で、万象《ばんしょう》に対しても即時に理解してゆく、これこそが真の「理解」なのです。

第五章　真なる自由

自《みずか》らに由《よ》る

「自由」とは、「自《みず》らに由《よ》る」というのがその原意だそうです。ことにのぞんで、自分で判断し、行動することが自由の意味です。これを他人に制約されると、不自由になり、不幸感を味わうことになります。ところが、人間は、自由であることを恐れ、自ら何か自分を制約する限定枠《わく》を求めるのです。そして、不幸になるのです。

おもしろい例があります。

以前、私は競馬が好きで、よく競馬場へ出かけたものでしたが、ここで、どうも不思議でならなかったのは、競馬場には必ず予想屋というものが、軒《のき》を並べて開店していることでした。

ご存知かもしれませんが、予想屋というのは、次のレースの勝ち馬を予想し、それを紙に書いて折りたたみ、数百円で売ってくれるのです。

もちろん、その予想が当たることもあります。しかし、予想屋から買った情報どおりに馬券を買いつづけても、決して儲《もう》かることはありません。なぜなら、もしそうだったら、予想屋自身が予想屋をやっている必要がなく、とっくに大金持ちになっているからです。

私が不思議だといったのは、馬券を買うのは「賭《かけ》の楽しみ」がそこにあるはずなのに、人々はその楽しみを放棄《ほうき》してしまっていることです。

すなわち、そこには勝ち馬を「推理する楽しみ」があり、そして推理することは、もっぱら「自分の能力」でやるところに喜びがあるのではありませんか。

予想屋から、彼の勝ち馬予想を買うのは、自《みずか》らその喜びを放棄してしまうことです。するとそこにあるのは、単なる金銭欲だけということになります。

こういう人々は、「推理する自己」が喪失《そうしつ》しているのです。そして、金銭の得失のみに一喜《いっき》一憂《いちゆう》し、目を血走らせております。

余談ですが、競馬場における、これらの予想屋のおしゃべりを聞いているのは、なかなかおもしろいものです。それぞれの予想屋には個性があり、客を自分のところに魅《ひ》きつけるために、漫談《まんだん》にも似《に》た語り口で、それは愉快《ゆかい》なことを言うのです。

たとえば、ドスのきいた低い声で、次のようにしゃべります。

「えー、月曜日の午後一時、会社をさぼって、ここへ馬券を買いにきている皆さん。皆さんは、もう明日から会社へいってあくせく働く必要はありませんよ。会社へいくかわりに、ここの競馬場へ来て、ここにある『W方式馬券的中術』で、選びだされたレースに、三点ずつ賭《か》けておりさえすれば、バカスカバカスカとお金が入ってくる。

競馬で蔵を建てた奴はいないというが、それは、このW方式馬券的中術を知らない人の言うことだよ。こころみに、ここにある昨日のレース結果、この新聞とこのW方式をくらべてごらんなさい。

昨日の第3レース、3―7ときて、二千六百七〇円のおいしい中穴、これがW方式の8ページに、十二頭立てで、本目が7枠の時は、1―7、3―7、3―4、の三点買いで、ばっちり的中。

さらに、第6レースでは、2―5ときて、なんと一万とんで六〇円の万馬券だ。これが12ページの十四頭立てで、本目は4枠、これが1―4、4―7、2―5、の三点で的中しているよ。さあよく見てくださいよ」

と、こんな具合にまくしたてて、W方式馬券的中術という小冊子を売るわけです。人は、「へえ、よく当たってるなあ」などと感心するのですが、実はこれ、そのページの数字のところだけ、昨夜印刷したものという仕掛けなのです。

この他にも、

「大変だあ！　大変だあ！」などと怒鳴《どな》っている奴がいます。これは、

「次のレースは大穴だよ!」とつづくわけです。

また、易者のかっこうをして、筮竹《ぜいちく》をさばき、占いで予想しているのもあり、これらの予想屋を見ているだけでも飽《あ》きません。

しかし、見物している分には楽しいが、こういうやからに、命から二番目に大切という(どうも私の口調も、彼らのしゃべり方に似《に》てきました)お金を賭《か》けてしまう人の気がしれないのです。

賭けの推理の楽しみを捨ててまで、賭けをやろうというこの行為に示されるのは、人間の迷いの姿です。すなわち、迷いとは他に依存《いぞん》するばかりで、自主性を失っているということなのです。

おのれのよるべ

仏教最古の経典といわれる法句経《ほっくきょう》にある次の言葉は、これまでにも紹介してきました。

おのれこそ
おのれのよるべ
おのれをおきて

たのいずれに
よるべあらんや
よくととのえられし
おのれにこそ
またとえがたき
よるべをぞえん

この一節によっても、仏教とは神を求めることではない、ということが理解されます。「他のいずれにも頼ることはできない」とのべてあることは、そこに神も含まれているからです。すなわち、仏教とは「自分に目覚めること」なのです。

といっても、それは通常いわれるような自分ではありません。つまり、人間智を働かせている「自我」や「わたし」ではなく、「真なる私」なのであり、これを発見することが、「覚醒《めざめ》」なのであります。そして、ここでいっている「よく整《ととの》えられし己《おのれ》」とはまさにこの「真なる私」なのです。

ある自信のない経営者が、経営の神さまと呼ばれる経営コンサルタントのところへ来て、新しい業種についてアドバイスを求めました。

彼はそのコンサルタントの言うとおりにし、そして仕事は上々うまくいきました。ところがしばらくすると、問題が生じ、彼はまたコンサルタントのところへ行きました。そしてまたこの指導のとおりにやると、その問題が解決しました。そして、その後も、問題が少しでも起きると、すぐそのコンサルタントのところへ行き、一々《いちいち》、その指示をあおいでは、経営をつづけました。

皆さん、これでは、その仕事は実際のところ経営者が経営しているのではなく、そのコンサルタントが経営していることと同じではありませんか。

その後、予想もできなかった社会変動が起こり、この会社は倒産しました。すると、その経営者はひどくそのコンサルタントを恨《うら》んで、

「あの人の言うとおりにしたら、失敗してしまった」と言ったのです。そして、彼は自己喪失《そうしつ》していた自分の責任などに少しも気づかなかったのです。

依存症

最近、アルコール中毒のことを、アルコール依存症と呼ぶことが多くなりました。

これは、恐怖や不安をまぎらわすために、アルコールに依存せずにはいられない症状を

意味していると思うのですが、この意味でいえば、麻薬患者も、麻薬に依存していることです。

それなしではいられず、それに頼らずにはいられないのを依存症というのであれば、この世には、アルコールや麻薬以外にも、依存症はいくらでもあるのではないでしょうか。

たとえば、マザー・コンプレックスというのがあります。

入社の日に、会社にまでついてくる母親、そして、それを当然としている新入社員。これは一応もの笑いのタネにはなっていますが、現代ではそう珍しくない風景だそうです。

母親の過保護のもとで育って、もはや、母親なしでは何の意志決定もできなくなってしまった青年。これはまさに母親依存症以外の何ものでもないではありませんか。

「すべては神の御心《みこころ》のままです」と言うクリスチャン。彼は毎日熱心にバイブルを読み、祈りを欠かしません。

何か問題が起これば、すぐバイブルを開き、そこに解答を見い出そうとします。そして、いつもそこから答えを得るのです。敬虔《けいけん》な信者である彼は、明らかに自分の意志を放棄《ほうき》し、自分についての全権をキリストにゆずりわたしてしまったのです。彼はキリストの言葉をもって考え、キリストの代弁者であろうとし、極力《きょくりょく》、彼自身の考えを消し去ろうと努めているわけです。

私はこのタイプの人に出会うと、ときどき彼を茶化《ちゃか》して「キリスト教患者」（信者をもじっている）と呼んだりしています。

依存症患者は、その依存するものを松葉杖《まつばづえ》にして生きているのです。つまり、その松葉杖なしには、自分の足だけでは歩くことができないのです。

例として、キリスト教をここにあげましたが、これは何もキリスト教ばかりではありません。世界中のすべての宗教が、信者たちを自宗に依存させることによって、その基盤が成り立っているわけです。

それが、どの宗教であれ、その神あるいはその教義が依存物すなわち彼の松葉杖になったとき、彼はその宗教世界を殻《から》とし、そのなかに閉じこもり、そしてその殻のなかから外の世界を見るようになります。

そして、彼にとって、その殻のなかだけが、絶対的正義の世界となるのです。この正義に守られ、この世界のなかで彼の心は安らぎを覚えます。

この結果、この殻のなかの世界より見たとき、外の世界は必然的に、彼にとっては不正義となります。なぜなら、万物万象は相対せる二極をもって発現しているからです。つまりそれは「プラスとマイナス」「陽と陰」のことです。すべては片方だけをもっては発現しません。光は闇があってこそ存在し、闇も光があってこそ存在するのです。もし、生まれた時から目が見えず、光を見たことのない人がいたら、その人は光を知らないのみならず「闇も知らない」のです。すべては分別されたる二つの極であり、それは相反的であると同時に相補的（互いにおぎなう）です。金持ちは貧乏人と比較されてできたのですし、健康という意識は病気がなかったら生じえません。

そこで、当然、正は誤の存在をもって初めて成立しえます。彼の世界の正義は、殻《から》の外の不正義をもって初めて存在しうるのです。

地球上の各所で、宗教上の紛争が起きており、殺し合いさえ行なわれております。他の世界の人々から見れば、彼らは単なる狂信者の集団としか思えないでしょう。しかし、彼らも、その日常はごく普通の人なのです。親切な人もいるし、お人好しもいるでしょう。

彼らが他の世界の人々と違っている点は、あまりに強力にその神に依存していることだけなのです。

そして、その依存度が強ければ強いほど、自己喪失《そうしつ》の度合も強くなります。これは非常に重大なことです。自己喪失が強力になれば、意識は自己中心的になり、自分以外（この場合は自派の宗教を意味します）に対し、攻撃的となります。

初めは単なる反感だったのが、それは次第に憎悪とふくらんでゆき、ついには本来、愛と恵みを説いたはずの宗教を信ずる者が、人を殺す苛酷《かこく》な人間にまで変貌《へんぼう》してしまうのであります。

宗教の弊害《へいがい》

宗教戦争ほどの狂気さはないにしても、たとえば日本国内における新興宗教と呼ばれる教団も、信者のそれに対する依存と自己喪失《そうしつ》においては、変わりあるものではありません。

というより、およそすべての宗教の特質として、信者の依存心と自己放棄《ほうき》をもってそれは成り立っているといっても過言ではないでしょう。

この点について、自己をもって超人となさんと試みたニーチェは次のように言っております。

「かかる宗教の弊害《へいがい》を矯正《きょうせい》する宗教というものはないのだろうか？

もしあるとしたら、それは東洋の禅かもしれない」と。

ここで私は、臨済《りんざい》禅でいう次の言葉を思い出したのです。

「親に会《お》うては親を殺し、師に会うては師を殺し、仏に会うては仏を殺すべし」と。

ここでいう殺すとは、もちろん、肉体生命を殺すということではありません。それは親や先生や他のいっさいの先輩たちによって与えられた知識のことを指します。さらにいうならば、それは「これが正しいことだ」と教えられた知識のことを指します。

「諸法は無自性《むじしょう》」つまり、万象《ばんしょう》に定まった性質はなく、すべては変化しつつあるものならば「つねに」というものはなく、正しい正しくないの概念《がいねん》も時と場合によって変化せざるをえないものです。

あらゆる固定観念をとり払い、生まれながらにして、身内にわき出《い》でている叡智《えいち》をもって『今、ここ』において、対面せる問題を即座に、そして一々《いちいち》対処していかねばなりません。

臨済《りんざい》禅師が言わんとしたことは、

「あらゆる他人の定めた基準は、すべて固定観念であり、それをそのまま現実にあてはめようとすると無理が生じ、悲劇さえ起こることがある。

もっとも大切で尊い存在はあなた自身である。そのあなた自身のなかには、真なる叡智がある。その智の力を用いて、自《みずか》らを助けよ。

親の教えたことも、先生の教えたことも、釈迦《しゃか》の教えも、参考として用いられるべき知識の一つにすぎないのだ」、こう言っていると私は思うのです。

しかし、ここで私はもう一つつけ加えたい。それは「禅の教えも同じく知識の一つにすぎない」ということです。（これは皮肉ではありません）

知識は、もちろん、必要です。

しばしば誤解されるのは、禅家では、とかく知識を軽んじているようにとられることです。人間智、あるいは分別智として軽蔑《けいべつ》しているような行きすぎも見受けられます。

当然のことながら、知識は人間に必要です。もし知識を得なかったら、食べたら毒か、何が火傷《やけど》にきく薬なのかもわからず、私たちは身を守ることもできないでしょう。

私は小学生のころ、母親にあるとき、「人の話を中断してはいけないし、人から自分の話が中断されたときは、相手の話を聞いてあげなければいけない」と教えられたことをときおり思い出します。そして、実際にそのような場面に出くわしたとき、そのようにふるまっているることがあるのです。

クリシュナムルティは、知識については次のように言っております。

「知識は百科辞典のようなものである。そして、それを背後の棚《たな》にのせておくのである。

そして、問題が起きたときには一々《いちいち》その百科辞典を取り出し、該当《がいとう》する知識を探しだし、それを用いて問題を解決する。このように知識が用いられている限り、あなたはあなた自身を失っていないのである」と。

先日、私はある雑誌のグラビアに、北京《ペキン》の天安門広場で、一人の少し頭のおかしくなった青年がさまよって歩いている写真を見ました。

この青年は、まだ毛沢東が健在のころの紅衛兵《こうえいへい》の軍服を着て軍帽をかぶり、脇に毛沢東語録をかかえ、目は宙を見つめておりました。明らかな時代錯誤《さくご》のゆえに、彼の意識は毛沢東の代弁者であり、その姿は自己喪失《そうしつ》そのものです。

しかし、この青年の狂信ぶりを、他の人々は笑えるでしょうか？　それは時代遅れであるために、その愚《おろ》かさが人々にはよく見えるだけなのです。

現在、人々は何かの代弁者たらんとし、自己を喪失せんとして、やっきになっている、そんなケースがあるのではないでしょうか？

主義とか、主張とかは、ある時代の要求に応じて、人間の知識でつくり出されたものです。そして、時代は変化します。すると、その主義はその時代に適合《てきごう》しない部分が現れてきます。このとき、この主義を守らんとする者と、それを破壊《はかい》せんとする者（結局この者も新しい主義を立てようとするのですが）との間に闘争が生じ、時には多くの血が流されるのです。マルキシズムを信奉する者は、マルクスの代弁者です。彼はできるだけ忠実にマルクス主義に自分の意識を合わせようとし、そしてその分だけ『自由なる叡智《えいち》』より遠ざかるのです。

「血の日曜日」で全世界に衝撃《しょうげき》を与えた天安門広場の虐殺《ぎゃくさつ》を思うとき、私は不思議でならないことが一つあります。

それは老子《ろうし》の教えのことです。誰もが知っているとおり、老子は中国の古聖であり、世界中に影響を与えたその哲学を生んだことを中国人は大いに誇《ほこ》っていいと思います。

老子の説いた中心的教義に、政治学があります。そして、それは「無為《むい》を用いれば、世は良く治まる」ということでした。なまじあれこれと策をめぐらさず、施政者《しせいしゃ》はぼんやりとしていたほうが世は良く治まる、というのです。

天安門広場には確かに数十万の若者が集まりました。しかし彼らは物理的に破壊《はかい》活動をしたわけではありません。伝えるところによると、ただ広場に寝ていただけです。

彼らは、中国の各地の田舎から上京してきて、一か所に集まり、そこに寝ていたわけです。彼らが故郷の家のなかで寝ていようと、天安門広場で寝ていようと、大した実害はないではありませんか？

施政者《しせいしゃ》は老子《ろうし》のいった無為《むい》をきめこみ、「好きなだけ、そこに寝ているがいいさ。そのうちに飽《あ》きれば故郷に帰るだろう」と静観しているうちに、冬が来て雪でも降れば、彼らは三々《さんさん》五々《ごご》散って、家へ帰っていったかもしれないのです。

そして、もし若者たちが、武器を持ったり、何かの施設を破壊《はかい》したなら、それは確かに動乱なのですから、その時にとりしまりに出ても遅くはないでしょう。

しかし、施政者は、そうでない彼らを「暴徒《ぼうと》」ときめつけたのです。ただ一か所に集まって寝ていた人々をです。そして何千人も虐殺《ぎゃくさつ》しました。

なぜ施政者は、このような暴挙《ぼうきょ》にでたのでしょうか？

それは「恐れ」のためです。「マルキシズム体制が崩壊《ほうかい》するかもしれない」ということを恐怖したからです。

老子《ろうし》は言っています。

「身と名はいずれが親しき」これは、人間にとって、生命と名誉はどっちが大切か？　と尋《たず》ねているのです。

人間いのちあっての物種《ものだね》です。名つまり名目などよりも人命こそ大切です。

マルキシズムという体制がなくなっても、中国には大地があります。人々はそこから食物や生きてゆくための物資を生産することができます。

いずれにしても、いかなる主義も一つの知識であり、それはいわば人間の用具であり、人間によって活用されるべきものでしかありません。

それがいつの間にか、その知識（主義）が人間の主人になってしまい、そして人間は自己の叡智《えいち》を失ってしまうのです。こうして、おびただしい血は流されます。

過去何千年もの間、人類はこれをくり返してきました。これは歴史が示していることです。この点に関しては、人類は依然《いぜん》として未開の野蛮人であるといわざるをえません。

実体のないものを守る

「インド人が、私はインド人である。英国人が、私は英国人である、などと言ってよいものでしょうか？」

と、クリシュナムルティは言いました。これはいったいどういう意味なのでしょうか？

インド人が自分をインド人だと言うことは、英国人もそうですが、まったくあたりまえのことではありませんか？　私たちが自分を日本人と言うことも当然だし、アメリカ人も自分たちはアメリカ人だと信じています。このもっともあたりまえのことに対し、クリシュナムルティは、真っ向から、そんなことがあって良いものだろうか、という否定的疑問を呈示《ていじ》しているのです。

このことについて少し考えてみましょう。

数千年前の昔、私たち日本人の先祖は、南太平洋の国々や、あるいは現在の蒙古《もうこ》などから、移住してきたといわれております。でも、それは、決して「日本という国」に移住してきたわけではありません。

「日本」は古くは、「やまと」と呼ばれ、大化の改新のころに「日本」と書いて「やまと」と呼んだようです。「にほん、にっぽん」と音読みされるようになったのは奈良時代だといわれています。ですから、我々の先祖が到着したころは、ただの土地でしかありませんでした。

人はものにさまざまな名称をつけます。そして時代とともに、その名前は変えられたりします。たとえば、ニューヨークにある空港は、ケネディ大統領暗殺後に、それまでの名にかえて、ケネディ空港という名前がつけられました。

当然のことですが、「名前とはそのもの」ではありません。人は、ものごとをそれぞれに区分けして考える便宜《べんぎ》上、名前をそれぞれにつけました。

初めは、それはたんに便宜上だったものが、次第に、そこにある精神的意味を加えることも生じたのです。たとえば、ハトは平和の象徴《しょうちょう》といわれます。これは、ハトという名前に、それ以外の一種の感情が加わったものです。しかし、ヨーロッパへ行くと、食用のハトがあり、レストランではハトの料理を出します。それで、この国の人々がハトに対してもっている感情は多少私たち日本人と違っているということが想像されます。

日本という名前に対して、私たち日本人が抱く感情と、他の国の人々が抱くそれとは異なっているでしょうし、それは異なっていて当然です。

しかし、ここで、一つこういう空想をしてみてください。

日本という国に、山田太郎さんという人がいたとします。そして、ある事情で、この二つのものが改名してしまったとします。日本という名前は「東風《とうふう》」となり、山田太郎は川口文雄という名前になったとします。

すると、そこには、東風国の川口文雄さんがいることになります。では、この川口さんは山田さんと別人でしょうか？　いいえ同じ人物です。同様に東風国は日本国とは別の場所でしょうか？　いいえ、それは同じ場所です。

では、川口さんはここで、畑をたがやして野菜などを作っているとします。この野菜の味は、日本国であったときと、東風国となってからではぜんぜん別のものになってしまうものでしょうか？　もちろんそんなことはないでしょう。これは同じ作り方をしていたならばという条件下でですが。

次に、かりに日本も山田も名前がいっさいなかったと仮定したらどうでしょう。土地や人や野菜の味が別ものになってしまうでしょうか？

名前が何であろうと、名前があろうとなかろうと、その「もの」に変わりはないでしょう。

であるとすると、名前は実在ではなく、人間の脳裏《のうり》にえがかれたもの「幻想」にしかすぎないものであることが理解されます。

さて、なぜ私はこのようなことを長々と書いたかというと、それは世の人々が、この幻想なるものを「実体」であるもののように錯覚《さっかく》している点を指摘したかったからです。

幻想は幻想であるゆえに心もとない存在であり、ともすればそれは崩《くず》れ去りそうな不安定感を人々に与えます。すると、人々はヒステリックになるのです。そして、その幻想を共同の力をもって守ろうとし、しばしば人を殺したり、自分を殺したりするのです。

この意味において、戦争も自殺も同類なるものです。この両者は、幻想の崩壊《ほうかい》を恐れて、それを守らんとして攻撃的行動を起こしたのです。前者は外を攻撃し、後者は内を攻撃したという違いはありますが。

有限への恐怖を超える

では、なぜ人々は、このような幻想を求めるのでしょうか？

それは「恐怖」からです。人々はぬぐいがたい恐怖をもっております。では、その恐怖とは何に対する恐怖でしょうか？

それは「有限」に対する恐怖です。人間は誰でもいずれは死なななければならない。それを恐怖するのです。

その恐れは厳密にいえば、死そのものに対するものではないといえましょう。肉体的な苦痛も確かに怖《こわ》いには違いありませんが、それは一時的なものです。人々が恐れるのは、自分という存在が終ってしまうのではないか、という「有限」であることへの恐怖なのです。

厳密にいうならば、私たち人間の個体的存在が有限なるものであるか、無限なるものであるかを決定する絶対的証明はどこにも得られていないのです。

しかし、人々は、自分が有限であることを恐れ、無限であることを渇望《かつぼう》します。

そこで、それが無限であることへの幻想を抱くにいたるのです。

その幻想は、たとえば、まず「霊界の存在」を設定することがあります。私たちは死なない。肉体という物質的なるものは滅びても、そこに宿《やど》っている霊体は不滅である。その霊は霊の世界へいって暮らすのだ、という想像をし、ついにはそれを「実在」するものだと信じてしまうのです。幻想はさまざまな空想によって、その世界を形づくりはじめます。しかし、それを形づくる素材は、現世にあるものの域を決してはみでることはないのです。日本人は日本人的文化をもって、その世界を飾りたてるでしょうし、アメリカ・インデアンには、彼ら独得の世界があり、たとえばその霊界にはバッファローが群れなし、空にはハゲタカが舞っているかもしれません。

いずれにしても、それは実在証明不可能であるがゆえに、幻想でしかないのです。

人々は有限であることへの不安、淋《さび》しさ、恐れに耐えられなくなります。そこで、それは無限であると信じようとします。

これは自分のなかのディレクターである「わたし」が、俳優である「わたし」に、幻想の世界を信ずるように振りつけている姿です。

俳優は信じます。そして、ディレクターは退場し、そこに幻想の世界が残るのです。

しかし、ここで、もう一つの方法を考えてみましょう。

その恐怖を超える方法は、幻想を信じる以外にはないものなのでしょうか？

「ある！」と私は思うのです。

それは、明らかな目をもって、その恐怖の実体を見つめてみることです。静かに座り、リラックスして、この恐怖そのものを見つめてみようではありませんか？

「私は恐れている」これは事実です。

「では何を恐れているのか？」

「自分が有限の存在ではないかと恐れている」

「では有限の存在ならば、なぜ恐怖を感じるのか？」

「それは多分淋《さび》しいからだろう」

「では、淋しいことを恐れるのか？」

「多分、そうだろう」

「しかし、君がもし有限の存在ならば、そして君自身が死んで無くなってしまえば、その淋《さび》しさも同様に無くなってしまうものではないのか？」

「？」

「そして、もし、君が無限だとすれば、その淋しさも無限に続くのではないのか？」

「……」

「そして、また君の恐怖も無限に続くのではないのか？」

「しかし、私は自分が無限の存在であると思えば安心すると思うのだが」

「君はなぜ安心を欲するのか？」

「それは、今が不安だからだ」

「もし、君が有限なら、君の死とともに、その不安も消滅してしまうではないか」

「それは確かにそうだ」

「事実を、そして現在をありのままに見てみたまえ。あらゆる前提的観念をもたず、ただそのままに問題を見てみたまえ。

私たち人間は、それを有限であるか無限であるかの判定を行ない、それを実証して見せるだけの能力をすでにもっているだろうか？」

「それは、もっていないと思う」

「よろしい。それが答えだ。我々は要するに知らないのだ。自分が有限であるか、無限であるか知らないのだ。そして、それがすべてであり、あるがままに見てとったのだ」

あるがままに、それを受け入れる。これが即時の理解なのです。すると、不思議にも、あの恐怖は消えているのです。そのとき、（これは真なる瞑想時《めいそう》といえるものなのですが）私たちの眼前には、あるがままの（つまりあらゆる幻想をともなわない）世界が露呈《ろてい》されてくるのです。

そこはニルバーナ（涅槃《ねはん》）と呼ばれる絶対的静寂《せいじゃく》の境地であります。

この境地で、すべてを眺《なが》めるとき、すべてのことは、あるがままの姿で理解されるのです。

そこには、あらゆる価値基準が付されておらず、良くもなく悪くもなく、愛憎もなく、ただ、それが理解されるのです。いわば、それは裸の世界です。観《み》ている私たちも裸であり、観られている対象も裸なのです。

そこには、あらゆる幻想が休止している心的境地なのであります。

そして、これこそが「覚醒《めざめ》」ている意識状態なのです。

家および国家に対する幻想

人々は、なぜかくも強烈に、「家」や「国」に対して幻想を求めるのでしょうか？

もちろん、これも、「有限への恐れ」にその端《たん》を発しているのです。

家ということは「家系」を意味します。私の生命は一代限りではない。それは永遠へと続いてゆくのだという願望がもととなって生まれた幻想が「家幻想」です。家系は先祖から自分を通じて未来へ永遠につながっていると考えるのですが、これは明らかに幻想以外の何ものでもありません。

人間は、父と母の血量の半分ずつを受けたものです。そして、それは祖父母の四分の一ずつの血量です。そして曽《そう》祖父母の八分の一ずつ、こうして考えてゆくと、二十五代前では驚くなかれ、先祖の総数は一千六百七十七万人を突破してしまうのです。そして、三〇代以前は億を越えてしまいます。この億の流れのなかの、どの一筋をもって、「わが家の流れ」だといえるのでしょうか？

私たちにとって、億を越えるそれらの人々は、すべてが先祖であるはずです。何をもって、そのうちのある人のみを「わが先祖」といえるのでしょうか？

要するに、私たちは怖《こわ》いのです。消滅《しょうめつ》してしまうことが、そして、忘れさられてしまうことが淋《さび》しく、不安で、心が落ちつかないのです。

そこで、家は永遠に続き、自分という個体もそれに所属させることによって、決して消滅しないのだ、という幻想を家族とともに共同して抱くにいたったのです。


国に対する幻想も同じです。

私たちは、自分は「国家」とともに永遠に存在すると考えたいのです。

日本には「万世一系《ばんせいいっけい》」の天皇をその象徴《しょうちょう》にしようとする願いがあれば、アメリカには「星条旗よ永遠なれ」という国歌の歌詞にその願いがこめられています。日本の国歌である君が代には「君が代は千代に八千代に続いて、小石が集って大きな岩になるまで継続して欲しい」と記されていますが、それはとりもなおさず、自己個体の永遠化願望を表現しているわけです。

ことは、家や国家だけではありません。共産主義の労働歌には「プロレタリアート独裁よ永遠なれ」という歌があるそうですし、多分、自由主義サイドのほうにも、「デモクラシーよ永遠なれ」という歌があるのではないでしょうか？

結局のところ、人間は一人では生きられず、集団のなかに埋没《まいぼつ》しようとします。しかし、それは埋没《まいぼつ》することによって、逆に自我をそのなかで生かそうとするのです。一人では自我を失うような危機感にさらされているので、集団に所属し、そこで自我を安定させようと計るわけです。

要するにそれは、「永遠幻想」なのです。それも「自己存在」を基盤とした「永遠幻想」であり、それを人々と共同して行なうゆえに「共同幻想」でもあるわけです。

この共同幻想の集団には、中心的人物あるいは象徴《しょうちょう》的人物が必要です。そして、他の団員たちは、この人物に自我を同化させようと自分自身をコントロールするのです。

この共同幻想集団が、他の世界から見て、いかに奇妙であろうと、それは彼ら自身にはまったく正当なのです。そして、その奇妙さは、しばしば「人命の軽視」となって現れます。たとえば、戦時における日本人のモラルは「生きて虜囚《りょしゅう》の辱《はずか》しめを受けず」といって、敵の捕虜《ほりょ》になるくらいなら、その前に自殺してしまえ、ということでした。

この結果、サイパン島では、多数の民間人が崖《がけ》から飛びおり自殺をしました。そして、これはアメリカ人から見たら、常識では判断できない奇異《きい》な行動として目に映ったのです。

しかし、そういうアメリカ大陸にも、ある宗教団の集団自殺事件というものがありました。

また、最近の日本でも、宗教の教義上の理由で、わが子の輸血を拒否し、死にいたらしめた後、両親は平然としているという事件がありました。

これらのすべては、共同幻想を守るために、自《みずか》らの側の人間の生命を犠牲《ぎせい》にした点では一致しているのです。

この反対に、共同幻想を守らんとして、外部に対して攻撃的になることもあります。彼らは、この所属する共同幻想を愛するゆえに、その共同幻想に加わっていない者を恐れ、憎むのです。そして世界に不和は生じます。この結果、他の共同幻想集団との間に戦争が生じ、互いに殺し合うのです。

この意味で、国家幻想も宗教幻想もイデオロギー幻想もすべてに大差はありません。彼らはすべて、己《おのれ》の共同幻想をもって「聖なるもの」とし、他の共同幻想を「劣悪《れつあく》」なるものとするのです。

人々が集団を形成する際、設定される中心的テーマはつねに幻想です。家も国家も、そして神すらも、否《いな》、神こそは幻想の最たるものでしょう。地球上の人間は、無数の神をつくりだしました。そして、そのすべての神の擁護者《ようごしゃ》は、それぞれに「私の神こそが唯一の正しい神である」と主張しているのです。

イデオロギーもそうです。共産主義者は「共産主義しか世界を救う道はない」と信じ主張するのです。（しかし、現代では、この信念は世界中で崩壊《ほうかい》しはじめております）

また共同幻想ほどまではいかない私的幻想者も、たとえば、論語を毎日読み、それを心の糧《かて》とし、孔子《こうし》に心酔《しんすい》している人は、自己を失っているといえます。彼はそこに万古不易《ばんこふえき》の真理を見い出し、それに自分を服従させることによって、孔子の教えに所属しようと願っているのです。彼はつねに「孔子曰く《のたまわく》」と言います。彼は孔子の代弁者であり、自我をそこに埋没《まいぼつ》させようと願望しております。これは彼自身の自己重要感が、自分を聖人と同化せしめようと働いているからなのです。

いずれにせよ、家、国家、宗教、イデオロギー、ある道徳的主張、これらはすべて幻想であり、そして、それらの幻想のなかに住む人々は、その幻想への依存症にかかっているのです。

彼らは、それぞれのそれに寄りかかって生きており、その意味で、それらの幻想は彼らにとっての松葉杖《まつばづえ》なのであります。

「諸君は、決然として、これらの松葉杖《まつばづえ》を捨てさらなければいけない」とクリシュナムルティは言いました。

「すべての依存物に別れを宣言し、諸君の自由な、何ものに捕《とら》われない精神をもって、生き生きと生きてゆかねばならないのだ」と。

幻想にどっぷりつかっているとき、人は無明《むみょう》の内にあります。そして、それを幻想だと理解した瞬間、人は光明の世界に躍《おど》りでるのです。

すなわち、それが「覚醒《めざめ》」なのです。

第六章　「真なる喜び」の創造

心の自由

さりながら、あるがままの現実を見るとき、私たちは幻想の世界から逃れでて、生きることができないことも事実であります。

すなわち、私たちは、生きている限り、種々の制約からぬけでて生きることはできないのです。

確かにクリシュナムルティの言ったごとく「人は自分がインド人だ、自分は英国人だなどと言ってよいものか？」という意味は理解でき、あらゆる松葉杖《まつばづえ》を捨て、自由に生き生きと、本来の自己をもって生きる、ということに同意しえたとしても、それらを幻想なるがゆえに、すべてを捨てさって生きるというわけにはゆきません。

現実的な意味で、私たちは日本人であることをやめるわけにはゆかないのです。たとえば、外国へ行くためにパスポートを申請するならば、国籍のところに日本と書き込まなければなりません。

また、鈴木さんは鈴木さんであり、渡辺さんは渡辺さんとして、世間とつきあってゆかなければなりませんし、親代々の宗派というものがあったら、葬式や法事はその寺に頼み、その宗派で定められた儀式を当然のように行ないます。

つまり、人は生きてゆくうえで、いくつもの幻想を制約として受け入れて、その制約のなかで生きてゆかなければならないのです。これは事実であり、現実をありのままに見れば、確かにそうであることが理解できます。

しかし、これはいわば「肉体的な制約」なのです。そして今までに私がのべてきたことは、いわば「心の自由」のことであります。

肉体的には、日本人という幻想の制約下にあっても、心のなかは「地球人」という、より大きな意識をもって生きることは可能ではないでしょうか？　もし可能ならば、他の国の幻想者を敵対視することもなくなるのではないですか？

また、たとえば宗教でも、自分がある宗派の僧侶を職業としていてさえ、その一宗一派の教義を超えた普遍《ふへん》的な宇宙意識的なるもの、自在無礙《むげ》なる意識のなかに生きることは可能ではないでしょうか？

私たちは、家、国家、宗教、イデオロギー、道徳などのあらゆる幻想の制約のなかに生活しながらも、そのすべての幻想を超克《ちょうこく》する、すなわち、「捕《とら》われざる意識」を心のなかに把握《はあく》することができるのです。

そして、これこそが「醒《さ》めた意識」なのであります。

知識はつねに従者

「人類の歴史において、知識が問題を解決したことは一度もありませんでした」とクリシュナムルティは言っております。

この謎《なぞ》めいた言葉に、私がやや補足させていただくならば、この「知識」を「知識自身」という言葉に変えると、かなり理解しやすくなると思うのです。

「教え」も「教条」も知識です。そして、この知識自身が自《みずか》ら働き、自ら問題を解決することはありえないのです。古今《ここん》のあらゆる聖哲が説いた教えも、いわばそれは道具の一つでしかなく、それは人によって用いられることによってしか、力を発揮しえません。

それがいかに優れた道具であるとしてもです。それがいかに尊敬する人物の教えであろうともです。知識はつねに従者であり、あなたの叡智《えいち》がその主人なのです。

この主人が失われ、知識が暴走するとき、人類の悲劇は起こるのです。白人と黒人が憎みあい、学生たちは虐殺《ぎゃくさつ》され、異なる宗教信者たちは殺しあい、共産主義者と自由主義者は攻撃しあいます。

若いころ、私は諸方の寺の坐禅会に参禅して回ったものです。

これはある曹洞宗《そうとうしゅう》の僧林《そうりん》でのことです。当時、私はまだ坐禅をはじめたばかりで、物知らずだったこともあったのですが、ちょっとした失敗をしてしまったのです。

曹洞宗《そうとうしゅう》の坐禅堂の内部は、中央は土間で、周囲の壁《かべ》に畳一枚の長さの巾で坐禅用の場所が高さ約五〇センチの高さで張りめぐらされてあります。土間の中央には台座が置かれ、普通、文珠菩薩《もんじゅぼさつ》像が飾られております。周囲の畳の高座は、僧たちが居住している場所でもあり、一人に畳一枚分だけ与えられ、ここで布団を敷いて眠り、また食事もするのです。この一人分の場所は「単《たん》」と呼ばれています。

この単のふちには、巾約四〇センチの板が張られてあり、僧たちはこの板の上に食器を並べて食事をするのです。彼らは、この板の上を清浄《せいじょう》な場所としており、この上を足で踏んだりしないようにし、この畳の上に土間からあがるときも、後向きになって、両手で支えて体を宙にうかすようにしながら、お尻を下に触《ふ》れさせないように、ヒョイとその板の上を越えて、ストンとお尻を畳の上におとすのです。私はそのやり方を少々滑稽《こっけい》に思っていたのは事実です。

そのとき私は、何気なく、ふちの板の上に腰かけていたのです。といっても、ほんの一瞬のことですが、そしてお坊さんに叱《しか》られました。

「そこは食事をする清浄《せいじょう》な場所ですから、腰をおろさないでください」

私はあわてて立ちあがり、

「どうも済みません」とあやまりました。しかし、その坊さんが若いこともあって、ちょっといたずら心が私にわいたのです。私は、

「ひとつ質問したいのですが……」と言いました。

「はい、なんでしょうか？」

「般若心経《はんにゃしんぎょう》のなかに、不垢不浄《ふくふじょう》という言葉がありますね」

「はあ」

「これは、本来清浄なものも不浄なものもない、という意味だと思うのですが。だとすると、なぜこの板が清浄で、僕の尻が不浄なんでしょうか？」

「……」

しばらく無言でいたその坊さんは不快そうな顔をして、その場を去ってしまいました。

もう一つ、同じような例をあげてみましょう。

これもある寺の坐禅会に出席し、終って皆で老師を囲んでお茶を頂戴《ちょうだい》しているときに、私はその老師に次のような質問をしてみたのです。

「禅の教えでは不思善悪《ふしぜんなく》という言葉がありますが、その一方、諸悪莫作《しょあくまくさ》、つまり悪いこと

をするなという言葉もあります。一方で善悪について考えるなといい、また一方では、悪いことをするなという、これはいったいどういう意味でしょうか？」

老師はしばらく考えていましたが、

「どうも、私などのような者には、スカッとした答えはでてきませんが、私なりに考えれば、それは坐禅中は不思善悪《ふしぜんなく》であり、普段の生活では、諸悪莫作《しょあくまくさ》ということではないでしょうかな」と答えられたのです。

打ちあけていえば、私は老師のこの答えにかなり満足しております。

半分の存在

我々が制約のなかにあるという意味の根源は、そもそもが、我々は生まれながらにして「半分の存在」であるところにあるのではないでしょうか？

半分というのは、トータルでない感覚であるということです。

土居健郎氏や岸田秀氏（共に心理学者）によれば、生まれたばかりの赤ん坊は、母親との一体感覚のなかにあって、そのゆえに一種の「全能感覚」のなかにある、といわれています。

ところが、やがて赤ん坊は自分と母親とが分離されたことに気づく。そのとき、赤ん坊には自我意識が発生するというのです。これはまた、自分と母親の間に他の人が入ってきて、それを認識したとき、それまで全能感覚のなかにあり、自も他も混然としていて、無限の自由感のなかにいたのが、突然、「個別意識」を覚えはじめるのです。

すると、必死になって母親の乳房《ちぶさ》に取りすがります。これは一種の合体願望であり、帰郷願望でもあります。つまり、生まれ出てきたこの世界は冷たく寒いため、もとの全能感覚の世界へ戻りたがるのです。これがつまり「甘え」です。そして、この甘えは、他の人の存在を認識したとき、すなわち「人見知り」することによって生じたものですから、人見知りの強さは甘えの強さと比例するわけです。

この甘えと人見知りの相関関係は成人後にも見受けられるところで、いわゆるマザー・コンプレックスと呼ばれる男性などは顕著《けんちょ》なその例です。

赤ん坊のとき、この人見知りが、「分けられたる存在」すなわち「半分である自分」という感覚は、その人のその後の一生に、不安感、不足感の影をおとすことになります。これがすなわち、我々にとっての最大の制約となるのです。

この半分であるという意識は、自分が男女のどちらかの半分であるという意識も含みますが、性別意識がそのすべてではありません。確かに、性行為は半分同士の合体願望がそこに働いていることは間違いないのですが、この他の半分というものは、何も異性のみをもって埋めるとは限らないのです。つまり、男が他の男をもって自分の半分を埋めるホモもあれば、女性のレズの場合もあります。

しかし、それはいかなるケースであろうとも、合体行為で得られるものは刹那《せつな》的なものにすぎず、一体完成としての全能感覚からは程遠いものであり、このゆえに、殆《ほとん》どの場合、人間は何らかの虚《むな》しさを行為の後に味わうことになります。

要するに、人間はつねに半分の空虚《くうきょ》さを抱いて生きているわけです。

人生とは幻想のなかにあるものといわれるのは、この自分の半分を、何かの幻想をもって埋めようとしているからではないでしょうか？

この半分の空虚さは、つねに我々に何かいわれのない淋《さび》しさのようなもの、恐れのようなものを与え、おちつかせないのです。

あなたは、あなたのこの半分を何をもって埋めようとするのでしょうか？

それは女（男）をもってですか？　酒をもってですか？　地位をもってですか？　財産をもってですか？　仕事の成功をもってですか？　尊敬されるべき人物になることですか？

ある宗派の神をもってですか？　国家への献身をもってですか？

これらのすべては、あなたの半分を埋めんとする幻想なのです。そして、それらは幻想であるがゆえに、決してあなたの半分を埋めることはできません。すなわち、全能感覚は得られず、空虚《くうきょ》さは消えることはないのです。

というより、もっとはっきりいうならば、そもそもこの「半分」という意識（それは無意識的なものですが）が、幻想そのものであるのであります。

一如《いちにょ》の世界

幻想（他の半分）をもって、幻想（自分の半分）を埋めんとするその行為とは、すなわち日常における生活意識に他なりません。何かの目的をめざし、努力をしている姿は、とりも直さず、幻想をもって幻想を埋めんとしている行動そのものです。

そして、くり返しますが、この方法をもっては、空虚感を決して消滅しうることはないのであります。この空虚感は次第に増幅《ぞうふく》していきます。同時に、イライラした気分もだんだん大きくなっていきます。

そして、ある日とり返しがつかないほどの運命の破壊《はかい》現象が突発してしまうのです。

幻想を脱し、しばし休息すること、これが瞑想《めいそう》です。そして、その瞑想とは、何も座って瞑想ポーズをとり、じっと静止することとは限らないのです。(無論、そういう瞑想があることは否定しませんが)

瞑想とは、すべての幻想を「理解」することであり、それを実体なきものと気づくことであり、すなわちそれが「幻想の世界から目覚めること」なのです。

「覚醒《めざめ》」とは瞑想であり、幻想からの解脱《げだつ》であり、全能感覚の世界に安らぐことであります。ここには「自と他」はなく、それ一体であり、古人はこれを「一如《いちにょ》の世界」(ひとつのごとき世界)と表現したのです。すなわち、そこには「半分」はなくなっているのです。

このときこそ、あなたは無限の世界にあるのです。心は全能の空に高く飛翔《ひしょう》し、また時に静寂《せいじゃく》の谷で清涼《せいりょう》の水を味わうのです。

この素晴らしい体験は、何人《なんぴと》にとっても可能なのです。

この一如の世界を体験した後、ふたたび分別の世界へもどると、何と、その幻想の世界は一変して見えるではありませんか。

もちろん、それは姿や形が変わっているということではありません。ただ、よく見えるのです。明るさのなかにすべては輝いて見えるのです。そして、幻想が幻想であることが即時に理解され、しかも、その幻想がおもしろく、とても楽しく思えるのです。

こうして、あなたにとって、人生は遊行《ゆぎょう》になるのです。禅でいう「遊戯《ゆげ》三昧《ざんまい》」とは、まさにこの境地なのです。

なんの喜びぞ
なんの幸せぞ
世界はかくも
輝いてあるに
なんぞ君には
それの見えざる
なんぞ光を
君は求めざる

文明とは病気である

心理学者の岸田秀氏の著書『ものぐさ精神分析』には、人間の抱く「共同幻想」について非常に明快な意見がのせられており、これを読むと、いかに人間という生物は、自《みずか》らの作りあげた幻想の世界にさ迷っているかが、よく理解されます。

氏は、そもそも、人間の文明というものが、共同幻想そのものであると記しており、次のように説かれています。

「文明とは病気である。しかもかなり伝染性の強い病気である。

人類は、見失った自然的現実の代用品として人工的な疑似《ぎじ》現実を築きあげた。この疑似現実が文明である」

文明とは病気であるとは、なんと激越《げきえつ》な表現でしょうか。

しかし、ある一面から見れば、この表現は、かなり的《まと》を射《い》たものといわざるをえません。

人々は現実を見失っており、設定された幻想を動かしえざる真実だと信じきっており、それが人間自身の手で築いた疑似現実であることに気がつきもしないでいるのです。

共同幻想の原型的なものは、恋愛関係および結婚関係があげられます。

人々はそれぞれに私的幻想を有しており、そのうちのできるだけ近寄った、つまり似《に》かよった幻想の持ち主の男女が関係をもったとき、ある意味で相性がよいといえるのではないでしょうか。

しかし、いかに似《に》かよっているといっても、個人的には異なった部分もあります。そのうちのある部分を切り捨て、相手のそれと合わせて、二人の共同幻想の世界を築こうとするのです。

以前、奥さんがうつ病だという夫婦が私のところへ相談にみえたことがあります。二人はまだ若く、結婚三年目で、一年ほど前から奥さんはうつ病になって、今は一人では外出もできなくなっているとのことです。

少し話を聞いてすぐわかったのは、奥さんは非常に甘え意識が強く、夫のほうは過保護であることでした。何しろ、奥さんは気分が悪くなると、夫の会社に電話をかけ、訴えるのです。すると、夫は仕事中でも、すぐ飛んで帰るのだそうです。これは完全な他者依存症です。

この二人は、結婚に際して、次のように誓《ちか》いあったというのです。それは「お互い、秘密だけはもたないようにしようね」ということでした。

以後の二人の人生は、美しいそして立派な夫婦像を築くための努力にのみ、殆《ほとん》ど費《つい》やされることになります。美しい夫婦像はすなわち共同幻想です。そして、彼らの一生は、それを保持し達成するために、途方もない生命エネルギーが消費《しょうひ》されることになったのです。

キリスト教の牧師が、一生、女性とまじわらないという誓《ちか》いをたてると、以後の彼の人生は自己の欲望との戦いに、その全エネルギーが費《つい》やされるのです。彼は、自《みずか》らたてた誓いという幻想追求と、性欲という自然的欲求の二者の相克《そうこく》のなかで、その一生は使われてしまうのです。当然そこには、真の静寂《せいじゃく》、真の平和はありません。なぜなら、平和とは、あらゆる幻想を放棄《ほうき》した瞬間に生ずるものだからです。

「殉《じゅん》」という言葉は、自分の生命をささげて、愛するものと同化しようとする行為をいいます。「殉愛《じゅんあい》」「殉難《じゅんなん》」「殉職《じゅんしょく》」「殉死《じゅんし》」これらの行為はすべて、自分の身を捨てることを意味しております。

この「身を捨てる」とは、幻想を全《まっと》うするようでいながら、実は二者の相克による戦いに疲れて、永遠の平和を求めんとする行為であるとも考えられます。換言すれば、それは「名目ある自殺」であります。さらにいうならば、それは「逃避《とうひ》」でもあります。

幻想を追うとは、誓いを守るということであり、誓いを守るとは、自己本能と戦いつづけるという意味です。

人間として立派でありたい、美しくありたいという幻想追求に疲れたとき、人はその追求を放棄したくなります。しかし、それができない。なぜなら、その幻想を捨てたとき、自己の基体性《きたいせい》（セルフ・アイデンティティ）が崩壊《ほうかい》する、つまり失われてしまうのではないかという恐怖感をもっているからです。

前記の夫婦の場合、秘密をもつまいとして（それは本来不可能です）それがうまくいかなかったとき、夫に対しては疑惑、自分に対しては自責、この二つの念によって奥さんは混乱し、疲れ、ついには夫に対し甘え、依存し、うつ病になるということによって、それが遂行《すいこう》しえなかった理由としようとするのです。すなわち、病気に逃避《とうひ》したわけです。

この二人は病気なのです。それは、うつ病になった奥さんだけでなく、夫のほうも病気なのです。

そこで二人が回復するためには、まず、二人の心が平和にならなければなりません。平和になるというのは、立派な夫婦像を演じるという幻想性を捨てることです。誓《ちか》いから解放されることです。自由でリラックスした状態を得ることです。

自分が自由になれば、他人を自由にしておくことができます。奥さんは、自分が自由でなかったので、会社にまで電話をかけて夫の行動を制限し、不自由にしてやろうとしたのです。もちろんそれは無意識的に行なわれたので、当人の自覚はないのですけれども。

人間はすべて、別々の個体をもち、別々の思考をし、別々の意欲をもっている。これはまったくあたりまえのことであり、そして、それをあるがままに受け入れることを、真の意味で

「理解」したというのです。

あるがままのものを、あるがままのものでない、より立派なもの、より美しいもの、より永遠なるものへ変化させようと思ったとき、それは幻想化したのです。そして、その幻想の檻《おり》のなかで、自由を求めて悶《もだ》える、これをもって病気でないとしたら、何が病気なのでしょうか？

国家幻想にしても同じです。それは、自己を国家幻想に埋没させ、自己を国家に同化させ、その国家を永遠化ならしめることによって、自己表現の達成を計らんとするのです。

この幻想界では、自己を（それは本能的欲望です）滅すれば滅するほど賞賛《しょうさん》されます。そして「殉《じゅん》」ずることが最高の美しい行為とされるのです。それに殉ずるのは、自己表現の達成のように思われますが、それはむしろ檻《おり》からの自己解放化の願いからのようでもあります。

しかし、いったん、ひとつの国家幻想が崩壊《ほうかい》すれば、人々はつきものが落ちたように、生き生きと自由になります。

第二次大戦の終結まで、日本は帝国であり、神国でした。そして、そのなかでそれに疑問を抱くこと自体「国賊《こくぞく》」だったのです。それが敗戦によって、この幻想が一夜にして崩壊した後、人々は平気で生きつづけられたし、その幻想がいかにナンセンスであったかも知ったのです。

しかし、再び、我々は「大国の幻想」にとりつかれはじめています。「経済大国日本」という幻想に。

我々は、個々に抱いている自己重要感という衝動《しょうどう》を、国家という共同幻想の力をかりて充足せんとするのです。

かくして、人々は共同幻想の制約のなかで、個々の自由を失っていくのであります。

現在の喜び

ある大臣が、一つの政策を進めていましたが失脚《しっきゃく》し、その政策を非難されました。

ここで、この大臣は記者に、次のような談話をしました。

「私のこの政策の評価は、後世の史家に任せたい。十年あるいは二〇年のち、必ずや、私のこの政策は正しかったという評価を受けることと確信している」と。

明らかに、傷ついた自尊心を、未来を空想することによって、少しでも癒《いや》そうと、この大臣はしているわけです。そのとき、彼は幻想に救いを求め、未来に生きており、決して現在には生きていないのです。

現在に生きていないとき、自己はそこにいません。すなわち、現在において真の自己は失われているわけです。

では、この大臣が現在に生きるとは、この場合どのようなことでしょうか？

「私は失脚《しっきゃく》した」と、これをそのままに認めることではないでしょうか？　それにあらゆる価値基準をつけず、ただあるがままをそのままに理解する。そこには「わたし」がないのです。「わたし」が反省や幻想を求めるのです。「わたし」が現在を、過去や未来をもって消し去るのです。

「私は失脚した」これで、それはもう終りなのです。それは、もう「死んだ昨日」になってしまったのです。

クリシュナムルティは言いました。

「私たちは、幾千もの死んだ昨日をのり越えて、現在を創造するのです」と。

また、彼はこうも言っております。

「私は未来を現在にさし招き、それを超克《ちょうこく》したのです」と。

私たちは現在に生を営《いとな》んでいるのであり、そして、真に現在に生きていなければ、自己の存立は非常に不安定になるのです。

ある有名なタレントが、若いとき、恋人にふられ、「よし、いつかは有名になって、あの女を見返してやるぞ」と決心しました。それから二〇年近い歳月をかけ、彼は非常に有名になったのです。

これは、その決心をしたときを現在として考えてみると、確かに「ふられた口惜しさ」という過去があり、「いつか有名になってやる」という未来がそこにダブッているのではありますが、見逃してならないのは、そのときに「有名になる」という思念を深層意識アラヤ（仏教で説く創造意識）にインプットしている現在があることです。すなわちそれは現在における創造なのです。

まず、「恋人にふられた」ことを率直に認めて、それを「死んだ昨日」とし、「有名になった自分」の未来を現在に招きよせ、その希望のもとに現在に創造の活力がふるい起こされたのです。

生きてゆく過程（それは現在です）には、意識の二辺往来が必要です。

それは瞑想《めいそう》と行動の二辺を往来することです。空界と色界の往復です。平和と戦いのくり返しです。

「あるがままに理解」した後、生きてゆくための人智をめぐらすことです。

そして、その人智をめぐらすとき、幸福に生きるためには、欠くことのできないものが二つあります。

それは「楽観」と「ねばり根性」です。これは「生気《しょうき》エネルギー」によって、まかなわれるものです。そして、この生気エネルギーは、意識のニルバーナ（涅槃《ねはん》）状態から生まれでてくるのです。すなわち、絶対的な静寂《せいじゃく》と平和な精神状態からわきおこってくるものです。

この生気エネルギーに満ちているとき、私たちは真に創造的な現在に生きることが初めて可能になるのであります。

そして、真に創造的である現在のなかで、初めて私たちは喜びの感覚、すなわち生きる楽しさを味わうことができるのです。

喜びに満ちた人生

ある夏の早朝、私はベッドの上に起きなおり、明るくなってきた光のなかで、ふと自分の右手の小指を見て、その第二関節の背のほうに一本深いシワがあるのを見つけました。

「おや、こんなところにシワが」と思って、小指を曲げて見て、隣《となり》の薬指も曲げて比べてみると、それは窓からの光の角度で、そう見えただけであることがわかりました。そこで中指も曲げ、他の指も曲げてみると、何か不思議な感じがしました。指が、曲げようと思うと自在に動く。何か神秘的なものを見るような気がしたのです。

私は両手の指を一本ずつ、次々と曲げ、あぐらをかいた両足の指も、次々と曲げてみました。

「生きている。私の体は全部が生きていて、思うように動く」私は奇妙な感動にとらわれました。

ついで、私は自分の健康に気がつきました。無事である体。どこも痛くなく、辛《つら》くもない。

「これは、なんて素晴らしいことなんだ！」

私は起きて、顔を洗い、冷たい水を飲みました。

「うまい水が飲める」。私はうれしい気分になりました。そこで、寝まきを脱ぎ、裸のまま外に出て、門まで新聞を取りに行きました。陽光を素肌に浴び、空を仰《あお》ぎました。涼《すず》しい風がとても快《こころよ》かったのです。

生きている有難さを、しみじみと味わっている一瞬でした。

「もっとも尊いものは生命である」の実感が文句なく私の心をひたしていました。私はその幸せの泉の水を飲み干していたのです。

「創造」とは、どんなことなのでしょうか?

私は、それは「人生そのものを創ること」であると思うのです。さらにいうならば、「生き生きとした活力に溢《あふ》れた人生を創ること」であり「喜びに満ちた人生を創ること」であると思うのです。

小説を書くことも、絵を描くことも確かに創造です。芸術は確かに創造です。でも、それらの行為も「人生の一部」なのです。そして、芸術の創造も「人生の創造」の部分なのです。

といっても、それはよくいわれる「生きざま」などという問題ではありません。それは「立派な生き方」などという常識的な範疇《はんちゅう》にあるものではないのです。それは賞賛《しょうさん》されるべきものとか、そうでないものとかという人間的思考の外にあるものです。

自己の生命を自己が凝視《ぎょうし》するのです。そして、現在の一瞬一瞬において、その生命を理解するのです。すると、その生命がこの世に創造されたものであることが、さらに理解されるでしょう。

そして、この理解が創造なのです。このとき、凝視《ぎょうし》するあなたは、理解されたあなたと同一になります。あなたの生命（それは創造されたものです）は、あなたの凝視と一体になり、凝視するあなたは創造自身（それは現在を生きつつあることです）と同化するのです。

すなわち、あなたは「創造自身」になるのです。

不完全なままの自分

「過去にとらわれてはならない」といい、また「未来を現在にもち込んではいけない」という言葉は誤解が生じやすいのです。

それは、現在において、過去や未来のことを決して思ってはいけないということではないのです。

そのような思考制限はまったく不可能です。過去や未来のことを考えないようにし、現在のことばかりを思考対象にしようとしてもできるはずはありません。私たちは、ごく自然に過去・現在・未来のことを考えておりますし、それは自由な思考状態です。

「過去や未来にとらわれてはならない」ということは、一口でいえば、「わたし」が現在から、過去の世界か未来の世界に移り住んでしまっている意識状態をいうのです。

かつて、私はロンドンのあるパブで、在郷軍人ばかりが毎晩集まって、飲み語り合っている光景を見ました。彼らは退役した老人たちで、いくつもの勲章や略章を胸につけ、あるいは軍服を着て、過去の戦争について語り合い、合唱したりしていました。彼らは年金で生活し、公共の施設に住んでいます。

彼らの話題は過去の栄光や、過去の失策などについて占められており、これは、彼らの「わたし」の意識は明らかに過去の内にあることを示しております。

彼らほどでないにしろ、たとえば、年配者が過去の自分の功績について得得《とくとく》と語るとき、彼の意識は決して現在に生きていないことは明白に理解できるでしょう。

この意味で、過去は死ななければならないのです。すなわち、精神のうえでの新陳代謝が行なわれなければならないのです。そうでなければ、現在における創造は起こりえないでしょう。

過去について語ったり、考えたりすることはいっこう差しつかえないのです。ただ「わたし」が過去にとらわれの身にならない限りにおいて。

過去について語っていたり、考えたりしている自分を観察するのです。すると何か現在不満があるか、自己劣等感に陥《おちい》っている自分に気がつきます。そして、その苦しさを慰《なぐさ》めるため、過去の栄光について語ったりしている自分の姿が見えてくるのです。するとき「私は劣等感を癒《いや》すために、過去の栄光について語っている」という現在の自己意識のあり方を即時に理解できるのです。そしてこれはまぎれもなく、あなたは現在に生き、現在を創造していることなのです。

これは未来についてもまったく同じことです。未来の幻想にひたっている自分を凝視《ぎょうし》して、なぜ自分がそれにひたっているのか、即座に理解できる。すると、あなたの「わたし」は現在から分裂して未来へ行ってしまうようなことはなくなるのです。

あなたは、自分の心を見つめ、それを理解する。すると、その幻想を求めた原因が、それがもし有害な問題であったなら、その問題自身が消滅《しょうめつ》してしまうのです。

もし、ここに今、自殺したいと考えている人がいるとします。自殺をしようと思うのは明らかに「未来の幻想」（それがすぐ先の未来であるとしても）です。

ここで、この人が、その未来の幻想を凝視しえたらどうでしょうか？

なぜ、自分が自殺を考えているのか、その理由を理解するでしょう。そして、その理解があらゆる価値や非難のともなわない、「あるがままをあるがままに」理解されるものであるならば、その人の「わたし」は、自殺という幻想のある未来から、現在に復帰し、しかもこの「わたし」は、創造のエネルギーによって消滅《しょうめつ》してしまうのです。

こうして、自殺願望の意識は解消され、生命は新しく造りだされます。すなわち、これは生命の創造そのものといえるのではないでしょうか。

換言すれば、不完全なその部分を、直したりせずに、不完全なままの自分として、そのまま理解する。そして、その理解がすめば、生命の創造は自動的に行なわれるのであります。

理解とは現在においてのみ行なわれる行為であり、老廃物の除去であり、創造のための空間の提出なのです。

それはインドのシバ神の行なうことに象徴《しょうちょう》されています。シバは破壊《はかい》の神です。人間の肉体は新陳代謝で生きています。それは古いものが無機物に還元《かんげん》され、体外に排出されること。シバはつねに古きものを殺し、破壊し、それを去らしめ、そして、新しいものを導きいれるのです。

人間の体がそうであるように宇宙自体がそう支配されています。そのゆえに宇宙は生きているのです。

生の創造

真の理解が行なわれていなければ、問題は残留し、時間とともに引きずられ、それは解決しません。

問題の真の解決とは、その問題が死ぬことです。そしてそれは同時に、その問題をかかえていた「わたし」も死ぬことを意味しているのです。

問題が死に、「わたし」が死に絶えたとき、創造のための素晴らしい空間が出現します。そしてそこは真実在としての平和の場所です。そして完全な静寂《せいじゃく》と安らぎの時でもあります。

同時に、そこには「生の創造」が起こるのです。それは喜びです。いまだ対極としての「悲しみ」をともなわない「喜び」なのです。それは「愛憎」の片方ではない真の愛なのです。なぜそれが真の愛なのかといえば、そこには「わたし」がない、つまりそれは「無私の愛」だからです。

これらの「喜び」や「愛」は、「わたし」の死によって起こるのです。

立派な人物になろうと努力している時間帯は、充実感はあるかもしれませんが、決してそこには平和は生じえません。なぜなら、そこには、立派な人物になろうと願う「わたし」があるからです。

この「無私の空間」より生まれでた「喜び」や「愛」を、「有私の世界」に転用されるとき、戦いの世界のなかにおいて、その喜びや愛が生かされるのです。

芸術的創作も、学者の研究の成果も、実業家が大事業を達成するのも、それ自体は「真なる生の創造」とはいえませんが、その行為をもって、「真なる生の創造」の一部を表現できるかもしれないのです。

「真なる生の創造」とは、無私の瞬間生ずる「完全なる喜び」であり、「真なる愛」と異なるものではありません。

ですから、この喜びと愛は、必ずしも、この世における芸術や学問や事業上の成功によってのみ得られるというわけのものではないのです。

創造はもちろん「情熱」というエネルギーを用いてなされる行為です。

この情熱は、あらゆる仕事の成果をもたらし、そのゆえの喜びを得ることはできますし、世の殆《ほとん》どの人々は、それを目指しているわけです。そしてそれは、その仕事へ対する興味をもつことによってはじまるのです。

ところで、その仕事に対する興味を、ある程度でいいから、「生命自身」に対する興味にふりかえられないものでしょうか？「生命自身」に対して、情熱を燃やすことができないものでしょうか？

北アルプスのある峰に立ち、静かな夕暮れのなか、遠く流れる川筋を見たとき、それは私がはじめて高い山に登ったときでしたが、しみじみと私は、何か長い間、人生を無駄《むだ》に浪費してしまったような感じにとらわれたことがあります。

日々の仕事に追われ、成功を追い求め、その努力のみに人生の生き甲斐を覚えようとしていた私。もちろんそれはそれで十分肯定している生き方なのですが、何か大切なことを忘れてしまっていたような思いも、その時したことは確かなのです。

第七章　至福の体験

体験と経験

高校の教室で、今、国語の授業が行なわれています。

先生は黒板に「一生懸命」と書き、その説明をします。

「この『いっしょうけんめい』というのは、いわゆる誤用です。

本来、この文字は『一所懸命《いっしょけんめい》』が正しい。この語源は、昔、武士が自分の領地を、命をかけて守ったということから出た言葉といわれています。すなわち、一所に命を懸《か》けたというところから、後で、何にでも命がけでやるほどの熱意を意味するようになり……。

それが、命をかけるということから、一生をかけるように思われて、『一生懸命』と誤って使われるようになったわけです」

時間割りでは、この国語の時間は五時間目です。季節は初夏。窓からは木々の青葉をぬけて入ってきた涼《すず》しい風が、教室のなかに微《かす》かにそよいでいます。眠くなるような、心地よい午後のひと時です。

さて、教室の生徒のなかから、三人の生徒を選んでみます。それは、かりに、島野君、川口君、山田君としましょう。

まず、島野君は将来一流大学をめざして、ガリ勉の毎日を送っています。次に、川口君は成績はまあまあ中ぐらいですが、ロマンチシストで、外国小説に読みふけっております。三番目の山田君は野球が大好きで、体格がよくスポーツマン・タイプです。成績はあまりよくありません。

先生が、「一生懸命」の説明をしているとき、優等生である島野君は一心に黒板の文字を写しとり、先生の一言一句をメモし、「一所」の意味をよく理解しつつあります。

ところが、川口君は、数日前に読んだスタンダールの小説のなかで、主人公が女性の歓心《かんしん》をひこうとして「一生懸命になっている」という文章を思い出し、その場面をうっとりと空想しております。

さて山田君はといえば、彼の心は次の六時間目の体育の時間にあるのです。それは野球をやる予定になっております。山田君はバッター・ボックスに立ち、目の前に飛んできたボールをはっしと打ちます。白球は青空へ吸いこまれていく。そのイメージに山田君は一瞬ひたっているのです。

ここで私は「人間の意識の流れ」というものについて少々論及《ろんきゅう》してみたいのです。

まず、話をわかりやすくするために、かりに「体験と経験とは異なる」ものであると考えてみましょう。

「体験」とは、いま、体の周囲で生じている、いわば事件です。それは、この場合は、先生が「一生懸命」について講義していることです。そして、それは島野君、川口君、山田君に共通しているものです。

ところが、経験とは、その人の体の内部において意識されるものです。言いかえれば、それはその瞬間において「思っていること」です。

そして、体験と経験は、しばしば異なったものとなるのです。

島野君は、真剣に先生の話に聞きいっており、この意味では、彼の場合は、「体験イコール経験である」状態といえましょう。

ところが、川口君と山田君の経験は体験とは異なっているのです。川口君は小説の一場面を、そして山田君は野球の一場面を経験しているのです。

体験は現実であり、経験は幻想になっていることが多いのですが「意識している行為」（行為とはいいがたいが）という点からみれば、それは「感覚」あるいは「情緒」を味わっているということでは等しいものと考えられると思います。

さらにこの考え方を進めれば「生きている行為」とは「感覚」あるいは「情緒」を味わいつつあることであり、この意味では、外部における事件とは、その行為を生じさせる単なる刺激の一つにすぎない、とも考えられるわけです。

このように考えれば、先生の講義（それは現在です）も、小説の一場面（それは過去です）も、野球の一場面（それは未来です）も、すべては、「感覚」あるいは「情緒」を作動させる刺激体ということでは等しいものといえましょう。

「経験」とは、生きていることを味わいつつあることであり、「生きている」とは「感覚」あるいは「情緒」を味わいつつあることであるとするならば、実にそれは「意識すること」のみが、生きつつあるということ、すなわち「経験」であることが理解されましょう。

三人三様の生き方

川口君も山田君もぼんやりとした、うつろな目つきでいるのを見て、先生は突然、山田君に質問します。

「はい、質問する。山田君」

びくっとして、山田君は夢からさめたような表情になります。

「この『一所』という意味は、どういうところを意味しているのか？」

山田君は全然わかりません。なぜなら、先生の説明を聞かず、野球のシーンを夢みていたからです。

先生の説明は体験であり、野球のイメージは経験です。山田君の意識の流れのなかには、体験は入ってきておらず、経験のみが感知されていたのでした。

「わかりません」と山田君は答えました。そこで先生は、次に川口君に同じことを質問しました。

ところが、川口君は確かに、小説の一シーンを夢みていたのですが、それは山田君ほどどっぷりとその夢にひたっていたわけではなく、いわば半覚醒の状態でしたので、先生の説明はぼんやりながら聞いていたのです。

そこで、必死に先刻《せんこく》の先生の説明を思い出しながら、

「えーと、それは武士たちの領地のことです」と答え、先生は、

「よろしい」と言いました。

それで川口君の場合は、意識の流れのなかに体験がある程度入りこみ、経験と同居（それは混じりあったわけではないが）したことになります。

ここで整理してみますと、

(1) 島野君の意識は体験一〇〇パーセント
(2) 川口君のそれは、体験と経験が半分ずつ
(3) 山田君のそれは経験のみ一〇〇パーセント

と、これはあくまで便宜《べんぎ》的な数量表現ですが、三つに分けることができます。ところで、今までにくり返しのべてきましたように、生きている状態とは要するに「感覚しつつある状態ということ」ですから、ここにあげた三君の意識状態こそ、三人の「生きている状態」に他なりません。換言すれば、そこには三人三様の生き方が存在したのであります。

教室内における国語の授業というのは環境です。しかし、その環境のなかで万人が等しい「生命体験」をしているわけではないのです。環境はたんなる刺激体です。同一の刺激下において、人々はそれぞれに大いに異なった「意識体験」（普通にいわれる体験ではなく）を「感覚」するのです。そして、それはとんでもなく異質な意識体験をそれぞれの人がしていることもあります。

たとえば、教会で祈っている人々のなかには、昨夜の性行為を思い出して、にんまりと笑いをうかべている人もおりましょう。

このとき、彼は神についての意識を体験しておらず、性行為についての意識を体験しているわけです。

そして、生きているとは、知覚体験の連続と考えるならば、「生命体験イコール意識体験」であることが理解されるでしょう。

すなわち、このとき、彼は教会のなかで、まさに性行為を体験したのであります。

人生を支配するもの

しかし、この体験は、現実体験（この場合は神への祈り）とは異なって、いうならば、「過去に貯蔵されたもの」すなわち記憶をとり出してきて、再び味わっているものです。言いかえれば、経験とは「過去に体験したことを反復している」ことといえましょう。

そして、「意識体験」とは、現実体験と経験の混和によって成りたち、そしてこの意識体験は深層意識下に貯蔵され、新たな経験としてたくわえられるのです。

われわれ人間が、複数で同一の事件に関わりあっても、それぞれの人が、それを違った受けとり方をするのは、この「貯蔵されたるもの」が現実体験に混入されるからなのです。

この「貯蔵されたるもの」が、仏教でいうところの「阿頼耶識《アラヤシキ》」なのです。アラヤとは文字通り「貯蔵されたるもの」の意です。我々は、このアラヤ識という巨大な経験の貯蔵タンクをもっており、つねにそこから、何かの経験がとり出されては、反復経験されているわけです。

ですから、同じ環境にあっても、人はすべて異なる「意識体験」をしているのです。そして、この「意識体験」こそが、その人にとっての「生きていること」なのであります。すなわち、生命感覚のみが、生きているという実感なのであり、それはあくまで「内部にあるもの」なのです。

したがって、「人生という体験」は、外部における事件や環境そのものではなく、あくまでも、その個人にとっての「意識体験」にすぎないのです。

そこで仏教の唯識論《ゆいしきろん》はこういっております。

「唯《ただ》、識《しき》のみがある」と。

これは要するに、我々の意識の流れのみが「生命活動」であるといっていると解してもよいでしょう。

唯識論で次に重要なことは、この識が潜在意識として貯蔵される、という点にあります。そして、この貯蔵された識は、後から後からとそこへインプットされてくる新しい識と混和して、一種の熟成ともいえる過程をへて、その人の未来の環境を創造するにいたる、と唯識《ゆいしき》論《ろん》に記されているのです。

これは、意識体験はいったん潜在層に身を沈め、ついで再び現実体験として、その姿を現してくるということを意味しています。そして、これは「識転変《しきてんぺん》」と呼ばれているのです。

これを図式にすると次のようになります。

↓意識体験↓潜在意識↓顕在意識↓現実体験↓

「識」は種子のようなものであり、それは潜在意識の土壌《どじょう》に埋められると、やがて発芽し、成長し、実を結び、そこから種子が得られて再びそれは潜在の土壌へ播《ま》かれる、そしてこれを「生の輪廻《りんね》」と呼ぶ、とこういうのです。

ただこの場合、「識」つまり種子は内容が変化していくのです。そして、その結果つまり現実体験も変貌《へんぼう》することになります。

では何によって、その種子の内容は変化するのかというと、それは「意識体験」によってなのです。

これを説明するための一例として、尾崎紅葉《おざきこうよう》の小説『金色夜叉《こんじきやしゃ》』は格好の題材です。

熱海の海岸で、宮さんと絶交した貫一は、宮さんが「ダイヤモンドに目がくらみ」金持ちの富山のもとに去ったことから、「人間というものは誰でもが、ダイヤモンドに目がくらんでしまう生き物だ」という信念をもつにいたります。

すると、貫一にとっての意識体験は、熱海の海岸の別れをさかいとして、その前と後では激変してしまうわけです。すなわち、その前は、宮さんへ対する甘い期待、それはプラス・イメージですが、これが一変して、怒りと絶望をともなった暗いマイナス・イメージとなってしまったのです。

以後の貫一の人生は、彼の周囲に起きるさまざまな刺激体に関係なく、つねにマイナス・イメージに着色された意識体験として、記録されていくことになります。

つまり、人が変わってしまった、ということは、人が内に主体的に抱いているイメージが変わってしまったということであり、そして、そのイメージによってコントロールされている意識体験が変わってしまったということに他なりません。

意識体験が、その人にとっての経験であり、人生でもあります。

以後の貫一は、高利貸の手代《てだい》から、高利貸そのものになり、まさに「金色《こんじき》の夜叉《やしゃ》」となって、金による権力をつかみ、宮さんに復讐《ふくしゅう》するわけですが、ここにおいて、外部体験はそれまでの経験と一致してくるわけです。

しかし、ここに重大な事実が一つあります。それは、「マイナス・イメージ」そのものが「不幸感」という意識体験である、ということです。ですから、貫一は、「人間というものは、誰でもダイヤモンドに目がくらんで人を裏切るものだ」というマイナス・イメージをもちつづける限り、彼は不幸感にさいなまれるのです。

ですから、彼はおいしい食物を食べても、美しい景色を見ても、他人の好意に接しても、それを内部にとり入れて、快適な意識体験とすることが決してできないわけです。

貫一は、宮さんの裏切りというただ一度のマイナス情報を契機《けいき》として、「自意識のコントロール」という力を完全に失ってしまったともいえましょう。

我々は、自分の内部におけるイメージ（それは幻想ですが）を、つねに自分の支配下においてなければ、つねに他によって（貫一の場合、宮さんの裏切りという記憶）翻弄《ほんろう》されてしまうのです。これは言いかえれば、マイナス・イメージをプラス・イメージに変える運転能力を完全に失ってしまうことであり、さらに言いかえるならば、不幸感を幸福感に変える能力を喪失《そうしつ》してしまったことを意味しています。

「唯《ただ》、識《しき》のみがある」という仏教の教説が、これで理解されるのではないでしょうか？

すなわち、人生とは意識体験にすぎず、そして、その意識を人間はコントロールできる。

そして、そのコントロールできる自分を確立することこそ、素晴らしい人生を創造するための第一義であると申せましょう。

性格とは何か？

その人の日常的な意識体験のタイプというものが、その人の日常的な環境体験のタイプを形作っていくのです。それが性格です。

これを人間関係という面で見るならば、たとえば、クズの従業員ばかり集まってきてしまうという経営者というのがあります。あるいは、サギにあいやすいタイプの人間、また、女をだます卑劣《ひれつ》な男に何回もだまされてばかりいる女性というものもあります。

これらは、当事者の意識体験のタイプが、そういう人を自分のもとに呼び寄せるのですが、それればかりでなく、すでに自分のそばにいる人間を、そういうマイナス・タイプに変容させてもいるのです。

それは、換言すれば、その当事者の性格が、周囲の人に影響を与えて、それらの人々の性格を、自分にとって有害なものに変化させてしまっているということになりましょう。

そもそも、「性格」とは、どういうことなのでしょうか？

それは、日常的な意識体験の傾向性あるいはタイプということではないでしょうか？そして、その意識体験がもととなって、周囲の人に与える印象というものが、その人の性格と呼ばれるものでしょう。この場合、その人の行動は、その人の性格を表現しているものですが、これはいわば「俳優としての『わたし』の部分」と言っていいでしょう。すなわち、性格とは意識体験をもととして外部に対して演じられている「わたし」に対して与えられる評価なのです。

しかし、前にのべましたように、演技する「わたし」の背面には、いくつもの異なった性格の「わたし」があるのです。そして、他人のその隠《かく》された性格を引き出してしまう、その問題の当事者もいるのです。

さて、もしかりに、ここにまったく他人に対し依頼心というものをもたない人物がいたとするならば、この人にとっては、この人を「がっかりさせる人間は一人も存在しない」でありましょう。

このことは容易に理解されることです。なぜならば、がっかりするとは、期待が裏切られることですが、依頼心がないということは、そもそも他人に対し、いかなる期待もしないことですから、裏切られようがないわけです。

これはまた、依頼心が多い人ほど、裏切られる度合、あるいは回数が多くなることを意味しております。

あるいはまた、かりにまったく無欲な人がいたならば、その人にとって、この世の中に「ケチな人」は存在しないでしょう。

なぜなら、ケチな人が自分に対して登場するためには、まず、その人は世間の人に対して、ある要求をしなければならないからです。要求されて、その要求が拒絶されたときその拒絶した人が「ケチな人」になるわけです。

しかし、無欲な人は、その欲のなさのゆえに、他に対して、いかなる要求もしませんから、当然、拒絶する人はなく、したがって、彼にとって「ケチな人」は存在しようがないことになります。

これは、欲の深い人ほど、その人にとって、ケチな人は多く存在することを意味します。ですから、

「あいつはケチだ」「こいつもケチだ」と日ごろ口走っている人は、非常に欲深いことを証明していることになります。

あるいは、ペーパー商法などという、いかがわしい勧誘《かんゆう》にひっかかって大金を失う人も、

そもそもがその人の意識には、金儲けの方法は、財テクなどと呼ばれる、右の金を左に移したり、左の金を右に変えたりすることによって得られるものだという考え方に強く支配されている人だといえましょう。

この人にとって、金を得る方法としては、生産やサービスなどの体を働かすことよりも、座したまま自動的に金がころがり込んでくるほうが、ずっと頭がよく、カッコいいように思えるのです。

サギ師の世界には、「欲のない人間はだますことができない」という言葉があるそうですが、これはまさにその間の事情をよく表現した言葉です。

以上、のべたような欲望を発するもとは、その人の「わたし」です。すなわち、「わたし」がイコール欲望なのであり、その欲望のあり方と強さは、その人の日常的意識のタイプによって発揮されているのであります。

夫婦関係でも、夫の性格が、しばしば彼にとっての悪妻をつくり出すのです。

たとえば、トルストイの妻は、非常な悪妻だったということになっておりますが、これもトルストイが、自分の妻を悪妻に仕立てあげたということも考えられます。

トルストイは無欲を実践し、収入をすべて貧しい人々に分け与えようとしましたが、もしそうすれば、トルストイの一家は、妻も子供も飢えてしまいます。そこで、妻は生活防衛策として、悪者にならざるをえません。彼女は、一家の身内のことを考えず、他人のことばかり心配しているトルストイに腹を立て、ことごとにトルストイを口汚くののしるようになってしまったのです。

しばしば、人助けをする人、また聖人と呼ばれる人は、自分の近くにいる人を犠牲《ぎせい》にして、そのよき役割をかちえることがあるものです。

人間とは、無数の「わたし」をもち、無数の異なった性格を有しています。そして、そのどれも真実の「わたし」とはいえないのです。その人の「本性」などというものはないのです。

もし、ある経営者のもとに、クズの従業員ばかり集まるとしたら、実にその経営者自身が、従業員たちから、クズという性格を引き出しているのです。

それは簡単にいえば、人々に対する要求度の高さからくるものです。

これについて、次のような興味あるエピソードを、私は聞いたことがあります。

ある大工の棟梁《とうりょう》が現場で監督していて、大勢の若い者がそこで働いておりました。ちなみに、この棟梁は、人々に人望もあり、大きな仕事、良い仕事をこなすことで、大手の会社の信頼を得ていたのです。

ところで、その場で働いている若い者には、少々異様な感じのする者が数人まじっていたのです。頭をパンチ・パーマにし、ラジオ・カセットを横において、ロック・ミュージックをかけながら仕事をしているのです。

これを見たある人が、この棟梁《とうりょう》に耳うちしました。

「棟梁、今どきのああいうのは、使いづらいでしょうね」

ところが、この棟梁は、その人にこう言ったのです。

「私らの言うことも一々《いちいち》ちゃんと聞いてくれるようないい大工なら、私のところなんぞにいるはずはありませんよ。

もっといいところへ行ってしまいますさあ」

そこで、これを聞いた人は、この言葉に深く感じ入ったということです。

あなたの周囲にいる人が、あなたに利をもたらすか、損をもたらすかのわかれ目はまさに、あなたの性格のあり方にかかっているのです。

あなたの性格が、周囲の人のあなたに対する性格を決定するのです。

そして、人間の性格は、どんなに年をとっても改変可能なのです。なぜならば、それは、古い性格がなくなるという意味ではなくて、俳優としての「わたし」に、新しい演技をふりつけるだけのことなのですから……。

楽しみながら生きる

釈迦《しゃか》の教えとは、一口にいってしまえば、それは「諦《あきら》めのすすめ」であり、「諦観《たいかん》の哲学」である、と私はくり返しのべてきました。そして、その諦観の意識状態にある時を指して、それは「わたし」がない時であり、この「わたし」のない時こそ、生気《しょうき》エネルギーが、心身の内にチャージされている時である、とものべてきました。

ここで私は、その諦観の意識状態（これより略して、諦観意識といいます）を、日常生活のうえで、どのようにして配分していくかについて、少々説明してみたいと思います。

まず、つねに、あるいは一〇〇％諦観意識のなかにある、ということについて考えてみましょう。

私の考えでは、それは現実にはありえないと思います。それは、「完全に無欲な人」を意味し、人間が人間として生きているかぎり、あらゆる欲望がゼロになりえるはずがないと思うからです。

もし、完全に無欲であろうとするならば、その「無欲な人」は、その人にとっての「理想」となります。とすると、その人は、「無欲な人」になりたいという「欲望」をもったことになってしまうではありませんか。

問題は、諦観《たいかん》意識の配分なのです。それは、生気《しょうき》エネルギーのチャージの時間なのです。そして、そのチャージは生きていくうえにはぜひとも必要です。

それには、二つのやり方が考えられます。

第一は、肉体の場合の「活動と眠り」のように行なうことです。つまり、人間智を働かして、損を捨て、利益を追求している活動の意識の時と、瞑想《めいそう》の時を交代させて行なうことです。寺へ行って坐禅をし、そして社会へもどって大いに働くというように、別々の時間帯を設定して、交代にそれを行なっていくのです。

第二のやり方は、日常の人間智を働かしている意識状態のなかへ、諦観意識を少しずつ織り込んでいく、あるいは混入していくのです。

たとえば、前述の大工の棟梁《とうりょう》の話がそれなのです。

この棟梁には、明らかに目的があり、理想があり、欲望があります。それは、良い建物を作り、人より賞賛《しょうさん》され、たくさんの収入を得るということです。そして、その期待をもつのは、棟梁《とうりょう》の内にある「わたし」です。

しかし、この「わたし」を潜在意識の下のほうに押しさげるのです。そして、現実に対する意識のなかに、「諦観《たいかん》意識」をある程度、混入していくのです。

これは、対人的に「直接要求しない」という行動で表現されます。「欲を背後に隠《かく》し、正面には求めない」という行動になります。

欲しいが、「じかに取ろうとしない」のであります。「機が熟して、実が落ちてくるのを待つ」のです。

それには、現在の意識に「わたし」が強くあったら、うまくいきません。なぜなら、この「わたし」は我慢を強いられるからです。「わたし」は不快であり、そして、不快であることは不幸なことです。

しかし、棟梁の「わたし」は、現在の意識からは退場していますから、そこには不快はありません。

パンチ・パーマの若者も、ラジカセでロック・ミュージックを聞く若者も、現代の風潮の一つで、仕方ないことだ、と棟梁は「諦《あきら》めて」います。ただ、仕事さえ、そこそこにやってくれる限りにおいて、不足感はもたないようにしようと思っております。

服装や態度をキチンとするよう要求することよりも、仕事をやってくれること、すなわちそれは棟梁《とうりょう》の欲望ですが、その欲望のほうを結果的に優先しているわけです。

「対人的に、要求度を下げる」これこそが、「わたし」というものを意識から退場させるコントロールであり、そして最終的には、その「わたし」に多くの快感をもたらす行為でもあるのです。

昔、ある大金持ちの弁護士に会ったことがあります。そのとき、彼は何人かの若者に、どうやったら、金持ちになれるのか、という話をしていたのですが、こんなことを言いました。

「君たちは、信じられないだろうし、また理解もできないだろうが、私は今まで、金はいらないんだ、いりませんと言いつづけて、金からいつも逃げよう逃げようとしていたんだ。すると不思議に、金のほうで追っかけてきて、金がたまってしまうんだなあ」

これなども、諦観《たいかん》意識をうまく日常の自意識に混入させて、成功を得た例です。

ただし、この弁護士さんは、潜在意識下にひそむ強い欲望については、気がついていないのか、あるいは気づいていても、あえてそれにふれなかったのか定かではありませんが。

いずれにしても、種まかぬところに実は生じません。あらかじめ、金に対する強い執着《しゅうちゃく》があり、それが深層意識アラヤにインプットされ、そして、日常意識には諦観《たいかん》を巧《たく》みに混入していく。これは、まさに人生を楽しみながら生きているという状態ではありますまいか？

古《いにしえ》の仙人は、人外に在り、桃源郷に遊んだものですが、俗中に悠々《ゆうゆう》と遊ぶ仙人に、私たちもなれるのではないでしょうか？

そして、そのための秘訣は、ときどき、適宜《てきぎ》に諦観を意識内に混入していけば、よろしいのであります。

第三の諦観《たいかん》

人間にとっての自己生命とは、それを感じとる「識《しき》」そのものにあり、それは「唯《ただ》識のみがある」という言葉で表現されている。これが大乗仏典の根本である、と私はくり返しのべてまいりました。

そして、この「識《しき》」を健《すこ》やかであるようコントロールするには、どのようにしたらよいかについては、自意識に「諦観《たいかん》」を織り込んでゆくところにこそ、その真髄《しんずい》があるとも、ここにのべました。

しかし、世の人々は、どうしてもこの「諦観」については間違えて考えてしまうのです。

すなわち、それを「諦観主義《たいかん》」のように考えてしまうのです。人生におけるいっさいをあきらめてしまい、完全な無欲者になるよう修行せよ、といっていると思ってしまうのでありま す。

これは実はそうではない。諦観とは、そのような消極的な生き方を勧《すす》めている教えではないのであります。

わかりやすくするために、私はこれを「休息」にたとえました。

生命体に休息は絶対的に必要不可欠です。これは誰にもわかることです。生きている肉体は休息しなければ、エネルギーは枯渇《こかつ》し、死んでしまいます。

緊張はエネルギーを消費しつづけるのです。弛緩《しかん》がエネルギーをチャージします。「諦観意識」は精神的な休息なのです。そしてそれは、健《すこ》やかに生きるためには、ぜひとも必要な休息なのであります。

さらにわかりやすくするために、私は、この休息のとり方を二つに分類してみました。それは、第一が、坐禅やヨガ瞑想《めいそう》などの、ちゃんと座って、そのための専用ポーズをとって、いわゆる瞑想することです。その第二は、日常意識のなかで、「あきらめる」という意識を巧《たく》みに混入させてゆくことでした。

肉体的にいえば、第一の瞑想《めいそう》は「夜の睡眠」にあたり、第二のあきらめは「一服する」や「お茶にする」などの、仕事のあい間の「ひと休み」にあたりましょう。

睡眠もひと休みもなく、精神が緊張の連続のなかにあったなら、当然それは破滅《はめつ》してしまうでしょう。

休みながら働くのです。人生において最も必要なことは、これです。

ところで、ここでは私は、「第三の諦観《たいかん》」ともいうべきものについてのべてみたいのであります。

この第三の諦観こそ、諦観の真髄《しんずい》ともいうべきものであり、この諦観を理解したとき、前記の二つのタイプの諦観を自由自在にコントロールできるようになれるのです。

この第三の諦観は、一種の基礎的なものとなって、意識のなかに根づくようなところがあり、その人の根源的なパワーとなる、と表現してもよいのであります。

では、この第三の諦観とは、具体的にどのようにすれば、実現できるのでしょうか？

その答えは次のようになります。

「ことにのぞんで、あらゆる衝動《しょうどう》的欲望を捨てること」ということで、それが得られるのです。

「ことにのぞんで」とは、どういうことでしょうか？　それは、ある問題が生じた時というごとです。私たちは誰でも、平常は、第三の諦観《たいかん》とほとんど等しい意識状態のなかにあるのです。

ということは、そこに衝動的欲望が発していないということです。（衝動的欲望とは幻想を求めている状態であり、事実をありのままに見ていないことです）

たとえば、「病気」あるいは「死」という問題について考えてみましょう。

それが他人の問題である限り、私たちは平気です。言いかえれば、第三者の目をもって、客観的にそれを受け入れることができます。

「人は病《やまい》の器《うつわ》であり、生あるものは必ず死ぬものである」とこのように、現実をあるがままに肯定することができます。

ところが、これが自分が死にそうな病気になったらどうでしょうか？　自分だけは「病の器でなく」また「自分だけは生あるもの必ず死す」の真理からは外《はず》れた存在であるように思いたがるのではないでしょうか？

これが幻想なのです。現実を否定したがるのです。そして、自分のみは特別な存在であるように願うのです。

「事にのぞんで」とは、このように、我が身に問題が生じたとき、という意味です。このようなとき、我が身と他人と同列に見れるか、ということなのです。もし見れれば、現実をあるがままに見ているのであり、そこには幻想を求める衝動欲は存在しておりません。

私が作った歌に「独居独想」という歌があり、そのなかの一節に、

時は流れて、子供は育ち

老人は死んで、春には花咲く

という部分があります。この「老人は死んで」という言葉に、これを聞いたある老人が非常なショックを受けた、ということがあったのです。この老人はアルコール中毒で、かなり健康もむしばまれていたのですが、この私の曲を聞いてから、一か月ぐらいで亡くなってしまったので、私も少々気分が重かったものです。

しかし、これも考えてみれば、彼は自分が老人であり、しかも体が衰弱している、そして死も近いのかもしれないという恐れが、そのショックとして現れたものといえます。その「老人」という言葉が、自分の老人であると感じたときに、彼はショックを覚えたのです。

しかし、この歌詞がいっていることは、まったくあたりまえのこと、すなわち、あるがままの現実なのです。時間がたって、子供は大きくなっていき、老人は死んでいく。そして、

花はまた咲く、これは、あるがままに自然界を見た、それを表現しているのであります。

これを、自分を離れて、一般の世間の老人のことのように思っているならば、この老人はショックは受けなかったでしょう。

しかし、その上にできれば、自分も世間の老人のなかに含めたうえで、つまり、自分自身を第三者の目として見ることができたら、それこそ、第三の諦観《たいかん》のなかにある人なのです。

ありのままを、自分の場合であろうと、他人の場合であろうと、そのままに見てとれる、この身びいきによって自分の目が曇ってしまうことがない人、これこそが、よくいわれる「平常心」のなかにある人でありましょう。

そして、それは己《おのれ》可愛さのあまりに目がくらんでしまって、幻想しか見えなくなってしまうという無明《むみょう》の世界から脱出しえたということなのであります。

すなわち、第三の諦観とは、幻想を求める「わたし」が意識のなかから消滅してしまった状態をいうのであります。

「わたし」とは衝動を発するものではあっても、本能を発するものを意味しているのではありません。

私たちは、生きている限り、本能から脱することは不可能に近いのですが、衝動からは比較的容易に脱しられるのです。

しかし、これもいったん狂うと、幻想を求める衝動のほうが本能を圧し殺してしまう場合さえ生じてきます。たとえば、名誉を守るために自殺してしまうなどがそれです。実際のところ、自殺したなら、世人は悪評をとりさげてくれるだろうと考えるのは、まさに幻想以外の何ものでもないのですが。

人の心を傷つける言葉とは、要するに人の自己重要感を低下させる言葉という意味ですが、それにはいろいろなタイプがあって、たとえば「皮肉」「中傷」「侮辱《ぶじょく》」などがありますが、これらの言葉が自分にむけられたとき、それに対しての反応が大なり小なり起こらざるをえません。

我々がそれに対して、怒りの表現で対抗したり、それが間違いであることを証明しようとしてやっきになっても、自己重要感は低下するばかりで、深く、そして長く悩みつづけることも少なくありません。

これらの問題に接したとき、もっとも大切なことが、その理由を見つめ、そして、その理由を理解することです。

たとえば、あなたはある人から「卑劣《ひれつ》だ」と言われたとします。そのとき、あなたは、「なぜ、この人は私を卑劣《ひれつ》だと言うのだろう？」と自《みずか》らに問いかけてみるのです。すると、その理由が、ある女性に結婚を約束することによってホテルへ誘って、以後、彼女をだましたからだ、という理由が見い出されます。すると「なるほど、私は卑劣だった」ということが理解されるのです。

それは、あるがままを変形せずに容認したことです。そこには自己弁護もなく、処罰もなければ許しもありません。なぜなら、そこには守るべき「わたし」がないからです。

天真爛漫《てんしんらんまん》な心

理解が完全になされたときは、不思議な静けさがあります。そして、これこそが諦観《たいかん》意識のなかにあることであり、目覚めた目で問題を、そして自分を見つめつづけていることです。

さて、理解に先立つものがあります。それは「疑い」です。私たちは、心のなかに「懐疑《かいぎ》の炎」を決して絶やしてはならないのです。

私たちは自分自身に問いかけることを忘れてはならないのです。「なぜ？」と自分に問いかける。

このとき、私たちは、自分自身を見つめ、あるいは他人を見つめ、あるいは事件や問題や、自然現象など、ありとあらゆる自分に相対しているものを、「わたし」なき目で観察しているのです。

私たちは、決して、既成の権威《けんい》や、先人の与えてくれた教導によっては、理解しえないのです。もし、それが解決しえたように思えても、それは依存であり、あなた自身の納得ではありません。

私たちは常にクエッション・マークの「?」を頭の上にのせて生きているのです。この懐疑《かいぎ》的な生き方こそ、つねに新たな理解を生みます。そして、これこそが人生の創造なのです。

小さな子供の両眼は、好奇心に満ち、生き生きと輝いております。このように、人生における謎《なぞ》を求め、それを解明していこうとする天真爛漫《てんしんらんまん》さが、私たちには必要なのです。

そのためには、問題に反発したり、安易に答えを鵜呑《うの》みにしてしまうことは禁物です。

「なぜ?」と自分自身に問いかける。そして、ありのままの姿の全容をとらえ、理解する。これこそが、真の瞑想《めいそう》といえるのではないでしょうか?

すなわち、坐禅やヨガ瞑想は「有形の瞑想」ですが、これは、日常生活のなかで自在に行なわれる「無形の瞑想《めいそう》」であり、そしてそれは真実在を観察している醒《さ》めた意識状態なのであります。

この無形の瞑想状態にあるとき、私たちを生かしている生気《しょうき》エネルギーは、どんどんと身内に溢《あふ》れだしているのであります。

そして、ある日、その溢れだしているエネルギーを体感覚として、感知できる瞬間がくるのです。

何気なく、ほんとうに何気なく、自然現象と相対し、それを見ていると突然、身内に何かが流れだしたような快感を覚え、光が途方《とほう》もなく明るく輝きはじめるのです。

なぜなら、生気《しょうき》エネルギー自体が、陽気そのものであり、それは喜びのエネルギーであるからです。そして、それは「生ずる力」であり、対極としての「憎」をともなわない「愛」なのです。この愛には「わたし」がありません。だから、それは二極の一片としての愛ではないからです。

これは歓喜です。至高、至福の体験です。どうですか。あなたもこれを体験してみませんか？

人生という創造

ここで、前述した「懐疑《かいぎ》」という言葉について、少々説明したいと思います。

というのは、普通一般には、何にせよ「疑う」という言葉には、良くない印象があるからです。

たとえば、「自分を信じられない人間は成功者となれない」という言葉があります。また、「自己の能力に疑いをもつと、そのとおりに失敗者になってしまう」という言葉もあります。

私がいう「懐疑」とは、このような場合の「疑う」とはぜんぜん異なるものです。注意して、よく見てください。「自己の能力に疑いをもつ」とは、真の意味の疑うという行為ではありません。この場合の「疑い」は、ある意味で「信じる」という行為をしているのです。すなわち「自分には能力がない」というふうに信じようとしているのです。

前者の「自分を信じる」とは、「自分にその力があると信じる」ことですが、これは明らかに「自己暗示」の行為です。この暗示はその人の潜在意識に沈んで、一つの信念となり、そしてやがて、その人に成功をもたらすのであり、これは私がその効用を、仏教のアラヤ識論をもって、くり返し説明してきたところです。

ところが、「自分には、その力がない」と思うのも自己暗示なのです。この暗示も潜在意識に沈み、やがてその人に失敗を具現化するのです。

ですから、信じるのも、疑うのも「自己暗示」なのであり、ただそれは、肯定的か否定的かの違いにすぎないのであります。

私のいう「疑う」とは、「なぜ」と自分自身に問いかけることなのです。

たとえば、最前のケースなら、「自分を信じた人は、やがて成功者になる」という事実に接したならば、「なぜ?」と、自分に問いかけるのです。

すると、自己暗示の力のことがわかってきます。もちろん、そのためには、いろいろの本を読んだり、勉強したりして、知識を得なければなりません。

この意味で、知識はぜひとも必要です。しかし、それはある知識を鵜呑《うの》みにするのではなく（それは盲信《もうしん》です）、その知識を駆使《くし》して、その問題を調べるのです。

そして、そこに初めて理解が訪《おとず》れるのです。

この場合の「理解」についても、少々補足説明をしたいと思います。

この理解とは、必ずしも「すべてのことがわかる」という意味ではありません。それは、あるときは「わからないということが理解される」ことでもあるのです。

たとえば、「死後の世界」という問題に接するならば、その世界を知るための人間能力の限界を見い出し、物理的証明が的確に行ないえないことを素直に受け入れ、「私にはわからない」と言うのです。

現実をあるがままに見れば、私たち人間の有限的能力をもってしては（それは現在の能力という意味ですが）、「宇宙の果て」とか「死後の世界」とか「神の存在」とかについては、それを説明しえないのです。

もし、それができたとしても、それは「幻想」でしかありえません。すなわち、それぞれの人が、それぞれに異なったイメージやビジョンで説明せざるをえないものです。

これを幻想と見、自己の能力の限界を知ることが、真の意味の理解なのです。

要するに、理解とは、自己に問いかけ、そして、自己を知ることなのです。

ちなみに「懐疑《かいぎ》」とは、この理解の前提としてあるものです。くり返しますが、それは自己への問いかけのきっかけとしてのものです。ですから、私は決して、人は懐疑主義者であれと言っているわけではありません。すべてを疑い、すべてに絶対的なものを認めず、あらゆる価値を否定し去る、といったような虚無《きょむ》的なものの見方をせよ、と言っているのではないのです。

私たちの意識が、

「懐疑」→「観察」→「理解」

と進むとき、そこには創造が描きだされるのです。すなわち、それはその人によって築きあげられる「人生という創造」なのです。

自己に問いかけ、自己がそれに答えるとき、一つの疑いが解《と》け、それがその人にとっての「人生」となるのです。

そして、この「人生の創造」が、あなたの「わたし」なき意識によって行なわれるとき、真に驚嘆《きょうたん》すべき、素晴らしい世界が、あなたの前に展開されるのであります。

真の瞑想《めいそう》は、日常のなかにあります。

真の瞑想とは、座り方とか呼吸法とかで定められた方式を超えたものです。

真の瞑想は、生命のもとをつくる創造の行為であり、この瞑想の時を過ごした後は、理想や成功などの幻想を追っても安全です。また、競争や戦いの場にのぞんでも、他人や自分を不幸にすることもなくなります。

真の瞑想とは、無意識のうちにスタートし、無意識のうちに終っています。

真の瞑想とは、真の意味での、あなたの意識が目覚めていることであり、ただ一つの正気の状態なのです。

真の瞑想《めいそう》こそ、あなたを生命の歓喜へ導く唯一の意識のあり方なのであります。

すべての時代において

十七世紀におけるイギリスの哲学者で政治思想家であったジョン・ロックは、その著書『人間悟性論』のなかで、次のような言葉をのべております。

「新しい意見というものは、それがまだ珍しいというだけの理由で、いつも疑われ、ふつう反対される」

確かに、こういう傾向は根強く、人間社会のなかにあります。これは、人間の保守的な一面を示しており、いにしえを守ることによって安全を覚え、新たに改まることに不安を感ずるからでありましょう。

しかし、新しい意見も、社会に迎えいれられ、人々の意識のなかに浸透《しんとう》すれば、それはいわゆる常識の一部となります。それはおおむねに珍奇さを失うゆえに、人々は自分の一部であることを許容するのです。そして、人間文明は発達してきました。

ところがここに、過去のあらゆる時代において、人々にとってつねに新しく、つねにその珍奇さを失わなかった一つの「意見」があります。そして、それは現代においてもなおその珍奇さを失わず、いわゆる常識なるものにはなっておりません。

それは、「悟り」と呼ばれるものです。すなわち、本書では「覚醒《めざめ》」と呼んでいるものです。

人間の悟性というテーマは、釈迦《しゃか》の昔より、あらゆる時代において、人々にとっては、聖人や教祖また導師などと呼ばれる、ごく一握りのプロフェッショナルにとってだけの問題であるように考えられてきました。

そして、人々は、前述のジョン・ロックの言葉のように、このテーマに接したとき、「それが珍しいというだけの理由で、いつも疑う」というような態度をとったのです。

このテーマに接したとき、人々はいつも次のように尋《たず》ねるのです。

「なぜ、悟りなどというものが必要なのですか?」と……。

この疑問に対して、私は殆《ほとん》ど本書の全編を通じて、

「これを得なければ、人は狂っていってしまう危険性があるのです」と、くり返し、くり返しのべてきました。それは、個人としては不幸な人生を体験し、集団としては、人類の絶滅をもたらすほどの危険性を意味しているのです。

しかし、なおそれは、人間にとっての「警鐘《けいしょう》」とはなりえていないようにも感じられます。

すでにご承知のように、私は、それを「気づき」あるいは「覚醒《めざめ》」と呼んでおります。人間にとっての生存意識は、まさに幻想の真っただ中にあり、もし、あなたがこの「幻想」に気づかず、自身の意識のあり方に目覚めなかったら、この幻想の大海のなかに溺《おぼ》れ、埋没してしまうかもしれないのです。

文明という共同幻想のなかに生きている私たち人間には、つねにこの危険性がつきまとっております。私たちは夢中にあるのです。そして、その夢に気づかず、それを実体であると固く信じています。

目覚めないと危ないのです。真実在を、正気になった目で見つめないと危険なのです。私は本書を通じて、その警鐘《けいしょう》を乱打しつづけているのです。

あるがままに

しかしながら、すでにくり返し私がのべてきたことですが、ここでもう一度くり返させていただきたいことがあります。

それは、決して、私は幻想を悪いものとして考えている訳ではない、ということです。くどいようですが、これをぜひともわかっていただきたい。

現実のあるがままの姿として、私たち人間の生態を観察してみましょう。すると、そこには、生存本能として食欲があるごとく、群居衝動も自己重要感も、そしてそれの求める幻想というイメージも「在る」ことが理解されるのです。あるいは「在ると感じられる」と言ったほうが正確かもしれませんが、私たち人間の意識活動内には、確かに「在り」ます。

なぜ、それがあるのかについて、私たちは知りません。

それは、なぜ「生命」というものがあるのか？　という質問と同じで、その答えを、私たちの誰もが知っていないのです。ただ、私たちは、その姿、その働きをひたすら観察しつづけて、その特性を知り、自分にとっての有益な部分、そして有害な部分を知ることはできます。

すると、衝動と幻想の関係や、その全容が次第に分明《ぶんめい》になってくるのです。そして、ついに理解されます。それが、つまりこの幻想を求める心こそが、過熱していったとき、自己破壊《はかい》という人間にとってもっとも不幸な運命をもたらすのだ、ということを……。

たとえば、イロリで鍋に何かを入れて煮ている場合を考えてみてください。

鍋のなかの煮具合を考慮せず、際限もなくイロリの火を燃やしていたなら、どうなるでしょうか？　ついには沸騰《ふっとう》し、灰神楽《はいかぐら》がたち、イロリの火は消えてしまうことでしょう。

私は決して、鍋でものを煮ること自身を悪だと言っているのではなく、つねにその煮加減のあり方について、観察をつづけなければ危ないと言っているのであります。

夫婦という形態も、家という寄り集まりも、国家という機構も、これらのものは確かに共同幻想のしからしむるところではありますが、私たち人間は、それを必要として追い求めたのであり、そして、現在もそれを必要として追い求めているのです。

そして、それを、人間の本能にとって不要あるいは有害なるものとして、排除してしまうことは、現在においては殆《ほとん》ど不可能でもあり、また無理に排除しようとすれば、やはり大きな自己破壊《はかい》が生ずるであろうことは容易に想像できることです。

ですから、あるがままの姿として、私は人間の「衝動と幻想」というものを、まず容認するのです。

大いなる喜びの思い

人間の「不幸感」は、どのようにして発生するのでしょうか？

人々は、それを「外部的要因」のせいにし、それを殆《ほとん》ど、すべてだと考えています。これに対して、私は、それは直接的なものでなく、間接的な要因だと思うのです。つまり、それは不幸感を生ずるための「きっかけ」にすぎないと思うのであります。

私は、「不幸感」という感覚は、日本神道で古来からいう「気枯《けが》れ」によって生ずる一種の生理的感覚によるものだと考えます。

神道でいう「けがれ」とは、「汚れ」つまり「よごれ」というよりも、「気が枯れた」つまり私のいう「生気《しょうき》エネルギー」が不足した状態を指しております。

「生気エネルギー」はまた「快気エネルギー」でもあります。そしてこのエネルギーが多量にたくわえられ、体内をよくめぐるとき、人間は、わくわくするような幸福感を覚えるのです。

その反対に、これが不足したり、あるいは体内をよくめぐらないと、自然に気落ちがして、不幸感が発生するのです。

すなわち、人間の幸不幸とは、この生気エネルギーの多寡《たか》と、その活動の量によって左右されるものだと考えられるのであります。

では、ここで、このことの説明のために、私が主催している「唯心円成会《ゆいしんえんじょうかい》」の大阪支部の支部長である杉本広道師（住職）のある日の説話から、一部を引用してみたいと思います。

「私たち人間というものは、どうも、日常の欲望達成のために、生気《しょうき》エネルギーを使いすぎているようです。

私たちは、思考することによって、温存しておかなければならない大切なこのエネルギーを、過度に消費してしまいがちです。

すなわち、私たちは、『経験、知識、情報、常識、社会通念』などを用いて、『金銭、地位、名声、異性、子供を立派にする、大きい住宅を建てる』等々を得んとして、必要以上に、毎日毎時、生気エネルギーを使いすぎており、『気不足』になっているのです。

生気エネルギーが不足すれば、どうなるのでしょうか？

まず、体のなかは、ネバネバした黒っぽく濁《にご》った煙のような気が満ちてきて、重苦しい気分になり、何か虚《むな》しいような無力感が生じてきます。そして同時に、体の周囲にも、灰色のくすんで濁ったオーラが取り巻くようになります。

こうなると、気持ちが落ちつかず、気分は自由性を失い、何かにつけて、地獄にいるような狭苦しい気分になってきます。

このような状態を、仏陀《ぶっだ》は『無明《むみょう》』の状態だと呼んだのです。無明とは、明かりがなく、精神的には全盲になったと同じで、あちらこちらにぶつかって、苦しみながら生きていくことになってしまいます。それもこれも、体内外が、重苦しく濁《にご》った邪気《じゃき》によって占められてしまったからです。

そこで、まず、いろいろのことに対し、必要以上に、『気』を使うことを、できるだけやめるようにすれば、生気《しょうき》エネルギーは外部に漏《も》れないようになって、それは体のなかに多量に温存されてきます。

多量に温存された生気エネルギーは、背中の中心、背骨にそって上昇しはじめ、体が軽快になり、喜びの快感が生じはじめるのです。『気』が頭頂から、どんどん溢《あふ》れでるほどに多量にたくわえられるという状態になると、それはまさに、仏陀《ぶっだ》の説かれた『体のなかに、新鮮な水がこんこんと湧《わ》きでる泉をもった』のと同じ状態であり、こうなると、その水による『自浄力《じじょうりょく》』という力が出てきます。それは、心のなかのイヤな思い出、心の古傷や、肉体上の病巣《びょうそう》まで洗い流し去ってくれるのです。

また、体の周囲に、明るく力強いオーラを張りめぐらし、それがバリケード（防護膜）となって、他人からの暗いストレッサー、つまり悪い想念波もはじき飛ばしてしまいます。

そして、なお、このエネルギーは、般若《はんにゃ》の知恵となって働くため、自我意識のかわりに自然に問題を解決してしまうため、私たちは、自我意識を使って、コセコセしたり、クヨクヨしたりすることもなくなってしまうのです。そうなれば、すべてをその力に任せて、その結果だけを素直に受けとっていけばいいのであります。

要するに、仏陀《ぶっだ》の教えの基本は、『自分の生気《しょうき》エネルギーを、外部の物質世界に、必要以上に多量に放出しないようにしなさい』ということなのです。

無我の状態、無心の状態、執着《しゅうちゃく》もなくする、とらわれない、満足、感謝、足ることを知る、とこういった生活を毎日実行していれば、自分の生気エネルギーが、外の物質世界などに無駄《むだ》に漏《も》れてゆかず、体内に多量に温存されることになります。そして、そのエネルギーは、体内の隅々《すみずみ》にまでもいきわたるのです。

喜びというものは、生気エネルギーが、背骨にそって急上昇しはじめたときに生じる生理的快感なのです。

執着していた金銭や地位などの外部の物質世界のものを、それまでの思いどおりにえた瞬間、私たちは喜びの感情に包まれます。時にわくわくとして、体が軽くなり、躍《おど》りあがりたくなるような、舞いあがらんばかりの感覚を体験します。

しかしながら、これは、外部の物質世界のものが、その喜びを直接与えてくれたものではないのです。

それまでの、執着《しゅうちゃく》したものを得る以前には、自分の生気《しょうき》エネルギーを、外部の物質世界のそのものに対して、多量に放出し、消費していたのです。

それが、目的のものを得た瞬間、外部にそれを放出する必要がなくなり、ストップします。そうすると、エネルギーが一気にたまり、それが背骨にそって上昇しはじめます。これがつまり、喜びの感覚であります。

すなわち、金銭、地位、名声、子供への期待、大きな住宅を建てるなどの、外部の物質世界のものは、人間の喜びとは、直接の関係はないのです。それは、間接的な刺激の一要素にしかすぎません。

そして、もしあなたが、これらの物質世界のものに対して、必要以上に生気エネルギーを使わないように気をつければ、それは、あなたの体のなかに除々にたくわえられてゆきます。そして、この温存された生気エネルギーは、あなたの体のなかに、活発にめぐることによって、大いなる喜びの思いを発生させるのです。

瞑想《めいそう》の目的とは、まず、生気エネルギーのむだ使いをやめることです。そして、次にはその生気エネルギーを背骨にそって上昇させ、頭頂の霊的中枢《ちゅうすう》において、覚醒《めざめ》の光を開花させるところにあります。

こうして、私たちは、仏陀《ぶっだ》の言われたごとく、満足と感謝と喜びに溢《あふ》れた人生を得ることが、初めて可能になるのです」

（大阪支部例会にて講演）

幻想のダム

私は、この生気《しょうき》エネルギーについて説明するとき、しばしば、ダムのありさまをたとえにして話します。それは、次のような話です。

生気エネルギーを川の流れとして考え、それが大きなダムのなかに、溜《た》められているとします。

ダム自体は、なかで水流は回流し、魚や草や藻《も》などを育て、それは活性化しております。ダムには水取り口があり、ダムがあふれないよう、脇から、ある程度、水が放流されています。そして、中央には発電用の大きなパイプが下方にむかっており、なかを流れおちる水流はタービンを回転させ、電気を起こしております。

ここで発電させられた電気が衝動なのです。そして、その衝動が金銭、地位、名声などを追い求めるエネルギーとなるのです。すなわち、それは幻想にあこがれ、それを手に入れようとして働く力なのです。

換言すれば、それは「未来の夢のために消費されるエネルギー」なのです。

ここで話をわかりやすくするため、この消費されるエネルギーを、かりに「幻想エネルギー」と呼ぶことにいたしましょう。

この幻想エネルギーが、多量に消費されすぎると、ダムの水は使われすぎ、水位が下がります。すると、水量が足りなくなって、発電機までが動かなくなってきます。

このとき、人間は不思議な虚《むな》しさを感じるようになります。つまりそれは、生気《しょうき》エネルギーが減ってきたことを意味しているのです。

発電のためのパイプの本数を増やしたり、タービンを、より以上に回転させようとすると無理が起き、さまざまな弊害《へいがい》が生じるようになります。

そこで、この発電のための水量を減らし、幻想エネルギーの消費量をある程度まで抑《おさ》えねば、体や運命に危険がおよぶ場合も起こるわけです。

ところで、かねてから望んでいたものが得られた瞬間、その幻想エネルギーの放出がストップし、そこにたまった生気エネルギーの頭上へめざしての上昇で、喜びの快感が体内に生ずることについて、前項で紹介しましたが、実は、しばしば、この後に、もっと大きな危険が起きる場合のことについて、ここでふれたいと思います。

ある中年の会社員が、長い間、苦労して、やっと大きな家を建てることができました。そして、家族がそこに引っ越すという一週間前に、突然、交通事故で死んでしまったのです。せっかく苦心して手に入れた家に、彼は入居することができなかったのであります。

実は、これに類した話は、よく世間にあることなのです。多年の苦労が実を結んで、功なり、名遂《と》げた直後、亡くなってしまうということは、この世では、しばしばあることです。これは、いったいどういう訳なのでしょうか？

幻想エネルギーがストップすると、発電パイプのなかに水が流れなくなります。すると、ダムの水量が増し、一気に生気《しょうき》エネルギーの発生が高まり、それが喜びの体験となるのですが、実は、その後が問題なのです。

それは、今までの発電パイプへの放流が、ダム内の水に流れ、もしくは回流の活動を与え、それによって、水を活性化していたものがストップし、いわゆる「よどんだ水」となって、生気エネルギーは、かえって低下してしまう場合もあるからです。

成功している事業家が、しばしば生き生きとしているのは、彼は一つの目標を達したとき、もう次の目標を設定しているからです。すなわち、幻想エネルギーは、再び消費されるのですが、それは過度ではなく、彼のダムの水量は応分に使用されているのです。

生気《しょうき》エネルギーは、水量と、その水の活性化によって、よく得られるのです。活性化とは、要するに流れることです。かつて、川は太古《たいこ》の昔より、ただ流れおちることにより活性化していました。

古いことわざに、「谷川の水は、三尺下れば清く澄む」といわれ、飲んでも大丈夫といわれたものです。川の水は生き生きと流れ、自浄力《じじょうりょく》をもち、活性化していたのです。それが、人工で水がせき止められ、ダムが作られました。このダムそのものが、人間の衝動の欲求に応えるものであり、それは幻想を追い求めるためのものだったのです。

自然の川は流れており、発電のためのパイプのなかにも水は流れております。しかし、前者は本能の求めるところであり、後者は疑似《ぎじ》的本能の欲するところなのです。疑似的本能それは衝動です。

私の言いたいことは、すでに人間の意識の一部となってしまったこの衝動というものは、もはや否定しえざる現実だということです。すなわち、人間が幻想を求めることを消し去ることは、まず不可能だということなのです。

幻想も、それを追い求める衝動も、水を活性化する一部のものであると、積極的に肯定すべきではないでしょうか。

大切なことは、次の一点です。それは、このダムの管理室に、あなたがいるかどうか、ということです。

あなたが、ダムの水量、放水量、発電量について見張り、コントロールし、そこに生気《しょうき》エネルギーを大きく発生させ、それを快気エネルギーとして使用できれば、それでよいのです。

自己を見失わず、自己に最大の喜びをもたらすということは、自《みずか》らの幻想のあやつり方にかかってくるのです。

要は幻想に溺《おぼ》れず、幻想に遊ぶことができたら、その人こそ「得する人」と呼ばれるべき人でありましょう。

終章　夢を夢と知りつつ

いきいきと幻想に遊ぶ

「なぜかはわからない。すでに人間は幻想を抱き、見果てぬ夢を追いつつあることが」

人間は幻想のなかに生きているとしても、この幻想の世界の他に移り住むべき「真実在」の世界などはないのです。もしあるというならば、それこそ「幻想」そのものでしょう。

そこで、私とあなたが住んでいるこの世界をありのままに受け入れてみましょう。それは「文明」と呼ばれる幻想の世界であり、我々は、そこを離れて生きることは決してできないのだということを……。

私たちにできるのは、それは幻想であるということを理解することだけです。そして、その幻想からしばらく離れて休息することだけです。休息の後は、再び幻想の世界に入らずにはいられないのです。

幻想を求める根源的意欲の殆《ほとん》どは「自己重要感」か「群居衝動」の充足欲にあります。私たちは、生きているかぎり、この二つの欲望からは逃れえないと思います。この欲望を静めたり、休息させたりはできるでしょう。しかし、抹殺《まっさつ》しさることは不可能でありましょう。

私は、必ずしも幻想を病的なものとして捕えてはおりません。

いや、それどころか、積極的に幻想にひたり、おおいにその快感に酔ってみることを推奨《すいしょう》もするものです。

古歌に「この世は一期《いちご》、ただ狂え」という言葉があります。また、阿波踊りの歌に「踊るアホウに、見るアホウ。どうせアホウなら踊らにゃ損々」という言葉もあります。

私は禁酒を奨励《しょうれい》する者ではなく、酒に溺《おぼ》れることを警告《けいこく》したにすぎないのです。私は幻想を追うあまりに、自己を失ってしまう弊害《へいがい》を指摘したにすぎません。

もし、あなたが酒を好む人だったら、私はあなたにこう言うでしょう。

「おおいに呑《の》みなさい。ただ、つねにあなたの肝臓と相談しながら」

もしあなたがお金を儲けたかったら、

「おおいに儲けなさい。ただ、人々のあなたに対する好意を失わせないよう配慮しながら」

もしあなたが名誉を求めるならば、

「おおいに励《はげ》んで高い地位へと登りなさい。ただあまりいやらしく見えないように気をつけて」

もしあなたが女を好むならば、

「おおいにナンパをすればよいでしょう。ただあまり図々《ずうずう》しくなって、人々の嫌われ者にならないように。また奥さんや他の女性たちを泣かせないように」

どのような幻想を追い求めてもよろしいでしょう。ただ積極的に陽気に生き生きと求めつづけるならば、です。

しかし、もしあなたが、それほどの夢ももたず、またもたないことに別に何の不足感を覚えないタイプの人でしたら、そのように生きることも、おおいに結構です。

自然の美しさを愛し、人間の生存競争にうとましさを感じている人は、「埴生《はにゅう》の宿」の歌詞のように「玉のよそおいうらやまじ、花はあるじ、月は友」という心境で生きることはおおいにお勧《すす》めしたいところです。

また同じ一人の人物であっても、ある時代は幻想を追い求めることに生き甲斐《がい》を見い出し、他の時代には、そういう生き方に幻滅を感じる場合もありましょう。多くのこういうケースの場合、幻想に狂っていた時代は非人間的、そして、無欲である境涯に入った時代は人間的と呼ばれがちなのですが、私にいわせれば、これは単に相反せる二極を往来しているにすぎず、その両極は共に人間的である世界なのです。

大切なことは、幻想に酔いつつも、どこかで醒《さ》めている自己があることです。この自己を他のものの手にゆだねてしまわないことです。

この自己とは、自分の人生の舵《かじ》をとる者です。自分を生き生きと自由に、そして幸福感に満ち溢《あふ》れた航路へと導いてくれる唯一の指導者です。

私は我慢とか忍耐とかは嫌いです。なぜなら耐えること自身、緊張の連続であり、そこには「ほとけ」（仏）がないと思うからです。楽に生きるとは、可能なかぎり忍耐しない生活です。

幻想を追わずに我慢することは、私はあまりお勧《すす》めしません。むしろそれなら、生き生きと幻想に狂いなさい、と申しあげる。うかれて踊り狂いなさい、と申しあげます。明るく笑って暮らしましょう。

そのためには、やりたいことは、害が自分の身におよばない限りにおいて、やりましょう。やりたくないことも、自分にとって大切な人の好意を失わない限りにおいて、やりたくないと意志表示しましょう。

これは体をそこなわないようにして酒を呑《の》むこととまったく同じことです。

長い人生、失敗もありましょう。後悔《こうかい》もありましょう。

その時こそ、本篇でくり返し説かれた「覚醒《めざめ》」の意識のなかに憩《いこ》い、生気《しょうき》エネルギーを自分の内にチャージして、消極的・否定的な気分を一掃《いっそう》してしまいましょう。

そうすれば、あなたは完全に天真爛漫《てんしんらんまん》な気分のなかで、喜びに満ちた人生を送ることができるのです。

幻想を見破る目

仏教の唯識学《ゆいしきがく》には「四分説」という教義があります。

これは、

①　相分――（客体）
②　見分――（主体）
③　自証分――（①②の行為を知覚する意識）
④　証自証分――（③を見守る意識）

というように、人間の意識は四つに分かれて働いているというのです。

これをわかりやすく説明すると、たとえばあなたが今、花を見ているとします。

花は①で客体、あなたはそれを見ている主体で②になります。ここで、「私は花を見ているな」と見ている、あるいは自覚している自意識がある。これを「自《みずか》らを証する」つまり「自証分」という意識がある。これが③です。

ところが、この自証分のあり方を見張っている、もう一人の証分があって、これを「証自証分」という。これが④です。

唯識学《ゆいしきがく》では、この④の証自証分をもって「悟り意識」であるとしているように思われます。

私は真篇の第三章において、②の見分（主体）を俳優とし、③の自証分をディレクターとし、④の証自証分をプロデューサーとして説明しました。

ただし、④の証自証分は、プロデューサーにぴったり適合はしません。なぜなら、プロデューサーは必ずしも「悟り」あるいは「覚醒《めざめ》」を行なう意識とはいえないからです。プロデューサーも、スポンサー（他の「わたし」）などの影響を受けております。すなわち、人間の意識には無数の「わたし」が内在しているのです。

では、「覚醒《めざめ》」を行なうのは、どの「わたし」なのでしょうか？

私はこれを次のように解釈します。

「それは、すべての『わたし』がいっせいに目覚めたこと」であり、同時にそれは「すべての『わたし』が沈黙したこと」でもあると。

すなわち、「あらゆる個である『わたし』は一大普遍《ふへん》に変身した」という意味であり、「それは宇宙創世の意識と同化した『一如《いちにょ》』の意識になったもの」であると。

個としての「わたし」。それはディレクターである時もあり、プロデューサーである時もあるのですが、この個としての「わたし」が登場しつづけることによって（これは他の「わたし」たちが眠っていることでもあります）人間は気が狂ってゆくのだ、と私は真篇の第三章でのべました。

また、この「わたし」があるゆえに、他者依存の共同幻想も生ずるのだ、と第五章でのべました。

ここで、これらの幻想のすべてを超克《ちょうこく》し、そこに一大覚醒を得んためには、自分のなかのすべての「わたし」が目覚めれば良いのだ、ということを、今あなたは理解されたはずです。すべての「わたし」が目を覚まし、そしてすべてをありのままに見るのです。どの「わたし」も決して眠ってはならないのです。ディレクターも、プロデューサーも、そしてすべての「わたし」が目覚めて、いっせいに見て、そして一瞬にして、すべてを理解する。これこそ真の「覚醒《めざめ》」なのです。

そして、この時こそ、私たちは、すべての幻想を幻想であると見破る目をもったことになるのであります。

ひとり遊び

幻想を幻想であると悟った後、しかもその幻想に遊ぶことを、私は今までにお勧《すす》めしてきました。

しかし、この幻想というものに遊ぶに際して、私はあなたにお尋《たず》ねしたい。

「あなたは『ひとり遊び』ができるでしょうか?」と。

「ひとり遊び」これはいわば「私的幻想」です。つまり、他者との共同作業を求めないことです。当然そこには、他のいかなるものへの依存はありません。

画を描くこと。詩を書くこと。歌うこと。登山すること。坐禅すること。祈ること。これらはすべて一人で行なえる作業であり、また一人で遊べる幻想の世界です。

大切なことは、ひとり遊びであるためには、そこで「収入」や「喝采《かっさい》」を求めないことです。ただ遊びを遊びとして、そこに一人遊ぶことです。

批評家によって悪評されたために、芸術家への道をあきらめてしまった若人《わこうど》がいるとしたら、彼は明らかに共同幻想に迷わされていたのです。絵を描きたいから描く。ピアノを弾きたいから弾く、でよいではありませんか？　名誉や成功をめざして努力を重ねているのなら、それは決して「ひとり遊び」に楽しんでいる姿ではありません。

実際のところ、そもそも芸術は孤独な創作作業です。誰の手を借りるわけでもないのです。そして、この創作を楽しめる者こそ、副産物的に、収入や喝采《かっさい》による成功を得ることもあるのです。

しかし、そもそも、その創作という「ひとり遊び」が喜びでなければならないのです。芭蕉《ばしょう》、西行《さいぎょう》、さらにくだっては山頭火《さんとうか》が、この「ひとり遊び」の世界に生きた人でした。

しかし、私は、このような芸術や創作の世界ばかりではなく、実に人生そのものを見つめ、人間のおもしろさを楽しみ、人生そのものについて遊ぶ、というような「ひとり遊び」の世界に遊ぶこともお勧《すす》めしたいのです。

「ひとり遊び」の楽しみは、まず「観察」することによって得られるものです。

自然の姿や、人間関係のありさまを、興味と情熱をもって、じっと観察する。するとそこには絶えざるおもしろさが流れているのです。

そして、そこから文章が生まれでれば、文学的創作になります。また、文章が生まれでなくても、あなた自身の意識の流れに、新しい創造が行なわれるのです。その新しい創造とは、生きている喜びを創造するという意味です。

「ひとり遊び」が人に与える最大の恩恵は、その遊びにある間、その人は「自己重要感」の衝動から解放されていることです。

すでにご存知のように、殆《ほとん》どの人々は、自己重要感の満たされざる苦しみ、すなわちその飢餓感《きがかん》に悩まされております。「ひとり遊び」の世界に楽しんでいるとき、少なくともこの飢餓感はなくなっているのです。

「ひとり遊び」が人に与える第二の恩恵は、その遊びにある間、その人は「群居衝動」からの飢えから解放されることです。

私たちが生まれながらにしてもっている「孤独」への恐怖心から離れることができるのです。淋《さび》しさは淋しさとして受けとめるのですが、それが苦しみとはなっていないのです。

それは静寂《せいじゃく》と平和のなかに、ゆったりとして、くつろいだ自由な解放感です。

禅でいう「遊戯三昧《ゆげざんまい》」とは、人生を一つのゲームと見て、そのゲームを楽しみ、それに没頭して生きよ、という意味でしょう。

しかし、このゲームは、それに巻き込まれて、我を忘れてしまうと、それは「迷い」の姿となってしまうのです。マネー・ゲームといい、権力の座の争奪戦《そうだつせん》といい、この共同幻想の世界に自己が埋没してしまえば、「鹿を追う猟師《りょうし》山を見ず」のたとえのとおり、足もとを見ることができないまま、山中に迷ってしまいます。

ゆえにまた禅はいいます。「看脚下《かんきゃっか》」すなわち、足もとを見よ、と。

「自分の足もとを見ながら、ゲームに楽しむ」これはまさに「ひとり遊び」の精神をもっともよくいい現していているではありませんか。

私はまったく我流の書をやります。中国から輸入された書体集を見て、隷書体《れいしょたい》が気に入り、それを真似《まね》して練習をしているうちに、私独自の書体ができてきました。

ときどき、色紙などに請われて書きます。お礼をくだされば、当然のような顔をして（つまり書家のような顔をして）もらいます。しかし、なかにはただで頭だけさげて色紙をもらっていってしまう人もいるし、三千円から一万円（これが一番多い）を紙に包んだり、祝儀袋に入れてくださる人もいます。五万円くださった人もありましたが、この人は私への好意をそうやって表現したのでしょう。

ふすま一枚分の大書を、豪快《ごうかい》に書きなぐったこともあります。これは特に請われて書いたものですが、その人が、「些少《さしょう》ですが」と言って差し出された祝儀袋に三〇万円入っていて仰天したこともあります。ところが、慣れというものは恐ろしいもので、その後、同じサイズのもので、五〇万円もらっても、当然といったように鷹揚《おうよう》にかまえて、そのお金を頂戴《ちょうだい》するようになっていました。

それ以来、書を頼まれると、自分が大家になったような気分になって揮毫《きごう》したもので、大いに気分がよかったものです。

しかし、なかにはセコイお礼もあって、梅干一ビンというのもありました。（この人は金持ちでした）

また、これは私に悪意をもっているある人物が、わざと私に聞こえよがしに、

「なんだこれは。スケべったらしい字だなあ」と言ったこともあります。

このとき、私は思わず吹きだして、

「あはは、私もわれながらスケべったらしいと思いますよ」と、その人に言ったら、その人は沈黙してしまいました。

書は私のひとり遊びです。お礼をもらえば大いにうれしいし、ただならちょっとがっかりしますが大したことはありません。賞賛《しょうさん》されれば大いにうれしいし、けなされても、まあ仕様がないと思います。何しろちゃんと修業したことなぞないのですから。

それにしてもおかしいのは、昔、私の父が私に言ったことです。私の父は非常に達筆であって、人々にもそれを認められていました。また祖父もとてもうまい字を書いたといわれております。この父はある日、私の字をつくづくと見て、「うちの家系は、みんな字がうまいのに、どうしてお前のような悪筆が出たのかなあ。これは字じゃない。マンガだよ」と言ったものです。

父が死んで十三回忌《かいき》も過ぎた今、私はとてもおかしく思うのは、その私の書が数十万円を稼ぎだし、父の書は、多分、書としての収入を得たことは一度もなかったろうということです。

というわけで、私は自分が書家であるという幻想の世界に遊んでいます。もちろん、公式の展覧会に応募したことはありませんし、書の団体に所属したこともありません。

書の他にも、私にはいろいろな楽しみが多くあります。

ギター。作詞作曲。オカリナ。俳句。短歌。俳画。チェス（棋譜《きふ》を見て一人でさす）。登山。ナンパ（？）等々、ざっと数えてもこれだけあります。

これらはすべてアマチュア芸であり、器用貧乏のそしりを恐れず、「ひとり遊び」の幻想の世界に私は楽しんでいるのです。

ときおり、一人か数人相手に共同幻想を追うこともありますが、それは団体というほどのものではなく、歌の合唱とか、ギター伴奏とか、グループ登山ぐらいのところです。それらの集りには、なんの権威《けんい》も秩序も組織もありません。つまり共同幻想を構成する母体がないわけです。ですから、私たちは一人一人が私的に遊んでいるのです。

私は、何か一筋に命をかけている人生などということは淋《さび》しいことだと思います。歯をくいしばって懸命に生きている人を気の毒に思います。「私にはこれしかない」などと言う人には、

「人生には、とても沢山の楽しみや喜びがあるんですよ」と言ってやりたいのです。そして、

「まず肩の力をぬいて、周囲を見回し、楽しみを見つけたらいかがですか?」とも言ってやりたいのであります。

心からくつろぐ

これもまた禅の言葉で「随処作主《ずいしょさしゅ》」ずいしょにしゅとなる、という有名な言葉があることは前にも述べました。文字通りに解すれば、人生どこへ行っても、その場の主人になれとい

う意味のようにとれますが、実はそういうことではないのです。もしそうなら、たとえば実業界へ行ったら社長になれ、政界では大臣になれ、学生ならば級長になれと、どの世界でもナンバーワンをめざせ、というようになりますが、実はこれはそのような通俗的な教えではないのです。

これは「自分の心の主人になれ」という意味なのです。すなわち、人生どこの世界へ行こうと、その世界と対峙《たいじ》している自分の心の動きは、自分自身で支配できなければならない、といっているのであります。

もし、心が自分で支配できなかったら？

実は、この状態こそが、人間の不幸の元凶なのです。そして、その世界から受けるさまざまな刺激のままに翻弄《ほんろう》されてしまうのであります。

心が翻弄されてしまうことについては、本書において、さまざまな角度から、それを解明してきました。心因性の病気も、うつ病や精神分裂症、共同幻想による自己喪失、過度の愛憎激情症、これらのいずれのケースも、自分で自分の心の動きをコントロールしえなかったことによって起きた症状です。

これらの不幸な状態に陥《おちい》らないためには、まず自分の心をじっと観察し、その動きを理解しなければなりません。こうすれば、「随処作主《ずいしょさしゅ》」は初めてあなたにとって可能になるのであります。

そして、そのための「内観洞察《どうさつ》」と、「即時のそして全的《トータル》な理解」について、本書の各章を通じて、くり返し私はアドバイスしてきたのです。

森のなかに鉄砲を持って入っていっても何も見つかりません。しかし、素手で入っていき、切り株にでも腰かけて、ぼんやりとしていると、リスやウサギ、その他のさまざまな生きものが、次第にあなたの周囲に姿を現してくるでしょう。

これと同じように、何か求めることをしばしやめて、自分の人生の森のなかにしばらく憩《いこ》うてみましょう。そして心からくつろいで、そのなかで観察してみましょう。

そうしているうちに、あなたは今まで気がつきもしなかった自分のある部分を発見するかもしれません。また、人の自分に対する気持ちも理解するかもしれません。

また生かされている自分の命の尊さに気がつくかもしれないのです。

私が三〇代だったある日、東京駅の近くの大手町のビル街を歩いていた時のことです。

あれは多分、秋だったと思います。台風の過ぎた後で、雲が空に激しく動いていました。

歩きながら、ふと私は、高いビルとビルの間の青空を見あげました。そして、そこを通り過ぎて行く白い雲を見たとき、突然、私の目から涙がどっと溢《あふ》れだしてきたのです。私は立ちすくみ、その場に呆然《ぼうぜん》と立ったまま、その雲の動きを見つめておりました。

「なんだ。これはいったいどうしたんだ？」

私は何がなんだかわからないまま、流れる涙をぬぐいもせず、その細くぎられた空に相対して立っていたのです。

そこには何も悲しさなんてなかったのです。といって、喜びの要素があったわけでもありません。そこには、どうも人間臭い好悪感《こうおかん》や愛憎感は存在しなかったように思えます。しいていえば、「いつか、自分はあの空や雲と一体になるんだなあ」といったような感慨《かんがい》があったような気もしますが、要するにそこには、思考と思われる意識は何もなかったのです。

しかし白状しますと、この涙が溢《あふ》れでたとき、私には、全身の肌が総毛《そうけ》立つような快感もあったのです。私は一瞬戦慄《せんりつ》し、そして涙が流れた後は、すべてが浄化されたようなすがすがしい爽涼感《そうりょうかん》も覚えたのです。

思い出してみると、これは私が自己内洞察《どうさつ》をはじめ、生命とか人間の運命について、じっくりと考察（それは瞑想《めいそう》です）をはじめてから数年たった時でした。

この体験があってから、私はどうも以前より涙もろくなったように思えます。

さらに思い出してみると、この体験より数年前、私は不思議な夢を見た記憶があります。郷里の実家の二階で、窓から南の空を見ているシーンでした。それは夜だったようです。突然、黒雲がもくもくと湧《わ》きおこり、その裂《さ》け目から、巨大な真っ白い太陽が出現したのです。それは月だったかもしれませんが、あまりに大きく、その光で目もくらむばかりでした。

次の瞬間、私は目を覚ましたのです。私は呆然《ぼうぜん》として、床の上に座りなおしました。それはあまりにも、現実感に満ちた迫力あるシーンだったのです。

この体験があってから、私は日常生活のなかでの言動が何か自信に満ちてきたように感じられました。

そして思い返してみると、あの夢は何か私に「私は偉大な存在である」といったようなことを告げたものであるようにも感じられたのです。つまり、一つの啓示であったように思えたのです。

後年、私は何度かこれに類した感動を経験しました。そして、それらはすべて「覚醒《めざめ》」の体験であると確信したのです。しばしばそれは一種の快感にも似た体感覚をもたらしたのですが、これは英語では「ザ・ピーク・エクスペアレンス」つまり「絶頂体験」と呼ばれる一種の悟り体験であることを後年知ったのです。そして、そのような体験を重ねるごとに、私は生きていることの有難さ、喜ばしさを痛感するようになったのであります。

皆さん。

このような「覚醒《めざめ》」を得るためには、まず最初に「観察」からはじめるのです。そして「理解」これでもう「覚醒《めざめ》」にいたっているのです。ただそれを自覚し、真から自分のものとなったように感じられるようになるまでには、この「観察から理解」を何回も体験しなければなりません。

そして、この作業が「瞑想《めいそう》」なのです。そして、この瞑想はきちんと坐を組んで、ヨガや坐禅のようにやってもよいし、また、ソファにからだを深く沈めて、すっかりリラックスしてやってもよいのです。コーヒーを飲みながらでもよいし、汽車のなかで窓外《そうがい》の景色を見ながらでもできるのです。

そして、そのやり方については、本書の各章でのべてきました。本書の各章は、皆さんを「覚醒《めざめ》」へ導くための「道標《みちしるべ》」です。しかしそれはあくまでも方向を示すための「道標」にしかすぎないものです。「覚醒《めざめ》」に到達するためには、あなた自身が歩くしか方法はありません。

どうか皆さん。

あなたの人生を「正覚《しょうかく》」への道へとたどられんことを。

そして無上至福の「覚醒《めざめ》」の地に到達されんことを祈りつつ、私はここに筆を置かさせていただきます。

世の中は
幻《まぼろし》なるぞ
ただ狂え
ひとり遊びに
生命《いのち》ある限り

著者　無能唱元《むのうしょうげん》氏について

二十年にわたって、独自の「人蕩術《じんとうじゅつ》」を説き、自分の思い描く夢や願望を確実に達成する方法を指導する異色の師。「おかげで、年来の夢がついに実現した」、「魅力あふれる顔になってきたとよく言われる」、師はいつも、陽気な人生の成功者たちに囲まれている。

十五年間の参禅修行中に、「自分の人生の成功や幸福はすべて自分の潜在意識『アラヤ識』が創りだすもの」という悟りを得て、飛騨の円空庵禅通寺小倉賢堂師より「唱元」の法名を授かる。

その後、多くの仏典や西洋哲学、心理学を学び、「アラヤ識」を活用した「人蕩術」という、これまでにない願望達成法を完成、全国の説法会を通じて悩み多い人々に、一宗教を超えた「積極的で成功する生き方」を指導。特に経営者層に人気が高く、人生哲学、リーダー学の師として敬愛された。

唯心円成会を主宰、主な著書に「盛運の気」「人蕩し術」「新説阿頼耶識縁起」「無能唱元説話集」、CD「無能唱元の阿頼耶識講義」「無能唱元の『般若心経』を読む」他多数。昭和十四年、長野市生まれ。平成二十三年逝去。

得する人（新装版）

定価：本体　九、八〇〇円（税別）

一九九〇年　五月二十四日　初　版発行
一九九五年　十月二十六日　二十五版発行
二〇一八年　七月　三十日　新装版初版発行
二〇二〇年　九月　十六日　新装版三版発行

著　者　無能唱元
発行者　牟田太陽
発行所　日本経営合理化協会出版局
東京都千代田区内神田一―三―三
〒一〇一―〇〇四七
電話　〇三―三二九三―〇〇四一（代）

装　丁　美柑和俊
印　刷　大日本印刷
製　本　大日本印刷

 ISBN978－4―89101―400―1　C0010